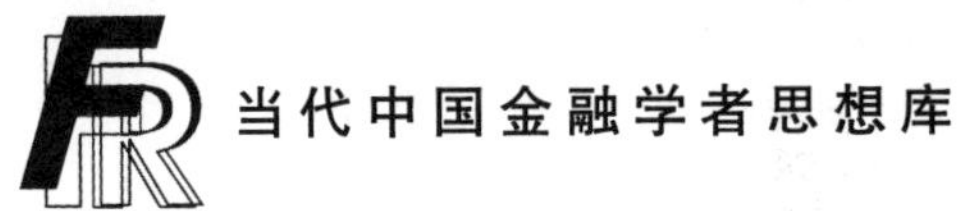

本书系2010年国家社科基金“土地资本化在中国经济发展中的作用及转型研究”（10XJY016)的最终成果

土地资本化在中国经济发展中的作用及转型研究

Land Capitalization: Contribution on China's Economic Transition

陈　霄／著

前　言

本书研究的主题是：土地资本化在中国经济发展中的作用和转型研究。土地资本化发展路径方式的转变，是推进工业化、城镇化和农业现代化同步发展，实现中国经济增长方式由“外延式”向“内涵式”转变的必要前提。因中国二元土地制度的特殊性，现有研究主要分别从城镇土地制度、市场及农村土地制度、市场等范畴研究了不同的土地资本化形式，但对土地资本化与中国经济增长内在的关联性还缺乏深入的实证分析，同时，关于中国土地资本化的一般理论框架体系的研究还有待进一步深化。本研究主要选取中国自改革开放以来（1979 年至今）这一时间维度，在对土地资本化演化轨迹的论述上，提出了基于“二分法”的中国土地资本化一般理论框架体系设想，重点研究了土地资本化在中国经济增长中的作用及在中国经济转型发展时期的路径。

一、问题提出

西方主流经济学一般认为，因土地产权的明晰性，土地仅是一种固定不变的生产要素，它对实际经济增长的贡献是中性的。但因中国土地制度的特殊性和复杂性，即存在二元分割的城乡土地制度和市场，政府的“征地”制度是连接这两个不同制度和市场的唯一桥梁。这种政府主导下的土地资本化模式，一方面保证了土地资本化增值收益被用于支撑地方经济的高速增长，另一方面导致了中国经济在高速增长的同时城乡二元结构不断逆向强化的难题。因此，土地资本化对中国经济增长非但不是中性的，而且对如何实现中国经济发展方式转变具有深远的理论和现实意义。进一步，立足于促进城乡土地要素在城乡之间的自由流动和优化配置，本书对其实现路径——土地资本化，将进行专门研究。

本研究的关键问题是：①土地资本化在中国经济增长过程中的作用和贡献究竟是什么？②在中国当前土地产权、土地市场和土地制度的约束条件下，土地资本化的过程和路径是如何形成的？③土地资本化对中国经济转型发展的作用及关联性是什么？本研究将具体运用规范分析和实证分析相结合的方法，尝试对以上问题进行解答。

二、研究目标

研究的总体目标是：土地资本化在中国经济增长中的贡献及土地资本化在中国经济转型发展时期的作用和实现路径。

研究的子目标有四项：①分析土地资本化在中国改革开放后各个发展阶段的表现形式；②提出基于“二分法”的土地资本化框架体系；③分析城镇土地资本化在中国经济增长中的贡献；④分析农村土地资本化在中国经济转型发展时期的作用、实现路径以及风险防范机制。

三、研究内容

本研究的主要内容是：①确立研究的问题、目的、方法和分析框架；②改革开放以来中国土地资本化的发展和演化阶段及未来发展的趋势；③提出基于“二分法”的土地资本化框架体系，依据城乡土地产权和土地制度性质的差异，尝试分别讨论城镇土地资本化体系和农村土地资本化体系的主要内容；④以土地出让金为主要变量，分析城镇土地资本化在中国经济增长中的贡献及潜在的问题；⑤分析农村土地资本化在中国经济转型发展时期的意义及作用，进一步论证农村土地资本化的关键环节、实施路径、保障及风险防范。

四、研究结论

本研究的主要结论是：改革开放以来，通过城镇土地使用权出让的“土地财政效应”，形成了以城市基础设施建设和房地产投资为主的经济增长方式，且这一土地资本化的方式对GDP增长的贡献率约为2%左右，但从目前来看，这种单一的土地资本化方式对经济持续增长的作用将越来越逼近临界值，进而，进行以农村土地资本化为核心的农村土地制度改革将是转变经济发展方式、破解中国经济发展中二元结构不断深化难题的必然选择。主要的子结论有：

（1）土地资本化的实质是土地权利束分离状态下（土地所有权、土地使用权和土地收益权），通过土地资源向土地资本转化的这一过程，各权利人要求对土地增值收益进行再分配等社会经济关系的总和。

(2) 我国土地资本化大致经历了四个时期，即土地资本化的酝酿时期(1979~1989 年)、土地资本化的形成时期 (1989~1996 年)、土地资本化的发展时期 (1996~2007 年) 和土地资本化的转型时期 (2007 年至今)。

(3) 城镇土地资本化对中国自改革开放以来经济增长具有较为显著的作用，但从长期来看，以城镇土地使用权出让为核心的单一土地资本化方式难以支撑中国经济的可持续发展。

(4) 农村土地资本化是中国经济转型发展时期实现土地资本化运动方式转变的必然选择。推行农村土地资本化的关键环节是农民能够自愿地退出土地使用权，并能够以保留的土地收益权参与对土地资本化过程中土地增值利益的再分配；推行农村土地资本化的重点路径是实施农村土地金融；推行农村土地资本化的保障是建立农村土地产权制度改革、户籍制度改革和财税制度改革的联动机制。最终，在农民自愿行使土地处置权 (退出权) 的基础上，以土地实物资本化和“适度”土地证券化加速农村内生性资本积累这一新型资本化过程，逐步实现对以“土地资源贴现”为特征的单一“土地财政”资本化的替代。进一步，需要在此过程中建立各主体的利益制衡机制、国家对土地资本化的严格监管机制以及社会化的风险分摊机制，同时完善城乡一体化的社会保障制度建设，全面建设农村土地资本化风险防范和应对机制。

五、政策建议

首先，从立法上赋予城市土地使用权和农村土地使用权相等的权利内涵。第一，通过修改《物权法》、《土地管理法》、《担保法》等法律条款，明确城乡土地使用权“同权”。第二，通过建立统一的城乡建设用地使用权基准地价体系，明确城乡土地使用权“同价”。第三，通过完善我国现行的不动产登记制度，逐步建立依据土地权利登记为交易原则的城乡土地使用权交易市场，明确城乡土地使用权“同市”。

其次，改变地方政府“土地征收—土地出让—经营城市”的发展思路。第一，对政府行使土地征收权的“公益目的”进行重新界定，明确地方政府行使土地征收权的权利边界。第二，赋予农民集体土地所有权在特定条件下与国有土地所有权相等的谈判和交易地位。第三，改变政府在土地一级开发、储备和出让市场的垄断地位。

再次，培育和发展农村土地资本化的体制和机制。第一，对于农用土地而言：①贯彻和落实农村土地承包制度在动态意义上的“长久不变”；②建立以农地抵押为核心的农地金融制度；③大力发展农用土地信托，促进土地规模化利用和经营。第二，对于非农用土地而言：①建立进城务工农民自愿退出宅基地的激励机制；②在确保耕地总量动态平衡的前提下，进行农村土地整理和复垦，并通过土地资本化跨区域增值收益机制，建立非农用土地资本化运行和收益再分配制度。

最后，建立土地资本化增值收益“涨价归公”和“涨价归农”的调节和保障机制。第一，土地资本化增值收益“涨价归公”是对于国有土地所有权而言的，在国有土地资本化增值收益再分配中，作为土地所有者的政府采用税收和金融手段将一部分国有土地资本化增值收益收归公有（相当于绝对地租的部分），作为政府发展地方经济和调节区域经济发展的工具。第二，土地资本化增值收益“涨价归农”是对于集体土地所有权而言的，在集体土地资本化增值收益再分配中，作为土地所有者的农村集体经济组织将一部分增值收益作为集体未分配权益资本，建立“集体保障型”的农村社会保障资金池，为农民的长期可持续发展提供可靠保障。

六、主要创新点

本研究的创新点是：①在国内同类研究中，较早地从“土地财产形成的三个阶段”这一角度，尝试研究了土地资本化的一般范畴及理论体系，并将城镇土地资本化和农村土地资本化这两种不同的土地资本化空间形态纳入到连续性的时间范畴进行分析；②较系统地从制度绩效、产权分配的角度研究了土地资本化与经济发展的相关性；③较早提出了土地资本化发展路径的转变是实现中国经济增长方式转型的必然路径这一重要观点；④从土地资本化的“实物交易”和“证券化交易”两个层面分析了可能存在的风险及相应的防范机制。

目 录

第1章　绪论

1.1　研究背景及问题提出

1.1.1　研究背景

1.1.1.1　现实背景

20世纪70年代末以来，中国经济持续了30多年高速增长，实际GDP增长率保持在年均9%以上，称为“中国奇迹”。同时，在经济高速增长的背后，存在诸多问题。一方面，资源约束，尤其是土地要素对经济增长的“瓶颈”作用日益增强，城镇化发展的建设用地需求和农村居民点建设用地呈现“双增长”的态势，且建设用地占用耕地的数量与日俱增，但从总体上看，无论是城市建设用地，还是农村建设用地，其利用效率偏低，呈现“乱占乱用、占而不用”的特征，这不符合我国“十分珍惜和合理利用每一寸土地、严格保护耕地”的基本国策，在工业化、城镇化加速发展的同时，耕地保护形势日趋严峻，“一要吃饭，二要建设”的矛盾在未来很长一段时间内将长期存在。另一方面，中国经济社会发展的成果难以实现社会化的公平分配。一是区域差距日益明显。在改革开放初期，东部人均GDP是中部的1.56倍和西部的1.86倍，而2007年分别扩大到了2.05倍和2.39倍。此外，经济总量的差距也日益拉大，东、中、西部地区生产总值占国内生产总值的比重，由1978年年底的50.3%、29.06%和20.63%，变化为2007年年底的59.27%、23.36%和17.37%。二是城乡收入差距逐渐拉大。城乡收入比由1978年年底的2.57:1变化为2010年年底的3.23:1，且这一差距很可能随着城乡二元结构日益加深而更加拉大。三是贫富差距进一步拉大。2010年年底中国的基尼系数大致为0.45，超过了国际上通行的收入分配“警戒线”(0.4)，且在不同的行业、地区和城乡之间，这一系数还有不断扩大的趋势。因此，消除城乡二元结构，转变中国经济发展方式成为当务之急。党的十七届五中全会通过的《中共中央关于制定国民经济和社会发展第十二个五年规划的建议》明确提出了“工业化、城镇化、农业现代化同步推进”的重大任务。党的十八大也正式提出坚持走中国特色新型工业化、信息化、城镇化和农业现代化道路的要求，这是国家经济发展战略的转变，同时也标志着中国经济增长方式将由资源粗放利用型的外延式增长向资源集约型的内涵式增长转变，中国经济正进入转型时期。

1.1.1.2 理论背景

针对中国经济增长过程中城乡二元结构不断逆向强化的难题，理论界开始重视土地要素和土地制度在中国经济增长中的作用及贡献。现有相关研究进展表明：一方面，土地要素与资本、劳动力等要素的结合方式并未达到帕累托最优，其根源在于城乡分割的两种不同土地制度，即城乡二元分割的土地制度，这使得两种不同性质的土地权利难以在统一的市场中进行交易，从而难以使各生产要素在时间和空间统一的维度上实现最优配置。另外，土地（权利）的资本价值在社会收入分配领域中有重要意义，更是农民以财产性收入参与经济社会发展成果分配的依据，因此，在产权明晰的前提下，研究土地“资源”向“资本”转化的路径和方式，促使土地的使用价值和价值进一步分离，是提高经济增长过程中要素配置效率的关键，同时也是缩小中国经济转型发展时期区域差距、城乡差距和贫富差距的重要内容。

1.1.2 问题提出

1.1.2.1 研究的问题

要素、市场和制度是现代经济学研究的三个重要范畴。要素是产品社会化生产和再生产的基本条件，市场是商品和服务交换的场所或平台，而制度则是保障商品生产、交换、消费和分配的若干契约和规则的总和。因土地产权的明晰性，土地要素在现代西方主流经济学的理论框架中被视为固定不变的生产要素，被纳入资本品生产中不变投资的范畴（土地、厂房等），它对实际经济增长的贡献是

中性的（Edward F. Denison，2007）。[①] 因此，劳动和资本是促进经济增长的主要因素。在关于中国经济增长要素贡献的讨论中，劳动和资本对经济增长的贡献被广泛地讨论和研究，但对土地要素在经济增长中的作用的研究，因中国土地问题的复杂性，却是不成系统或零散的，直到2000年以后，李明月（2005）、黄晓宇（2006）、丰雷（2008）等人才开始将土地要素纳入扩展的道格拉斯生产函数进行分析。但已有关于土地要素对中国经济增长作用的分析的共性是以土地作为一种资源的投入数量为变量，考察它在经济增长中的贡献及作用，但对更深入的土地资本形成及土地资本权益分配在经济增长中的作用及贡献则缺乏更深入的研究。因此引入本研究致力解决的第一个问题是：土地资本及土地资本权益在中国经济增长过程中的作用和贡献究竟是什么？对于这个问题的研究，不但应该从生产力的角度研究土地作为一种要素在经济增长中的作用，而且应该更多地从生产关系的角度，研究土地资本或土地资本权益是如何影响中国经济增长及转型路径的。而对于第二个层面的研究，更多涉及了市场和制度，即在中国当前土地产权、土地市场和土地制度的约束条件下，土地资本形成的过程和路径是什么？如果将这一土地资本形成的过程和路径纳入到动态的、连续性的时间维度进行考察，或简称为土地资本化，则它的实现路径对于中国经济转型发展的作用及关联性是什么？为分析和解决以上三个核心问题，本研究将致力利用土地经济学理论和土地权利束分离理论，着重从生产关系领域的研究视角，考察土地资本化在中国经济中的贡献及它在中国经济转型发展时期的作用和路径。

1.1.2.2 研究的意义

开展本课题研究的意义和价值主要体现在以下几个方面：①在土地问题研究领域贯彻落实科学发展观的重要体现。在国际金融危机影响下，资源短缺对经济发展的瓶颈效应将进一步凸显，在工业化和城市化加速发展背景下，推进土地资本化进程，促进土地与信用、货币的结合，对于节约、集约利用稀缺的土地资源，建设“两型社会”，以及助推我国经济发展方式转变具有积极意义。②实现

① ［美］罗伯特·M. 索洛（Robert M. Solow）：《经济增长因素分析》，北京：商务印书馆，1999年。书中，爱德华·F. 丹尼森（Edward F. Denison）通过分析美国1948~1969年总的实际国民收入增长的来源和潜在的国民收入增长的来源发现，在总的实际国民收入增长的来源中，劳动对实际国民增长的贡献度为1.3个百分点，资本为0.8个百分点，土地为0个百分点；在潜在国民收入增长的来源中，劳动对潜在国民增长的贡献度为1.31个百分点，资本为0.8个百分点，土地为0个百分点。

城市土地资产“地尽其利，涨价归公”的目标，合理分配国有土地增值收益，促进城市土地市场稳定、有序发展。③以土地资本化有效集聚农村改革的势能和动力，提高农民财产性收入，促进农村经济持续增长，实现拉动内需方式的转变；促进当前征地制度改革，使农民得以以土地要素增值收益参与社会分配，合理分享工业化、城镇化红利。

1.2 国内外研究进展

土地、劳动力和资本是现代经济必需的三个基本要素，这三个要素的协调和优化配置是促进经济稳定增长的重要前提。现代西方经济学理论认为，因土地要素供给，固定资本、技术进步是经济增长的关键（Cobb-Douglas，1928；Harrod，1948；Solow，1956；Schults，1968，1980），因此，专门深入研究土地与经济增长关系的文献并不多见。中国自改革开放以来，维持了 30 多年的高速经济增长，实际 GDP 增长维持在每年 10%左右，主流观点大多将此归结于人口红利释放、人力资本积累和以高储蓄和高投资为显著特征的工业化积累（蔡皙、王德文，1999；张军，2002；李扬、殷剑锋，2005），也有一些文献通过建立扩展的柯布—道格拉斯（Cobb-Douglas）模型，相对客观地探讨了土地要素与经济增长的关系（毛振强、左玉强，2007；丰雷、魏丽、蒋妍，2008；武康平，杨万利，2009；杨杨，2008；李名峰，2010），对于土地在中国经济增长中的作用，还缺乏进一步深入、系统的研究。从整体上把握好“土地”这一概念是相对困难的，从微观上看，它涉及对土地要素和土地资本两个层次理解的不同，从宏观来看，还涉及土地制度的深层次影响。本课题的研究客体是“土地资本化”，努力将土地要素、土地资本和土地制度纳入到一个动态演进的视角进行分析，试图揭示土地对中国经济发展的贡献，更重要的是，侧重探讨它对于中国经济转型发展究竟起何种作用，其贡献路径是什么，要深刻理解好这一点，有必要首先对相应的研究作出梳理和归纳。

1.2.1 土地要素与经济增长的关系

以亚当·斯密（A. Smith，1776）和大卫·李嘉图（D. Ricardo，1817）为代表的古典学派认为，一方面，土地是重要的生产要素，即“财富之母”；另一方面，由于边际报酬递减规律的作用，供给总量固定的土地是制约经济增长的关键因素。19 世纪 70 年代“边际革命”后，新古典经济学取代了古典学派，认为由于土地供给总量不变，很少对土地与经济增长的关系进行研究，多是探讨固定土地要素对经济增长的制约程度（Nordhaus，1992；Romer，2002）。从总体来看，新古典经济学关于土地要素对经济增长贡献的讨论的特点在于：利用加入土地要素的扩展生产函数模型，讨论了经济增长中的平衡增长路径及无效率问题，且大多认为：①土地与资本可以互相替代，土地可视为资本的一种特殊表现形态；②技术进步可以抵消土地供给不变对经济增长的制约作用，土地对长期经济增长的影响甚微。这一共识大多源自本国成熟的市场经济实践，例如西方国家大多进入了工业化后期和高度城市化阶段，经济增长和社会经济制度稳定，土地利用结构变化较小，因此，强调土地与资本的替代并作出忽略土地特性的假设是合理的（丰雷等，2008）。另外，还需要指出的是，由于土地产权边界明晰，其市场交易成本较小，“如果将土地看作是劳动和资本之外的生产要素，会使原已复杂的完全竞争理论和收入分配理论更加复杂，却又不能增加我们对经济的理解，既然如此，将土地视为资本而不是单独分析就是一种好的处理方法了”(Scitovsky，1971)，因此，土地要素在长期经济增长中作为资本要素中的固定资本投入比例也就成为较统一的分析方法。Edward F. Denison 等人以 1948~1971 年为周期，归纳了西方国家中经济增长（国民收入标准增长率）的各种来源，其中，土地要素对经济增长的贡献为中性的，如表 1–1 所示。

表 1–1 国民经济收入标准增长率增长的各个来源（1948~1971 年）

国家	美国		加拿大	法国	联邦德国	意大利	英国	日本
年份	1948~1969	1950~1962	1950~1967	1950~1962	1950~1962	1950~1962	1950~1962	1953~1971
标准增长率	4.00	3.68	4.95	4.70	6.27	5.60	2.38	8.81
总要素投入	2.09	1.83	3.02	1.24	2.78	1.66	1.11	3.95
劳动	1.30	1.11	1.85	0.45	1.37	0.96	0.60	1.85
就业	(1.17)	(0.89)	(1.82)	(0.08)	(1.49)	(0.42)	(0.50)	(1.14)

续表

国家	美国		加拿大	法国	联邦德国	意大利	英国	日本
年份	1948~1969	1950~1962	1950~1967	1950~1962	1950~1962	1950~1962	1950~1962	1953~1971
工时	(−0.21)	(−0.19)	(−0.20)	(−0.02)	(−0.27)	(−0.05)	(−0.15)	(−0.21)
年龄—性别比	(−0.10)	(−0.03)	(−0.13)	(0.10)	(0.04)	(0.09)	(−0.04)	(0.14)
教育	(0.41)	(0.42)	(0.36)	(0.29)	(0.11)	(0.40)	(0.29)	(0.34)
未分配	(0.03)	(0.02)	(0)	(0)	(0)	(0)	(0)	(0.02)
资本	0.79	0.72	1.14	0.79	1.41	0.70	0.51	2.10
存贷	(0.12)	(0.10)	(0.10)	(0.19)	(0.33)	(0.12)	(0.09)	(0.73)
非住宅建筑	(0.36)	(0.31)	(0.87)	(0.56)	(1.02)	(0.54)	(0.43)	(1.07)
住宅	(0.28)	(0.26)	(0.30)	(0.02)	(0.14)	(0.07)	(0.04)	(0.30)
国际资产	(0.03)	(0.05)	(−0.12)	(0.02)	(−0.08)	(−0.03)	(−0.05)	(0)
土地	(0)	(0)	(0)	(0)	(0)	(0)	(0)	(0)

注：上表来源于 Robert M. Solow 等著：《经济增长因素的分析》，北京：商务印书馆，1999 年，第 226 页。本表对原表进行了节选。具体请参阅 Edward F. Denison 和 William K. Zhong：《为什么日本经济增长这么快》，华盛顿：布鲁金斯研究所，1976 年，第 42~43 页，1950~1962 年；Edward F. Denison:《美国经济增长的核算：1929~1969 年》，第 345 页。

中国具有发展中国家二元经济结构的特征，且正处于工业化、城镇化高速发展阶段，土地利用的时空结构和土地制度正面临巨大变革，土地要素的供给和分配将对中国经济转型发展具有深远意义，因此，如果将土地仍然作为资本范畴的特殊形式或单纯作为固定生产要素不变的一般性假设，就不能很好地解释中国经济尤其是自改革开放以来的成长轨迹以及更加有效分析中国经济未来转型发展的一般规律，那么，就有必要将土地作为一种单独的生产要素范畴加以研究。对中国经济增长中要素（资本、劳动、土地）贡献比例的研究始于 20 世纪 80 年代，邹至庄（Chow，1999）、王文博（2002）、黄国华（2005）以及汪伟（2006）等认为，中国经济增长中资本贡献大于其他要素，资本贡献率大于 50%。马承霈和岳林（2001）、詹锋（2002）以及任志娟（2005）等则认为，劳动对经济增长的贡献最大。也有研究认为，资本和劳动对经济增长的贡献不足 50%，技术进步和制度等其他因素的贡献更大（沈坤荣，1999；刘晓丹，2006）。此外，许多学者还分析了中国未来的经济增长（李善同等，2000；王小鲁，2000；张军，2002；逄锦聚，2003）。从土地要素对中国经济增长的作用来看，丰雷等（2008）通过引入土地要素扩展的索洛模型，以 1997~2004 年全国 31 个省市的面板数据为实证，认为土地要素对中国经济增长的作用是显著的，贡献率为11.1%；李名峰（2010）通过构建包含土地要素的超越对数生产函数模型，对1997~2008年二、三产业增长率各个要素的贡献进行回归分析，得出在此期间土地对中国经济增长的贡献率达到了20%~30%。同时，也有一些研究利用省、市的截面数据，主要运用C—D模型，进行了土地要素对本地经济增长贡献的实证研究。例如，李明月、胡初枝（2005）认为土地要素对上海市经济增长贡献率为4.74%；李佳、南灵（2010）认为土地要素对陕西省经济增长贡献率为18.64%。另外，还有一些学者立足于土地自然属性的角度，研究了土地资源消耗对经济增长的"尾效"作用。薛俊波（2004）通过对戴维·罗默（David Romer）假说的简化，认为1978~2002年，土地资源消耗对中国经济增长的年"尾效"值为1.75%；崔云（2007）则计算出1978~2005年，土地资源消耗对中国经济增长的年"尾效"值为1.26%；杨杨（2008）则基于改进的二级CES生产函数，推演了土地资源对经济的"增长阻尼"公式，认为1985~2005年，土地资源约束对中国经济增长有较大的影响，中国每年的经济增长速度比没有土地资源约束下的情形降低了0.75%。葛扬、何婷婷（2010）基于新古典增长模型，就长三角地区的土地资源对经济发展增长的阻力进行了实证分析。在1978~2006年，由于土地资源的消耗而造成长三角地区总体经济增长速度平均每年下降了0.52%；上海和江苏的土地"尾效"值分别为0.21%和0.18%。

1.2.2 土地资本化

土地资本化属于生产关系的研究范畴，是特定经济制度下土地要素投入—产出过程中的一种产权组织和利益分配形式，对土地要素投入—产出的经济绩效乃至整个经济运行会产生影响。

在经济学说史上，马克思较早提出了土地资本化的思想。他认为土地资本化实际上是地租的资本化，本质上是土地所有权资本化。而萨伊、庞巴维克以及马歇尔等人虽然也承认了地租是土地资本化的核心范畴，但更多地利用数理工具，从技术角度定义了其"物"的属性，认为土地资本化是土地未来预期收益及利息的折现，相对忽略了土地资本化的"社会"属性。现代西方主流经济学关于土地资本化与经济发展关系的文献比较少见，更多的是从形式、机制等方面阐述土地资本化的实施路径，例如Julie Ann Gustanski（1993）认为土地信托是土地产权与资本相结合的较好形式，Simonson 和 Simon（1991）、Bassett 和 Ellen M.（2005）则通过研究，认为土地银行是实践土地资本化的最理想形式，Wiedemer J. P.（1991）在以美国不动产金融市场为客体的研究架构下，对土地信托、抵押贷款以及各种不动产证券化等作了相关研究。

在中国社会主义市场经济体制中，特别是在现代产权结构及其权能条件下，土地资本化是通过土地使用权资本化实现的。对土地使用权资本化的一般理解，就是通过一定的手段寻找能够带来等值收益的“资本”价值的工具（葛扬，2007）。按照土地资本化的客体不同，国内对土地资本化这一问题的研究大致可分为城镇土地使用权资本化和农村土地使用权资本化两个方面。

就城镇土地使用权资本化而言，现有研究主要从形式上研究了土地资本化的各种路径，即通过土地资产与货币、信用等金融资源和金融市场相结合，使土地价值与其使用价值相分离，并通过资本化后的土地增值溢价的社会化分配，以提高土地要素的投入—产出绩效。一种广泛的共识是：土地抵押是一切土地资本化活动的基础。E. T. Ely 和 Morehouse（1924）很早就从土地抵押与信用相结合的角度，认为不动产抵押票据、不动产抵押债券和土地契约这三种主要融资工具，能为土地和不动产融资提供中期和长期信用支持。我国理论界对城镇土地金融的探讨，起源于 1988 年我国开始施行的国有土地有偿使用制度，并在 20 世纪 90 年代中期，在全国范围内推广土地储备制度的实践中进一步丰富和发展。一是主张建立土地银行。邱世扬早在 1988 年就提出建立土地银行，发行土地债券和土地股票的观点（徐强、周伟，1993；崔新明、贾生华，2000）；成立专门的土地银行是城镇土地使用和储备制度改革的必然趋势（赵传葆，1993；黄凌翔、卢静，2009）。但由于土地银行涉及土地所有权权益的界定问题，我国土地所有权难以成为抵押担保的客体，因此，土地银行理论难以在我国的具体制度环境中实施（胡斌，2003）。二是主张建立土地基金。张宏斌（2000）认为，可以仿效香港的做法，设立城市土地基金，土地储备运作的资金由土地基金提供，而城市出让的土地收入也归口于土地基金，进行统一管理。朱道林（2001）则认为城镇土地有偿使用制度改革的深入，为土地基金的形成提供了良好的制度保障和契机。对于土地基金的来源，一种观点认为，以土地出让收入、土地税收、土地使用费等为基础，然后通过特设机构（SPV）在市场上发行土地债券，且这种债券因有政府的信用作为担保，而不需要任何信用增级手段（明杰、姚宏善，2001）；另

一种观点则认为，宜使用土地资产信托的方式设立 SPV，发行特定目的的土地信托受益计划，通过信用增级和风险隔离机制，保障各权益人相应利益（陈霄，2010）。

从农村土地使用权资本化来看，现有研究大致可以梳理为三个方面。第一个层面研究了"农村土地资本化是什么"。一种观点认为，农村土地资本化实质上是建立在土地抵押基础之上的农业中长期的资金、信用融通活动（张德粹，1979；Yao 和 Cater，1999；周诚，2003；毕宝德，2004）。另一种观点认为，农村土地资本化的范畴不仅指以农地抵押为特征的农业中长期信用，还应包括次级的土地证券化过程，例如土地债券、基金、信托等（袁绪亚，1995；黄贤金，1994；尹云松，1995；黄小彪，2005；朱玉林，2006；等）。另外，一些学者从现行农村地权制度安排的角度，认为土地资本化实质上是农村地权束剥离状态下的土地物权资本化的产物（叶剑平，2007；罗叶，2009；陈霄，2010；等）。第二个层面研究了"农村土地资本化的必要性"。一是认为农村土地资本化有利于降低产权交易成本，且对农户的土地投资产生正向激励（Atwood，1990；姚洋，2000），所以，农村土地金融有助于提高农村土地市场化水平，不能仅仅依靠发展单一的农村贷款系统（Zvi Lerman，2004）。二是认为发展农村土地资本化能够促进土地流转，优化土地资源配置效率，提高农民财产性收入，缩小城乡收入差距（蔡继明，2009；项继权，2007；等）。第三个层面研究了"土地资本化怎么做"。罗剑朝、聂强等（2003）立足于对贵州省湄潭县土地金融试验绩效的考察，建议推进以农地抵押权为特征的中国农地金融制度创新；吴文杰（1997）则提出了开展农村土地金融业务的具体设想，例如农地经营、改良、重划贷款以及地籍整理贷款等；刘志仁、岳意定（2008）从国外土地信托的现状研究出发，设计了农村土地信托保护的运作框架，建立了农村土地信托的最优激励机制；另外，建立土地发展基金也是一种效率较高的土地与金融"两极"结合模式（陈方正，2004），并在此基础之上，提出了集体土地资产证券化的构想（奚正刚，2005），进而，朱道林（2001）、郭步超（2009）建议以农村集体经济组织为主体成立农村土地基金管理中心，设立 SPV（Special Purpose Vichles），发行土地证券。最后一种观点认为建立土地银行是实践土地资本化的最优途径。冯子标、王建功（2009），邵传林等（2009）从农民转型发展的角度，主张国家成立土地银行，更好服务农民创业和农业产业化，改进农民财富结构；王铁（2008）则立足于解决新农村建设资金缺口问题，对农村土地银行的组织架构、发展模式和运行机制作了大胆的设计；陈家泽（2008）、郭骊等（2010）从成都统筹城乡的经验出发，提出了以“土地使用权存贷”为核心的土地银行设计构想，而何芳、温修春（2010）运用了重复博弈、动态博弈和不完全信息博弈方法，论证了农户与土地银行的“存地”合作博弈—收益机制。最后，结合我国实际，叶剑平（2007），梅哲、陈霄（2011）等提出了发展农地金融需设计“信托—基金—土地银行”分“三步走”的思路。

从现有研究土地资本化的文献来看，主要有以下三个特点：①在中国土地公有制的制度约束前提下，土地资本化的客体界定为土地使用权，而非土地所有权；②在研究方法上主要以规范分析为主；③侧重从微观层面上论述土地资本化的实施路径，对土地资本化与土地要素投入—产出的关系以及在宏观经济发展中的作用还有待进一步深入。

1.2.3 一个评述

土地具有自然和资本双重属性，一方面，它是经济发展中不可或缺的基本生产要素，另一方面，由于产权和制度因素，土地这种要素将对经济发展产生影响。在西方市场经济国家，由于产权明晰和土地私有，土地作为一种相对固定的生产要素，对经济增长的影响是“中性”的；在中国，由于土地制度的复杂性和城乡二元结构的影响，在工业化、城镇化加速发展的背景下，土地供给的刚性与土地需求的刚性将对中国经济的持续增长产生巨大“非中性”的影响，这就决定了有必要从生产关系的范畴研究土地要素在投入经济运行中的产权再组织和再分配绩效，实现双重“刚性”约束下土地要素与其他要素的最优组合，促进经济长期稳定增长。而土地资本化，研究的正是借助资金、信用等金融资源和金融市场，在土地要素投入—产出过程中形成的各种组织形式和利益分配形式。这包括两个层面：①土地要素投入—产出中最优的组织形式。这要解决的是土地要素与其他要素在生产过程中组合的最优路径问题。②土地要素投入—产出的利益分配。这要解决的是各土地产权人依据自己的权利份额，如何实现对土地增值收益的共享问题。现有关于土地资本化的文献主要研究的对象大致可归纳为第一个层面的问题，即通过研究土地资本化的具体组织路径，例如主张利用土地基金、土地银行、土地信托等手段，实现土地要素投入—产出过程中最优的组织形式。而

对于第二个层面问题的研究，从现有文献来看，是相对不足的，这实质上是要回答“土地资本化增值收益归谁所有”这一问题，这对理解土地资本化在中国经济转型发展中的作用和贡献至关重要。

从现有关于土地资本化的研究进展总体来看，大致还处于起步的阶段，这一方面大约可归结为主流经济学对此的研究相对不足，另一方面，也许是更为重要的原因，土地资本化决定于一国的土地制度和土地市场化程度。我国自改革开放约 10 年后，才启动城镇土地使用权市场化改革，而农村土地使用权至今还处于非市场化状态，这种二元分割的土地制度对在我国践行土地资本化产生了极大的阻碍，因此，也就不难解释国内关于土地资本化的研究出现先天不足的局面。然而，对土地资本化进行深入研究又存在紧迫性。这是由中国经济增长方式转型的性质和路径决定的。按照主流经济学对于经济成长阶段的解释，在一国经济“起飞”的阶段（或称为工业化阶段），资本（包括土地、固定投资等物质资本）对经济增长的贡献最显著；而在一国经济“起飞”后的阶段（后工业化阶段或进入到罗斯托所说的“高额群众消费阶段”和“追求生活质量阶段”），技术创新和人力资本深化对经济增长的贡献最为显著。中国改革开放 30 多年来，经济高速增长，突出体现为工业化积累加速和城镇化发展水平相对滞后并存的特征。工业化积累加速，是以工农业巨大的“剪刀差”和廉价、粗放使用资源为代价的；而城镇化滞后工业化，是二元分割的城乡制度所决定的。从要素对经济增长的贡献来看，资本贡献远远高于劳动贡献，这符合二元经济的典型特征。其中，土地要素在投入—产出过程中的单一化以及在土地增值利益分配中的非均等化，更进一步加深了城乡二元结构。因此，要在后工业化阶段实现中国经济增长方式的转型，必须要理性设计土地要素投入—产出过程中的最优组织路径，并解决好土地增值利益分配中的非均等化问题，才能实现工业化、城镇化和农业现代化协调、同步发展，才能更加有效地推动中国经济由“资本贡献型”向“技术创新型”或“劳动贡献型”转型发展。

因此，本研究将在中国经济转型发展这一阶段，在已有研究的基础上，尝试更加深入分析土地资本化在优化土地要素投入—产出过程中的组织形式以及土地资本化在中国经济转型发展中的作用，即力求坚持在土地增值收益公平化分配的规范分析前提下，回答好“什么样的土地资本化才是中国经济转型发展所必需的”这一理论问题。

1.3 研究目标与研究内容

1.3.1 总体目标

研究土地资本化在中国经济增长中的贡献及土地资本化在中国经济转型发展时期的作用及实现路径。

研究的子目标有四项：①分析土地资本化在中国改革开放后各个发展阶段的表现形式；②提出基于“二分法”基础上的土地资本化框架体系；③分析城镇土地资本化在中国经济增长中的贡献；④分析农村土地资本化在中国经济转型发展时期的作用及实现路径。

1.3.2 主要内容

(1) 确立研究的问题、目的、方法和分析框架。

(2) 改革开放以来中国土地资本化的发展和演化阶段及未来发展的趋势。

(3) 提出基于“二分法”基础上的土地资本化框架体系，依据城乡土地产权和土地制度性质的差异，尝试分别设计城镇土地资本化体系和农村土地资本化体系的主要内容。

(4) 以土地出让金为主要变量，分析城镇土地资本化在中国经济增长中的贡献及潜在的问题。

(5) 分析农村土地资本化在中国经济转型发展时期的意义及作用。进一步论证农村土地资本化的关键环节、实施路径、保障及风险防范。

1.4 研究思路、技术路线与研究方法

1.4.1 研究思路

本研究遵循的思路是：以贯彻科学发展观为指导，在回顾土地资本化相关基础理论和相关研究进展基础上，结合当前中国经济转型过程中土地产权、制度及组织中的问题，首先对研究的问题进行理论抽象和定位；在开展定点实地调研基础上，利用计量经济学、土地经济学、发展经济学等理论工具，研究土地资本化在中国经济增长中的贡献，并着重研究土地资本化在中国经济转型发展时期的作用、关键环节及实现路径，探索并设计反映时代特征的中国土地资本化的理论和实践模式，并形成政策建议。

1.4.2 技术路线图

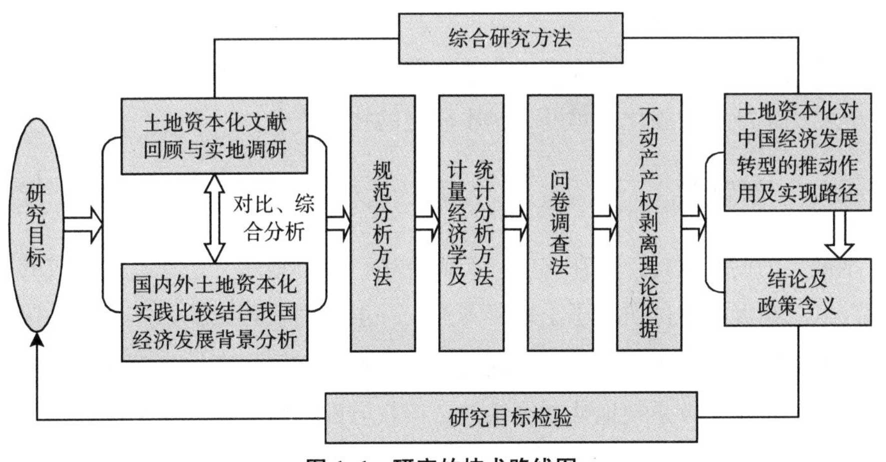

图 1-1 研究的技术路线图

1.4.3 研究方法

本研究主要采用定性分析和定量分析、规范分析和实证分析相结合的研究方法，对当前中国经济转型发展时期，土地资本化的内涵、内容、现状及发展的趋

势进行较为深入、系统的分析。规范研究侧重于从产权和制度绩效的层面对研究的问题本身进行内涵界定；实证研究在规范研究的基础上展开，主要运用计量经济学相关理论及在实地调查的基础上，对土地资本化与中国经济增长、中国经济转型进行关联性分析。定性分析以历史分析和制度分析为主要内容，定量分析强调数据来源真实可靠、调查方法实用和统计分析手段科学。

1.5 重点、难点及创新点

1.5.1 重点及难点

1.5.1.1 重点

①对土地资本化研究范畴的界定及在理论层面上构建土地资本化的体系；②土地资本化在中国经济增长中的贡献；③土地资本化在中国经济转型时期的作用及可能实现的路径、关键环节和保障。

1.5.1.2 难点

构建具有可操作性的土地资本化实现路径，以破解中国经济转型发展时期城乡二元结构不断逆向强化的难题，是本研究的技术难点。

1.5.2 创新点

本研究的创新点是：①在国内同类研究中，较早地从“土地财产形成的三个阶段”这一角度，尝试研究了土地资本化的一般范畴及理论体系，并将城镇土地资本化和农村土地资本化这两种不同的土地资本化空间形态纳入到连续性的时间范畴进行分析；②较系统地从制度绩效、产权分配的角度研究了土地资本化与经济发展的相关性；③较早提出了土地资本化发展路径的转变是实现中国经济增长方式转型的必然路径这一重要观点。

第 2 章　土地资本化：理论基础与内涵界定

本研究所指的土地资本化，是在中国经济转型发展这一特定的视角下，重点探讨土地资本化在土地要素投入—产出过程中的贡献以及在转变土地产权人参与土地增值收益分配模式中的作用，属于生产关系研究的范畴，其理论依据有二：一是运用经济发展相关理论（经济增长理论、经济成长阶段理论和可持续发展理论），为下一步讨论土地资本化在土地要素投入—产出过程中的贡献提供依据；二是运用土地权利束剥离和分配理论，为下一步研究土地资本化在转变土地产权人参与土地增值收益分配模式中的作用提供依据。在此基础上，并结合前人相关研究，对本研究的范畴进行界定。

2.1　土地资本化的理论基础

2.1.1　经济发展理论

2.1.1.1　经济增长理论

（1）古典经济增长理论。经济增长理论由来已久，其研究对象也在不断扩展，而土地正是作为一种特殊资本要素被纳入分析框架。1776 年，亚当·斯密在其经典著作《国民财富的性质和原因的研究》中提出国民财富的增长问题。他不仅研究了经济增长的因素，还深刻描述了经济增长的动态过程，并认为增长的动力是劳动分工、资本积累和技术进步。20 世纪 20 年代，大卫·李嘉图进一步研究了经济增长问题，认为经济增长是资本积累的结果，而资本积累是利润的函数，利润高低取决于工资和地租，当土地的使用达到极限的时候，地租达到最大，利润下降为零，资本家积累资本的动机就会消失，经济将停止增长[①]。此后，李斯特从生产力概念提出经济增长理论框架，认为生产力是经济增长的决定性因素，其中包括实物资本、科学技术、精神资本、政治法律制度以及文化心理差异等因素。随后，卡尔·马克思进一步指出只有社会资本能够顺利实现物质补偿和价值补偿，再生产才能顺利进行，经济增长才具有持续性。而建立在资本主义土地私有权基础上的地租资本则为资本主义原始积累时期经济高速发展做出了重要贡献。

（2）现代经济增长理论。一般认为，现代经济增长理论起始于 20 世纪 30 年代的拉姆齐模型及哈罗德—多马模型。

拉姆齐对经济增长理论发展的贡献在于奠定了研究最优积累的方法论基础，成为研究最优经济增长问题的范式。人们对效用函数的不同设定，再加上效用对时间的折现因子，构成了最优经济增长模型目标函数的不同版本。

哈罗德—多马增长理论则建立在凯恩斯的就业理论和国民收入决定论基础上，是经济增长长期化和动态化的描述。其模型的关键是假定劳动和资本不能相互替代，即总量生产函数具有固定比例。在储蓄率、人口增长率不变且不存在技术进步和资本折旧的情况下，得出经济增长率随着储蓄率的增加而提高，随着资本—产出比的扩大而降低，经济实现充分就业条件下的增长稳定性取决于使实际经济增长率、长期理想的经济增长率和人口增长率三者相等的条件。

该模型后来被罗伯特·索洛（Solow）用“刀锋式的增长”来形容实现平衡增长条件的苛刻。之后，Solow 修正哈罗德—多马模型的生产技术假定，提出以资本和劳动可平滑替代的生产函数，又称作新古典经济增长模型，此模型有效解决了哈罗德—多马模型中经济增长率与人口增长率之间不能自发相等的困难，并得出人均产出的增长来源于人均资本存量和技术进步，但只有技术进步才能导致人均产出的永久性增长。

同样地，Solow 模型的均衡增长率仍受外生人口增长率的制约，且长期增长率完全独立于储蓄率等经济变量，这与实际经验有别。因此，自 20 世纪 80 年代中期以来，以 Paul Romer 和 Robert Lucas 为代表的经济学家不断对新古典经济增

① 大卫·李嘉图：《政治经济学与赋税原理》，北京：商务印书馆，1976 年。

长模型进行修正和发展，认为内生技术进步是实现经济增长的决定因素，考虑技术进步得以实现的各种机制，考察技术进步的各种表现形式，从而沿着不同思路展开研究。

（3）土地与经济增长理论。土地作为经济增长的基本要素，利用经济增长模型来研究它的作用和性质更为直观、明晰。

Donald A. Nicholes（1970）在新古典增长理论基础上发展了一个包含土地要素的经济增长模型。假定生产函数为 Q，二次可导，对土地（L）、劳动（N）和资本（K）是一阶齐次的。存在技术进步，可以导致土地和劳动的增加，符合增长规律：$L^* = Le^{gt}$，$N^* = Ne^{gt}$。生产函数为：$Q = F(K, N^*, L^*)$；$F_{K,N^*,L^*} > 0$；$F_{KK,N^*N^*,L^*L^*} < 0$。财富 W 等于资本存量+土地价值，W=PL+K。储蓄（S）定义为财富的增加。$S = DW = DK + (DP)L = S[Q + (DP)L]$。因为只有两种资产，把资产回报作为折现率，可以确定土地价格：

$$P(t) = \int_t^{\infty} F_L(\nu)\exp\left[-\int_t^{\nu} F_K(u)du\right]d\nu$$

根据上面假定可以求解平衡路径：

$$Dl/l = 0 \Rightarrow l = \frac{F_L(k)}{(F_L(1/k) - g)\beta}$$

$$Dk/k = 0 \Rightarrow l = \frac{-sF(1/k)k}{(s-1)g} + \frac{k}{s-1}$$

将上式作图（见图 2-1），可以看出均衡。当储蓄率 s 增加时，Dk/k=0 确定的曲线将向右移动，新的均衡会导致资本和土地使用的增加（见图 2-2）。

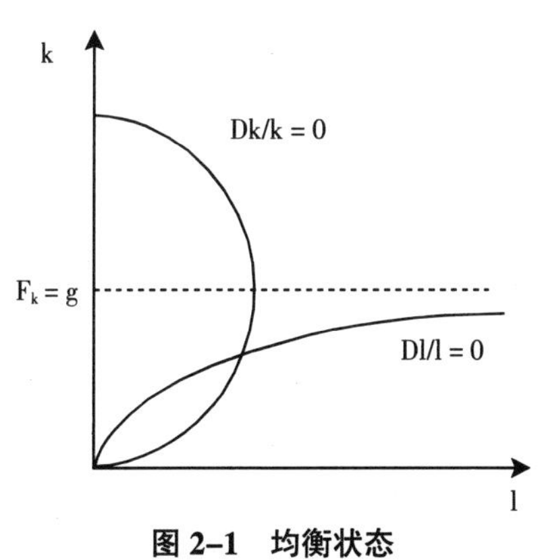

图 2-1　均衡状态

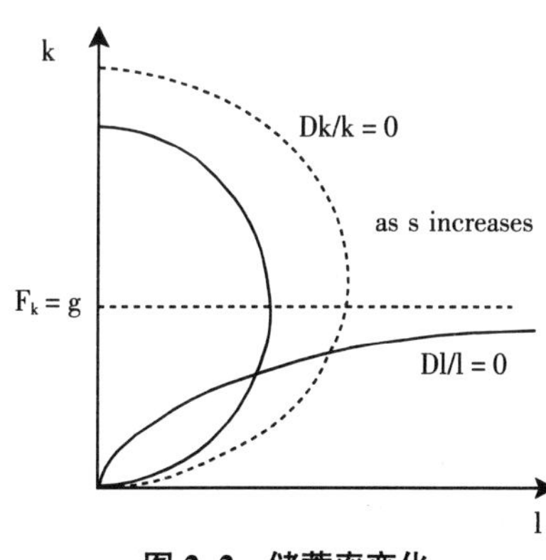

图 2-2　储蓄率变化

定义 $R=F_L L/Q$，即土地在生产中的贡献，国家账户储蓄仅仅通过资本的积累得到，因此，根据模型可推算：

$$DK/Q = s - (1-s)\frac{g}{F_k - g}R$$

若假定 $F_k = 0.2$，$g = 0.5$，$s = 0.1$，则 $DK/Q = 0.1 - 0.3R$。资本的积累与土地贡献成反比，即如果土地收益占 GNP 的部分越大，资本积累越小。如果一个有着较大比例土地收益的国家想提高资本积累，那么可行的政策是对土地收益征收更高的税。

Changyong Rhee（1991）建立了一个包含土地的两代迭代模型，证明了如果土地收入占总收入的比例不变，那么这个经济是动态有效的。

假定人口增长为 $N_t=(1+n)^t N_0$，一个消费者生活两个时期，但只在第一个时期工作。土地存量 L_0 是固定的，人均土地 l_t 以速度 n 递减。生产部门通过一些竞争公司进行生产，生产函数为 $Y_t = F(K_t,\ N_t,\ L_t)$。利润最大化要求资本收益率 r_t、土地收益率 r_t^*、工资率 w_t 等于资本、土地和劳动的边际生产率，在第一个时期的消费为 C_{1t}，储蓄剩余的收入，土地的价格为 q_t。资本和土地到下一个时期的利率为 r_{t+1} 和 r_{t+1}^*，土地出售价格为 q_{t+1}。在第二个时期的消费为 C_{2t}，消费者目标为使得效用函数 $U_t=U_t(C_{1t},\ C_{2t})$最大化，并满足约束条件：

$$C_{1t} + (1+n)k_{t+1} + (1+n)q_t l_{t+1} = w_t$$

$$C_{2t} = (1+r_{t+1})(1+n)k_{t+1} + (q_{t+1} + r_{t+1}^*)(1+n)l_{t+1}$$

无套利条件为：$1 + r_{t+1} = \frac{q_{t+1} + r_{t+1}}{q_t}$，$\forall t.$

定义土地的价格为基础价格 f_t 加泡沫价格 β_t。土地的基础价格为：$f_t = \sum_{s=t+1}^{\infty} \frac{r_s^*}{(1+r_{t+1})\cdots(1+r_s)}$，即资本后面无穷年资本收益率的现值。可以证明，如果土地收入占总收入的比例不变，那么一个带有土地的经济是动态有效的。这说明，土地的加入不会消除动态有效，只有重要土地才能消除动态无效，这里重要的定义是它占收入的比例是固定不变的。

2.1.1.2 可持续发展理论

“可持续发展”最初的定义是“既满足当代人的需要，又不对后代人满足其需要的能力构成危害的发展”。随后，学者们作出进一步的补充，认为可持续发展是“不断提高人群生活质量和环境承载能力的、满足当代人需求又不损害子孙

后代满足其需求能力的、满足一个地区或一个国家需求又未损害别的地区或国家人群满足其需求能力的发展"；"可持续发展是一种具有经济含义的生态概念，一个持续社会的经济和社会体制的结构，应是自然资源和生命系统能够持续维持的结构"；"可持续发展就是转向更清洁、更有效的技术，以此减少能源和其他自然资源的消耗"；等等。

可见，可持续发展的重要内容是自然环境的持续能力。围绕自然环境的"持续能力"，国际上研究的热点之一就是土地的可持续利用，土地的可持续利用一般包括生态可持续性、经济可持续性和社会可持续性三个方面的内容。

生态可持续性的一个核心问题是现代土地利用对土地资源生产潜力的影响。当代农业土地利用的显著特点就是频繁耕耘、集约种植、高化学剂投入、密集的机械使用，这已造成土壤侵蚀、养分流失、土壤板结、水污染等问题，损害着土地资源的生产能力。

经济可持续性主要关系到土地利用者的长期利益。一个重要问题是土地用途的规范使用，主要涉及耕地保护与城镇用地两个方面。处理好这两方面的关系需要配合相关体制机制改革，提高土地利用率，使土地要素在"流动"中保值增值，实现其对人类经济贡献最大化。

社会可持续性强调满足人类基本的需要（食、衣、住等）和较高层次的社会文化要求（如安全、平等、自由、教育、就业、娱乐等）。持续不断地提供充足而可靠的农产品（特别是粮食）和其他土地产品以满足社会需求，这是土地可持续利用的一个主要目标。

2.1.1.3 包容性增长理论

可持续发展的核心是经济发展。巴伯（1989）认为"在保护自然资源的质量和其所提供服务的前提下，应该使经济发展的净利益增加到最大限度"。

长期以来，经济结构性矛盾和粗放型经济增长方式严重制约我国人口、资源、环境的可持续发展。随着 2030 年我国人口将达到 16 亿的高峰，能源、资源、环境的瓶颈制约将更加突出，经济发展与人口资源环境的矛盾将是我国发展长期面对的突出矛盾。因此，坚持可持续发展，解决好我国经济发展与人口资源环境的矛盾，将是一项长期任务。

在此背景下，胡锦涛在党的十七大报告中提出"科学发展观"的重要思想。科学发展观，第一要务是发展，核心是以人为本，基本要求是全面协调可持续发展，根本方法是统筹兼顾。其中一点即是强调经济发展的可持续性，以节约资源、保护环境为目标，加大实施可持续发展战略力度。同时，“倡导包容性增长，让经济成果惠及所有人群”，即坚持把发展经济与改善民生紧密结合，寻求社会和经济协调、可持续发展。可见，科学发展观充分体现了包容性增长的内涵。

土地，作为推动经济发展的核心生产要素，同时又是一种极其稀缺的资源，其自然供给是相对固定的，总量不可能大量增加，而它的经济供给可以通过新土地开发和提高土地的利用效益而增加。科学发展观下的经济可持续发展则必然要求土地的每一种必需的用途都能得到满足，因此其用途配置的科学性至关重要。土地资本化运作正是优化土地资源配置、提高土地经济供给的有效途径。作为一种必不可少、替代性很小的生产要素，其本身的可持续利用直接影响甚至决定了经济可持续发展的可能性。土地可持续利用可以这样认为：在人类现有认识水平可预知的时期内，在保证经济发展对土地资源需求满足的基础上，能够保持或延长土地资源生产使用性和土地资源基础完整性的利用方式。从土地资本角度看，土地可持续利用主要是防止过多占用农用地、破坏生态系统，土地的资本化就是要显化土地的价值，包括生态价值。

在中国城镇化进程中，随着城市面积的扩展，要保持耕地面积稳定，一方面要通过开发、整理、复原等手段有效增加耕地，另一方面更要节约集约使用存量土地。通过土地资本局部集约紧凑的发展，可以换来更多的耕地、草场和森林，更加有利于环境、经济的可持续发展。

综上，我国经济可持续发展需要土地的集约利用，使单位面积土地集中大量的资本和人口，而土地资本经营是集约利用土地的有效途径。土地资本经营有利于土地本身的可持续利用，也有利于总体经济的可持续发展。

2.1.2 经济成长阶段理论

美国经济学家 W. 罗斯托于 1960 年提出经济成长阶段理论，又称作“罗斯托模型”，是经济发展的历史模型。他认为人类社会发展共分为六个经济成长阶段：传统社会阶段、准备起飞阶段、起飞阶段、走向成熟阶段、大众消费阶段和超越大众消费阶段。

传统社会阶段通常都是封闭或者孤立的经济，生产活动及看待物质世界的方

式老旧，社会似乎对现代化毫无兴趣。准备起飞阶段是摆脱贫穷落后走向繁荣富强的准备阶段，它的特征是社会开始考虑经济改革的问题，一个重要任务是经济体制改革，为发展创造条件。起飞阶段是经济由落后向先进阶段的过渡时期，随着农业劳动生产率的提高，大量的劳动力从第一产业转移到制造业，外国投资明显增加，国家出现若干区域性增长极。主要资本主义国家经历起飞阶段的时期如下：英国（1783~1802年），法国（1830~1860年），美国（1843~1860年），德国（1850~1873年），日本（1878~1900年），中国则在1977~1987年这十年间实现了起飞。走向成熟阶段是指一个社会已把现代化的技术有效地应用到了它的大部分产业的时期。主要资本主义国家进入成熟阶段的时间为：英国为1850年，美国为1900年，德国为1910年，日本为1940年，中国目前也已经进入了这一发展阶段。而大众消费阶段与超越大众消费阶段则主要是指人们生活质量不断提高，民生问题得到很好解决。

由此，借助罗斯托经济成长阶段理论，结合我国经济发展阶段，土地资本化进程可作如下阐述。第一阶段：新中国成立初期。农民从1950年土地改革中获得土地所有权，激发了生产积极性，并促进了农业生产的发展。1953年，随着大规模有计划经济建设展开，为解决农业与工业化发展之间的矛盾，国家采取合作形式，实施土地集体所有制，农民失去土地所有权的同时也失去土地经营自主权，农业发展减慢。第二阶段：改革开放时期。1978年，以家庭联产承包责任制为发端的农村改革标志着中国进入改革开放时代。包产到户的家庭承包责任制是将土地所有权与经营权相分离，在保证土地集体所有的前提下，农户独立经营，提高农业生产积极性。但是在我国重工业轻农业、重城市轻农村的发展战略指引下，加上集体土地产权虚化以及不完整的土地经营权，大量农地被廉价出卖或被侵占，以服务城市工业发展，城市借助“剪刀差”收益而快速成长，其土地使用权拥有完整的占有、使用、收益和处分权能，相反，农民因土地使用权权能的不完整而未享受到土地流转的价值增值。可见，城市土地实现资本化运行而农村土地还未实现资本化。第三阶段：后工业化时期，也即当前这段时期。第二阶段城市工业化发展过程所积累的经济、社会及环境资源矛盾必然促使我国转变思路，提出建设社会主义新农村的发展方向及“以工促农、以城带乡”的统筹城乡发展战略。《物权法》开始重新修正，各个地方也开始探索土地经营的创新形式，产生了“股田制”、“地票交易”、“三权抵押”等农村土地资本化实践模式，目的是赋予农民土地经营权的完整权利，缩小城乡差距、贫富差距，实现包容增长、科学发展、社会和谐。

2.1.3 土地经济学理论

2.1.3.1 地租资本化

地租是古典政治经济学研究的核心范畴之一。按照经济学发展的阶段划分，对地租的认识可大致分为地租剩余理论和地租边际生产力理论（贺卫、王浣尘，2000）。威廉·配第（1662）和亚当·斯密（1776）认为，地租是土地收益减去土地成本的收入。李嘉图首次对地租剩余理论作出核心阐述。他以农业土地为研究对象，系统阐述了级差地租产生的两个根源，即土地肥力递减和土地单位投资额的提高，都能使地租成为土地所有者的剩余。马克思在李嘉图关于级差地租剩余理论的基础上，进一步深入了地租性质的研究，他在归纳李嘉图关于级差地租Ⅰ和级差地租Ⅱ的基础上，首次从土地产权和制度的角度提出了绝对地租的理论，认为由于存在土地所有权和土地所有制的垄断，任何一块劣等土地都将产生地租，并认为绝对地租是资本主义私有制下的特殊经济现象，“凡是土地私有制（事实上或法律上）不存在的地方，就不支付绝对地租”[①]。同时，他还从地价与地租的关系角度，较早地对土地资本化进行了阐述，他认为在资本主义私有制条件下，土地作为一种商品，具有市场价格，并能自由买卖，是因为土地被私人垄断、占有，人们需要使用土地就必须支付地租，而购买土地的“价格不是土地的购买价格，而是土地所提供的地租的购买价格”[②]，即“土地价格无非是出租土地的资本化收入”[③]。“土地的购买价格，是按年收益若干倍来计算的，这不过是地租资本化的另一种表现”[④]。所谓土地价格，就是土地收益的资本化。用公式表示为：

$$V \equiv \frac{a}{r}$$

式中：V 为土地价格，a 为土地纯收益，r 为土地的还原利率。

---

①《马克思恩格斯〈资本论〉书信集》，第 166 页。
②《马克思恩格斯全集》，第 25 卷，第 703 页。
③《马克思恩格斯全集》，第 25 卷，第 705 页。
④《马克思恩格斯全集》，第 25 卷，第 703 页。

这一公式大致可作为利用土地资本化计算土地价格的原始理论模型。当然，这一算式还存在若干缺陷，例如没有考虑年限和贴现，仅仅是土地所有权的价格。[①] 在一国具体的制度环境中，还需要加入更多的变量对这一公式进行扩展和修正。

伴随着古典政治经济学的终结和现代西方经济学的兴起，对地租这一土地资本化的核心问题的认识，经历了一个庸俗化的过程，即摒弃了从生产关系角度去研究地租性质的方法，而是从要素投入—产出的角度，利用边际生产力理论对地租进行研究（杰文斯、劳恩哈特、门格尔、瓦尔拉、维塞尔、庞巴维克、威克塞尔、克拉克、霍布森、威克斯蒂德、马歇尔和帕累托等），其中，马歇尔将地租纳入了它创立的一般均衡体系，并将地租看作是一种剩余和更一般的生产者剩余的一个特例。他还区分了地租、准地租、稀缺地租和级差地租的范畴。为了区分地租与准地租，他强调了时间因素。至于稀缺地租和级差地租，马歇尔的结论是，所有地租都包括这两个因素。这种新的地租（以及收入分配）的边际生产力理论可以被看作是李嘉图集约地租和集约收益递减理论的一个结果。粗放地租和粗放收益递减——归根到底是李嘉图理论的基础——实际上已被忽视，因为它们并不一定意味着生产要素比例的变化。没有这种变化，便既不会有边际产品，也不会有边际成本。[②]

西方现代地租理论从机会成本的角度定义了地租的构成，即地租=机会成本+经济租金。如果一块土地只有一种用途，则机会成本为零，地租等于全部经济租金；反之，如果该土地的现用途可得到的地租并不比用于其他用途得到的多，于是经济租金为零，地租等于机会成本。这即是说，地租决定于市场对土地的供需价格，如果市场需求下降，地租也就下降，如果市场需求增加，地租也会上升。因此，在市场供需关系的表征之下，地租不再反映土地权利人之间深刻的经济关系，而是作为一种经济人使用某一经济物品所付出的经济成本和代价。在此基础之上，现代西方经济学不再将地租作为一种重要的经济范畴加以讨论，而是更多地使用了“土地纯收益”的概念，并认为土地纯收益是土地总收益减去投资成本的剩余，正如 T. Ely 指出：“把预期的土地年收益系列资本化而成为一笔价值基

① 葛扬：《马克思土地资本化理论的现代分析》，《南京社会科学》，2007 年第 3 期，第 3 页。
② 贺卫、王浣尘：《西方经济学史中地租理论的演变》，《当代经济科学》，2000 年第 2 期，第 66页。

金，此在经济学上就称为土地的资本价值，在流行词汇中则称为土地的售价。”①

从西方经济学在不同的历史发展阶段对土地问题的认识来看，其核心无非是地租和地价问题。古典政治经济学认为地租决定地价，而土地价格无非就是地租的资本化。现代西方经济学认为地价就是在市场供需关系决定的基础上，土地年收益的资本化形成的土地的资本价格。更加深入探讨地租与地价的关系问题不在本项研究范畴之内，但从理论层次上梳理好以下几点是至关重要的：①地租、地价与土地资本化密切相关。土地资本化的结果在客观上无非表现为地租的货币化或土地未来收益流的折现，而这种结果与现时市场供需关系条件下的土地价格又有深刻的关系。②土地资本化的过程，不仅是单一的地租资本化过程，同时还受产权制度、社会风俗、利率变动、政治环境等多种因素影响，因此从长期来看，其表现的最终形式，即土地的价格，将具有波动性和风险性。如果将此引入中国的具体制度环境，对土地资本化的认识，首先要厘清：①土地资本化的客体是什么？②在中国具体制度环境中地租表现的具体形式是什么？③哪些因素影响土地资本化的效率？理解好以上三点，是研究土地资本化在中国经济转型时期作用的必要前提。

2.1.3.2 权利束分离理论

土地产权是指存在于土地之上的排他性完全权利。从内容上看，它包括土地所有权、土地使用权、土地租赁权、土地抵押权、土地继承权、地役权等多项权利，这些权利在特定的制度环境下能够从土地所有权中分离出来而被独立地行使，而在某些时候又能够回归于单一的土地权利形式——土地所有权，且连同土地所有权自身构成一个完整的土地产权概念。在私有制出现之初，商品经济尚未发达，地广人稀，土地产权的形式主要表现为单一的土地所有权，而后随着社会生产力的提高、人口增多而逐渐导致土地资源的相对稀缺，土地租佃制开始出现，土地所有权中的占有、使用和收益的权能逐步从土地所有权中分离出来，形成独立的权利，如土地使用权、土地租佃权、土地典权等权利形式，但这些权利在很大程度上受到土地所有权的制约。在市场经济进入成熟期后，尤其是进入资本主义时期以后，由于资本主义扩大再生产经营方式的需要，预付资本不断提高，必然要求信用、货币和包括土地在内的一切生产要素在短时间内集聚，以创造出更大的生产力。因此，作为一种最重要的生产要素，土地所有权对土地——

① ［美］伊利等：《土地经济学原理》，北京：商务印书馆，1982 年，第 223 页。

作为一种最重要的生产要素的垄断，无疑构成了阻碍。由此，为进一步适应资本主义生产方式发展的需要，必然要求在土地权利的内容、形式上不断进行革新，而且各种土地权利都得以成为与土地所有权平行的、排他性的权利，不但为各权利人所主张，而且能够成为一种单独的、可交易的商品，从而克服土地本身不可流动性的物理缺陷，使土地得以和信用、货币结合起来，实现土地价值在社会经济领域的流动，推动市场经济向更高的层面发展。因此，土地产权这一称谓是极具现代意味的，它打破了土地所有权对土地权利的统治地位，丰富了土地权利的内容、形式，适应了“物之所有”向“物之利用”的趋势，体现了现代市场经济发展多元化、复杂化的特征。从“物权”和“债权”的关系来看，虽然各个国家由于经济与政治制度以及法律制度、风俗习惯等不同，各自的土地产权体系也就不尽相同，但是，一般而言，都包括以下各项基本职能：

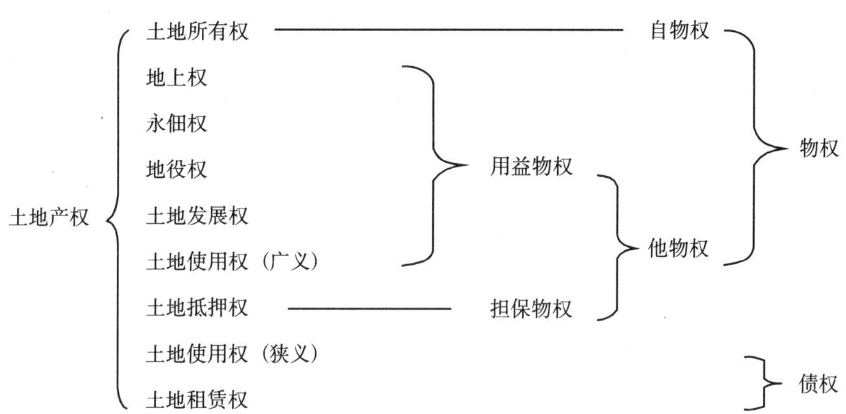

图 2-3　土地产权体系构成示意图①

从一般形式上看，依据权利人对土地的经济目的不同，土地产权可以表现为以上任意某一形式，也可以是某些复合的形式。从权利本身的内涵来看，它实质反映的是不同的土地权利人对土地不同利益需求的集合，因此，随着商品经济的不断深化，在若干权利表象形式之下，现代土地产权已由较初级商品经济社会形态下的单一所有权形态演化到较高级市场经济社会形态下的复合权利束形态，即原先归属于所有权的某些具体权能能够在一定条件下从原始的所有权状态下分离出来，成为一项单独的“物权”，例如土地使用权、土地租赁权等。

① 毕宝德等编著：《土地经济学》（第五版），北京：中国人民大学出版社，2006 年，第 174 页。

从我国的土地产权构成来看，在我国，土地等一切生产资料属于人民所有，因此，与其他私有制的经济形态不同，我国的土地产权权利构成状况有其自身的显著特点。最鲜明的特征在于，由于土地所有权不能交易，因此形成了以土地所有权与土地使用权分离为特征，以土地使用权交易为核心的土地产权制度和土地产权交易市场。从具体形式来看，城市土地属于国有，集体土地属于农民集体所有，但城市土地和集体土地可以通过在有限期内，以出让或承包经营的方式，交付具体的土地使用者，后者在支付一定的费用后获得该土地一定年限内的使用权，而这种使用权，实质上是一种具有物权性质的权利，如土地使用者在规定年限内享有充分的占有、使用、收益以及部分处置的权利。《物权法》更明确了土地使用权作为一种物权的性质。

如果采用纵向的、时间序列的逻辑分析，可以将我国土地权利的形成、发展划分为三个阶段，即土地未利用（开发）阶段、土地开发阶段（土地由“生”到“熟”的阶段）和“熟”地（开发后）出让后阶段。

在土地未利用（开发）阶段，此时土地的用途以农业用地以及未利用地为主。这个阶段的土地权利特点表现为集体土地所有权与集体土地使用权的分离。其中，承包经营权、宅基地使用权以及“四荒地”使用权被《物权法》正式定义为物权，是主要的农地使用权的表现形式。此外，对于某些农业用途的土地，因其距离城市的距离较近，因此具备一定的潜在升值空间，一旦转化为建设用地，则会产生明显的收益。此时，若国家对这部分的农业土地设定土地发展权（Land Development Right），以规划用途变更产生的成本、费用作为对国家、土地使用人、土地开发人三者之间的约束，则这种权利具备了一定的收益和处分权能，但国内学术界关于土地发展权的争议较多，也并未得到立法承认，因此，这种权利能否称之为一种物权，有待于在日后的社会、经济发展中解决。

在土地开发阶段，某些地方曾出现过“土地一级开发权”之称谓，但缺乏法律依据，因此，这一阶段的土地权利在法律上存在真空。介于当前国内土地储备制度的普及，通常采取的模式是以土地权益向银行抵押融资，是否可以将这种土地权利理解为具有某种“准物权”性质的土地开发权，同样享有足够的、合法的占有、使用、收益和处分权能，将是一个值得深思的问题。

在土地开发后阶段，此时的土地权利形式主要表现为国家土地所有权与城市土地使用权之分离，此时，分离后的土地使用权表现为建设用地使用权，《物权

法》将建设用地使用权作为一种独立的用益物权进行规定，是指权利人依法对国家所有的土地享有占有、使用和收益的权利，有权利用该土地建造建筑物、构筑物及其附属物设施。[①] 相比于同样是用益物权的农村土地承包经营权和宅基地使用权，建设用地使用权更具备相对完备的收益权和处分权。

因此，立足于对土地财产权利形成三个阶段的分析，认为：在我国形成了以土地所有权与土地使用权分离为特征的，以农村土地承包经营权、宅基地使用权和城市建设用地使用权为三大支柱的土地物权体系。对于一些在某些方面具备物权特征的“准物权”，如土地发展权、土地开发权等，可以考虑在适当的时候纳入正式的土地物权体系，以及考虑到以国有土地使用权、以“四荒地”为客体的土地承包经营权可以成为抵押权的客体，因此，土地抵押权也应该成为一种土地物权。[②] 所以，立法应允许适时增加新的土地物权类型，以适应经济生活的不断发展、深化。总的说来，我国的土地产权权利构成情况如图 2–4 所示：

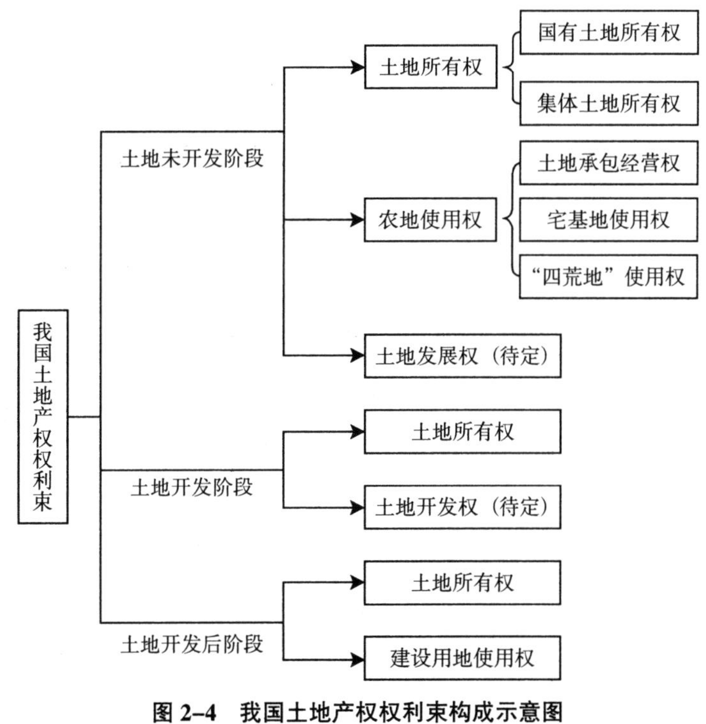

图 2–4　我国土地产权权利束构成示意图

① 土地矿产法律事务中心编：《土地物权常见问题专家解答》，北京：中国法制出版社，2007 年，第 18 页。

② 崔建远：《土地上的权利群研究》，北京：法律出版社，2004 年，第 200 页。

2.1.4 土地区位理论

2.1.4.1 农业区位论、工业区位论和商业区位论的概述

一般来讲，区位是在特定的时间阶段内，地理位置、经济地理位置和交通地理位置在空间地域的结合形态。区位论是把经济学原理应用于经济活动与组织优化的理论，研究因土地区位不同而引起的土地之上经济活动的差异性，使得土地生产率和土地利用效率发生改变，导致土地级差收益的产生。从区位论的历史发展的阶段来看，主要经历了农业区位论、工业区位论和商业区位论三个典型的发展阶段。

区位论产生于19世纪20年代，标志是1826年德国古典经济学家杜能（J. H. V. Thunen）关于农业空间组织的经典著作《孤立国同农业和国民经济的关系》的出版。该理论的核心思想是：①在假设自然条件相同下，一国（地区）的农业布局不一致，可以发展成为完全不同的方向和结构；②在相同环境条件下，引起农业生产的空间差异的主导因素，是农产品生产地到市场之间的距离；③农业区位地租是造成农业土地用途及空间布局差异的主要因素。杜能的农业区位理论首次阐明了农业土地的用途及价值与该农业土地到中心市场的距离呈一定相关关系：城市周围土地的利用类型以及农业集约化程度都是随距离的递远呈带状变化，围绕城市形成一系列同心圆。杜能农业区位理论的贡献主要在于两个方面：一是从建立农业分圈层实现农业化与各圈层多种作物合理组合的理论，引申出农作物种植的最优区位；二是农产品生产地到市场距离对农业经营方式有显著影响，农产品生产地距离市场距离越近，土地利用方式就越集约，反之，就越粗放。

进入20世纪以后，德国经济学家韦伯（A. Weber）发表了《工业区位论》（1909）一书，首次提出了较完整的工业区位理论，并产生了广泛的影响。在杜能关于运输因素的分析基础上，他进一步对劳动力因素和集聚因素进行了研究，他认为，决定工业选址最佳区位的因子，除运输成本外，还有劳动力成本和集聚因素。在此基础上，提出了三个法则：①运输区位法则。设原料指数为原料重量与制品单位重量（1吨）之比，该法则的一般规律是：原料指数>1时，生产地设于原料地；原料指数<1时，生产地设于消费地；原料指数=1时，生产地可设于原料地或消费地。②劳动区位法则。加入劳动力费用因素是对以上运输区位法则

的第一个修正。即如果某一地点由于劳动费用非常低廉而对企业有利时，可将企业生产区位从运费最低点吸引到劳动费用的最低点，使运费定向区位产生第一次"空间偏离"。③集聚（分散）法则。集聚效益同样可以使运费和劳动力定向的区位发生偏移，将工业选址从运费最小点引向集聚地区或分散地区，当然，其前提是集聚（分散）获得的利益大于工业企业从运费最小点迁出增加的费用额。韦伯理论的主要贡献：一是首次运用"区位因素"概念；二是重点分析了以运费为主的工业区位指向；三是首次提出并使用了等费用的方法推导工业区位分布的空间几何模式。

1964 年，阿隆索（W. Alonso）提出了竞租函数的概念，其主要的观点是：各种经济活动的区位是由其所能够支付的地租而决定的，在市场竞争的条件下，通过土地供求机制、土地价格机制的作用和调整，各种经济活动竞争使用土地，并经过市场价格竞争决定各种经济活动的最佳区位选择。一般而言，按照竞租能力的高低，商业服务业能够支付最高的地租，故能占据城市的最佳区位，其次为工业、住宅业和农业。其关系如图 2-5 所示：

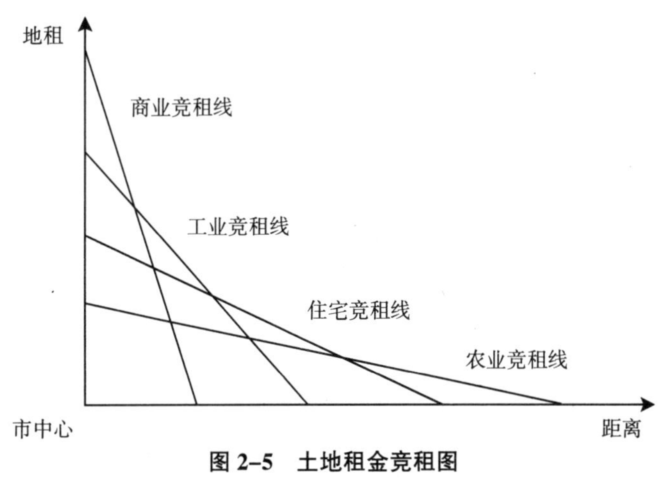

图 2-5　土地租金竞租图

2.1.4.2　土地区位理论在土地资本化研究中的应用

土地区位理论对土地资本化的研究具有广泛的应用价值，主要体现在两个方面：一是土地区位因素对土地的现时价值具有重要影响。例如，若农地距离城市较近或处于城镇扩展范围内，则该处农地转为建设用地后其预期的市场价值将大幅提高，反之，则降低。若政府通过土地征收—出让这一资本化方式将农业用途的土地转为建设用地，无疑距离城镇越近或位于城镇发展规划区内的农业用途土地更具有价值。从理论上讲，土地区位因素应该成为政府制定农民土地补偿标准的一个修正因素。二是在土地资本化更高级阶段——土地证券化阶段，土地的区位影响因素对特定地块的证券化效率具有极为重要的影响。以商业、服务业用地为例，由于商业、服务业对城市中心区域的土地具有较高的竞争力，可以支付高于其他任何经济活动的地租，且由于人口、信息、交通等因素的集聚，能够形成稳定、持续的未来土地收益流，因此，位于城市中心区位的商业、服务业用地是一种潜在的、优良的土地证券化资产。[①]

2.1.5 市场交易理论

针对将“稀缺资源优化配置”作为经济学研究的传统主题，1986年诺贝尔经济学奖获得者詹姆斯·布坎南（James Buchanan），在《市场、自由与国家》（1982）一书中提出了交易经济学的理念和研究方法，认为经济学是关于研究交易的科学，并从交易的角度对经济和政治进行了区分。他认为，经济的本质在于用最小的付出换取最大的收益，强调效率，追求个体利益最大化；政治的本质在于用强制性权力夺取一些人的利益来满足另一些人的利益。据此，他进一步将经济学研究的主题归纳为“人们为什么交易”、“如何交易”、“交易的结果如何”这三个基本问题。①人们为什么交易？通过交易，可以使物品的价值最大化，交易不能创造财富，但交易能够发现价值，从而激励人们创造财富。②如何交易？交易理论所提出的“新价格理论”，将价格分为内生价格和外生价格。内生价格由供求决定，外生价格是由供求以外的外生因素强制形成的，因此，对供求会有影响，分别称为“需求效应”和“供给效应”。外生价格是以内生价格为基础发生作用的。内生价格和外生价格奠定了市场价格和管制价格的分析基础，也为自由市场和政府干预奠定了一个微观分析的理论基础。③交易结果。交易的结果同样具有不确定性，会产生垄断、赢者通吃、外部性等问题，公平竞争的交易并不能产生公平的结果，交易作为一种竞争形式，也具有弱肉强食的弊端。

市场交易理论对土地资本化的研究具有三方面的指导意义：①合理阐释了土地资本化产生所必须依赖的一般性前提——土地市场交易。在市场经济条件下，

---

① 陈霄：《城市最优区位土地证券化研究及模式设计》，《管理现代化》，2008年第4期。

土地价值的实质是基于一定时期内持续、稳定土地收益流的资本化价值，但这种资本化的价值受价值规律影响，外化为不断波动的土地市场价格。这种市场价格的形成机制依赖于市场供求关系的变化，也就是市场交易的常态化。②以内生价格和外生价格为核心的“新价格理论”对合理认识土地资本化的价格提供了依据。土地作为一种特殊的生产要素，其市场价格的形成不仅仅由单纯的市场供需关系决定，更多还受到政治、制度、社会等外在的多重因素的影响。例如，在我国工业化和城镇化加速发展的条件下，对建设用地的需求远远大于供给，如果完全放开土地市场，则会造成农用地任意转化为建设用地进而产生大量失地农民，而一旦出现这种现象，毫无疑问将导致更大的社会问题和政治问题，因此，我国的土地（使用权）交易必须是保证现行土地制度稳定的前提下，以经济社会稳定发展为原则，按照市场交易规律适度进行的交易活动。因此，这说明了，在土地资本化市场交易研究的这一范畴中，并不是要完全按照自由市场价格供求关系的变化来决定土地资本化的价格，而是必须根据现行土地制度特征、产权特征等各个方面进行综合的设计。③提供了政府对土地资本化交易结果进行管控的依据。自由竞争市场产生的一个主要问题是交易的外部性成本随着交易程度的加深而逐渐增大。从土地资本化的角度来讲，不加管控的土地资本化交易将会增加并积累风险，不利于政治和社会的稳定。此时，政府对土地资本化增值收益或土地开发溢价进行特定目的的管控和再分配显得尤为必要，这也是构成后文研究土地资本化增值收益“涨价归公”和“涨价归农”的重要理论依据。

2.2　土地资本化的内涵界定

2.2.1　土地资本化的必要性

从人类商品经济历史发展的进程来看，存在简单再生产和扩大再生产两个社会性的生产阶段。在以传统社会为典型的简单社会再生产过程中，社会的生产、交易和消费遵循“W-G-W”的变化过程，社会交易的形态自商品开始，在货币流通中最后以商品结束。其间不存在扩大的社会性再生产阶段，因此社会生产力的积累缓慢，传统社会长期维持在一个相对封闭、静态的经济均衡水平上。在以现代市场经济为典型的扩大社会再生产过程中，社会的生产、交易和消费遵循“G-W-G′”的规则，自预付资本开始，通过土地、劳动力和其他资本，在扩大性的社会生产过程中直接实现了价值增值，并最终通过货币媒介，得以在流通领域中完成，因此，市场经济形态中社会生产和交易的一个重要特征不在于如何实现商品的生产和交易，而在于通过这种商品的生产和交易，实现资本的增值。在这个过程中，又存在两个阶段：第一个阶段是资本主义经济资本原始积累阶段，资本的增值主要通过缓慢的、纵向的剩余价值积累过程而实现；第二个阶段是资本的横向集中阶段，即由于机器大工业、现代银行业出现以及科技革命兴起等因素，信用成为一种有效的手段，能够使资本在短时期内实现大规模的集中，而无须等待漫长的时期。因此，虚拟资本与实体资本开始相互渗透，预付资本的数量不断扩大，通过现代信用机制，更短时间地、更大程度地实现了资本的增值，创造了极大的社会生产力。

土地，能够结合信用、货币等金融资本，发挥更大的作用。首先，在市场经济条件下，作为一种生产要素，土地的市场化配置也应该遵循其他商品完成“W-G-W”的变化过程的规则，那么，显然，它必须与“货币”等金融资产相结合，并在货币的媒介作用下，才能实现其市场交易和配置过程。这一过程要求：第一，必须承认土地作为一种商品的基本属性，并给予立法支持，使得土地交易合法化、市场化和制度化；第二，必须完善和发展多层次的土地权利。土地所有权的垄断在很长一段时期曾是自由资本主义经济发展的障碍，因此，为促进土地这种生产要素的流动化和市场化，各国在实践上创造了除土地所有权之外的丰富的土地权利形式，扩大了土地权利的主体，使得各种土地权利得以成为一种可交易的商品。我国目前已建立起城市土地使用权交易体系和市场，农村土地使用权交易和市场也正在进一步形成，但是，由于缺乏有效的土地与信用、货币资本等有效的对接方式，土地权利交易的方式比较单一，土地作为一种生产要素参与市场价值分配的体制、机制还需要进一步完善。其次，土地作为一种社会资本，它的运动方式在理论上应该同样遵循“G-W-G′”的规则，即土地这种资本，在生产过程中结合劳动力以及其他资本创造增值价值，最后在市场交换体系中实现自

身价值增值的过程。[①] 在这个过程中，所谓的土地作为社会生产资本得以增值，其实就是土地权利作为预付资本的一部分，经过生产和交换环节，最后增值的过程。值得注意的是：第一，土地权利成为预付资本的一部分，必须要求一个发达的金融和货币体系作为依托，使得土地权利资本与借贷资本顺利结合，实现与其他金融资本无差别、无障碍流动；第二，土地权利资本增值分配应该体现"谁参与，谁受益"的原则，各个权利主体有平等的要求土地增值收益分配的权利。西方发达市场经济国家的土地权利资本化已成为一种常态，我国经过改革开放以来渐进性的土地制度改革，土地产权已经具备了某些资本的属性，但由于土地产权界定的模糊性，使得不管是在与金融资本有效结合，还是在土地增值收益分配的问题上，都还有待于进一步在经济实践中不断探索、思考。

所以，土地作为一种生产要素，同时土地权利作为一种社会生产性资本，必然要求在更高、更深的层次上实现与信用、货币等金融资本的结合与渗透，实现在市场价格机制影响下的资源和资产的"双重性最优化配置效率"，其实质就是土地财产权利的资本化过程。

2.2.2　土地资本化的内涵界定

2.2.2.1　土地资本

一般认为，土地资本有狭义和广义两种概念。狭义的土地资本是马克思所称："对已经变成生产资料的土地进行新的投资，也就是在不增加土地的物质即土地面积的情况下增加资本。"所以，狭义的土地资本只包括凝结在土地上的劳动价值部分，资本可以固定在土地上，从而形成土地资本。土地资本既有价值形态也有实物形态，它的实物形态就是土地固定资产，因此，土地资本是一种固定资本，研究土地资本必须紧密结合其物质形态——土地。广义的土地资本则是当土地参与流转，在运动过程中实现增值，给所有者带来预期收益的时候，就成为土地资本。

土地资本是一个历史的概念。最早土地是以资源的形态存在。在原始社会，

---

① 土地作为一种社会资本，可理解为预付资本的某部分构成，比如说以土地权利入股构成的预付资本的一部分。以房地产开发、经营为例，土地在房地产生产和流通领域中完成了自身价值形态的变化，通过房地产这种商品的生产和销售，预付资本得以增值，而作为预付资本一部分的土地产权资本，也应该分享到相应的增值价值。

虽然土地可以给人们带来生活资料，一定意义上可看作收益，但是由于地广人稀，生产力水平低下，土地不具有稀缺性，也就未将土地当作财产，而只是一种资源。土地资源成为土地资产需要两个条件：一是土地能够带来收益，二是稀缺性。即是当土地能够带来收益，而且具有稀缺性，从而被人们当作财产占有的时候，土地就由资源转化为资产。从这个意义上讲，土地资产是指具有明确的权属关系和排他性，并具有经济价值的土地资源（贺国英，2005）。当土地市场出现（公开或隐性）后，土地资产的各种财产权利在市场中进行交易，并且能够给所有者带来预期价值增值，这时土地资产就转化为土地资本。

2.2.2.2 土地资本化

何晓星、王守军（2004）认为，资本可以理解为运动（即生产并进入市场交易、转让、流通等）并不断改变形式，同时在运动中不断增值。而资源同资本的区别在于：资源是静态的，在静态中它不会增值；资源要增值必须运动和改变形式，而这就是资源资本化的过程。根据这一逻辑，所谓土地资本化，就是土地资源转变成可以运动并增值的土地资本的过程。但这仅是从“资源”向“资本”转变这一角度来描述土地资本化的动态性，对于土地资本化深层次的理解，还需要从主体、客体、内容、路径等各方面进行研究。在中国社会主义公有制的所有制特征下，对本项研究的土地资本化进行界定如下：

（1）主体。土地资本化的主体，实质上是要回答“谁对土地进行资本化”这一首要问题。按照《宪法》和《土地管理法》规定，城市的土地属于国有，农村的土地主要属于农民集体所有（国有农场、国有性质的农村土地等除外），因此，从理论上来讲，土地资本化的第一主体应该是作为土地所有者的国家或农民集体，但由于土地使用权已经从土地所有权中分离出来，并取得了土地所有权的大部分权能，成为单独的物权，土地所有者实际上只享有土地的“终极处置权”，所以在实际的经济生活中，土地使用者已代替了土地所有者从事了关于土地的主要经济活动，因此，在我国，土地资本化的直接主体应该是直接获得土地使用权的权利人，例如城镇建设用地使用权的获得者和享有土地承包经营权、宅基地使用权等的农民。除此之外，还有一点值得深入研究：是否还存在土地资本化的其他主体？第一，由于在城镇实施土地储备制度，在形成可出让的建设用地使用权之前，地方政府承担将土地由“生”变“熟”的任务，也即俗称的土地一级开发，此时，在此期限内，地方政府享有对土地开发的权益，虽然此项权利在法律

上并无明晰规定，但事实上存在，因此，从理论上讲，在城镇土地一级开发存续的期限内，地方政府可以成为土地资本化的主体。第二，对于农民集体土地而言，虽然从总体上看，农民集体作为土地所有者“权利”缺位，但近年来也不乏农民集体利用土地所有者的身份，进行土地资本化，例如广东南海区的土地入股，因此，农民集体在一定的情况下，也能够成为土地资本化的主体。另外，还有一点值得注意，如果土地资产进行证券化后，持有土地受益凭证的权利人，从理论上讲，也应该成为土地资本化主体之一，但他们是通过购买一部分土地未来增值收益权利来“间接”实现对土地资本化收益的享有，[①] 与土地开发者和土地使用者直接基于开发或用益目的对土地进行资本化是不同的，因此，本研究尝试将此看作为一种土地资本化的“虚拟主体”。

（2）客体。关于对土地资本化客体的认识，从现有的研究来看，大致有两种观点。第一种观点认为土地资源本身这种“物”是资本化的客体（杨帅、温铁军，2010），提出了土地资源资本化的观点；第二种观点认为土地使用权是其资本化的客体，这也是目前为止学术界所持有的主要观点。二者区别在于：土地资源资本化这一概念着重从生产力（土地要素）角度描述；而土地权利资本化这一表述则力图从生产关系角度抽象出土地资本化的实质，因此，本研究采用第二种观点，即认为土地资本化的客体是土地权利，但有所不同的是，本研究认为土地使用权仅是狭义上的土地资本化客体，从更广义的角度来看，因位于土地之上的是一束集合的权利，且每种权利在特定的条件下能够从所有权中分离出来，因此，任何一种相对独立的土地物权都具备成为资本化客体的可能性。

（3）内容。在我国，由于二元土地制度，城镇土地权利和农村土地权利的权能有所不同，因此，本研究采用“二分法”的原则，将土地资本化的实施内容分为城镇土地（权利）资本化和农村土地（权利）资本化。其中，城镇土地（权利）资本化包括两个阶段：一是城镇土地的资产化，这主要是指城镇土地（一级）开发权或城镇土地使用权，通过作价入股、出让、抵押、出租等方式，实现城镇土地资产的价值化；二是城镇土地的证券化，主要是指借助资本市场和金融创新，例如发行土地债券、信托、基金等，对土地增值收益权进行再分配。同

① 所谓的土地证券化，例如“REITs”，目前我国某些经济发达城市开始采用这一形式进行房地产保有经营融资，但仅处于起步阶段。

样，农村土地（权利）资本化也包括两个阶段：一是农村土地的资产化，主要是指农民集体土地所有权或农民土地使用权（承包经营权、宅基地使用权等），通过入股、抵押、出租等方式，实现农民土地资产的价值化；二是农村土地的证券化，通过金融创新，对土地增值收益权进行再分配。

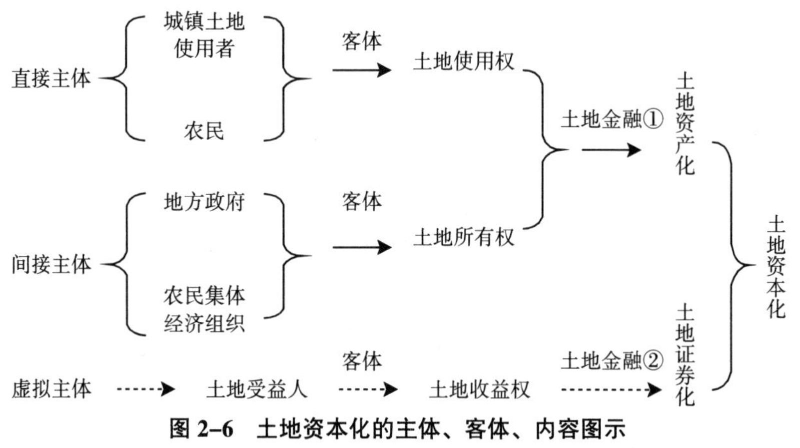

图 2–6　土地资本化的主体、客体、内容图示

综上，本书认为，土地资本化是指土地权利以其物权属性并作为一项资产，凭借一定的市场机制，实现价值转换的一个过程。它主要通过土地权利与金融资源或金融工具相结合，经历土地资产化和土地证券化两个阶段，使土地权利得以进入市场交易，并取得资本增值收益。实际上，从以上定义的土地资本化的内涵来看，实际上是要回答这两个问题：土地资本化如何保证土地资产持续增值？土地资产增值收益如何分配？第一个问题需要研究土地资本化具体的组织形式和效率，第二个问题则是需要从分配领域这一更深层次探究土地资本化的性质。我国改革开放 30 多年来，城市土地资本化在促进经济高速发展的同时也积累了一定的发展经验，并在不断完善，与此同时，农村土地虽参与工业化、城镇化建设，但并未获得相应的补偿收益，其资本化进程由于体制机制约束而发展缓慢，城乡差距、贫富差距呈现扩大的趋势。那么，这两个问题可以进一步转化为：土地资本化对破解中国城乡二元结构这一难题有何作用？进而，土地资本化在缩小社会分配差距，推动中国经济转型发展中扮演何种角色？以下将始终围绕这两个主题，尝试进行更深入的研究。

2.2.3　私有制条件下的土地资本化与我国公有制条件下两种土地资本化的区别

应该说明，本研究所指的土地资本化与私有制条件下的土地资本化有很大不同。其一，在私有制条件下，土地作为一种固定的生产要素，其产权状态是清晰、统一的，土地资本化的客体指向明确为土地所有权，而在我国公有制的环境下，土地所有权的客体不是土地所有权，而是从土地所有权束中分离出的“物权化”的土地使用权，且在城乡二元土地制度结构下，具体表现为城镇土地使用权（建设用地使用权等）和农村土地使用权（土地承包经营权、宅基地使用权等）。其二，私有制条件下的土地资本化与我国公有制条件下土地资本化的主导因素不同。在私有制条件下，土地资本化的效率主要受市场法则主导，其市场价格形态和供给方向主要由市场需求所决定。例如，房地产开发商甲需要一块用于建设开发的土地，而该块土地位于农场主乙的农场内，则甲可以与乙自由协商、谈判，如果协商的价格一致，则甲可以获得该块土地的所有权，当然，若甲要将这块土地用于开发建设，还需符合该地域的土地利用和变更计划。而我国的土地资本化并不仅受单一的市场法则所支配，还受到很多其他非市场因素的影响。例如，房地产开发商甲需要一块用于建设开发的土地，而该块土地位于城郊规划的农业用地范围，则他不能直接与该地所在的农村集体经济组织或农户进行直接交涉和交易，必须等待该地政府在未来某一时点行使土地征收权，将原有农业用途的土地变更为城镇建设用途的土地后，才有可能在政府组织的土地招标、拍卖等活动中通过以竞价的方式获得。因此，在私有制条件下，主导土地资本化的因素是市场供需法则，而在我国公有制条件下，主导土地资本化的是包括市场、政府管制在内的多种复合因素。其三，私有制条件下的土地资本化与我国公有制条件下土地资本化的程度和效率不同。在私有制条件下，由于受市场供需法则的支配，土地资本化的程度和效率较高，甚至在极端条件下会出现“过度”的状态。例如，在发达国家，土地资本化大多已经进入了土地证券化这一比较高级的形态，并通过与各种地上附着物和构筑物的结合，借助金融市场和金融工具，形成了不动产证券化（Securitization of the Real Estate）以及各种与之相关的衍生产品，典型的如住房抵押担保贷款证券化，虽然该产品在极大程度上满足了国民的住房需求，但由于不断、过度的金融创新，使一部分不具备购房能力的居民能够购买到住房

（房地产次级抵押担保贷款证券化），增加了该产品运行的系统性风险，最终于2008年催生了次级贷款泡沫，最终引发了世界性的金融危机。而在我国公有制条件下，受两种不同土地所有制影响，呈现的情况则比较复杂。在城镇，形成了土地使用权出让市场（土地一级市场）、土地使用权转让市场（二次市场）和房地产交易市场。但其中，最能体现土地资本化对本国经济增长作用的是土地使用权出让市场，它由国家所主导，由各省、市、县级政府带动的“招商引资”活动所完成，被视为中国近30年市场化发展“奇迹”的源动力之一；[①]而在农村，由于实施的耕地保护和农业土地用途管制制度，农业土地资本化的进程则要缓慢得多，国内大部分地区仍旧处于传统的小农经济状态，土地更多的是为农民提供了一种基本的生存保障，如黄宗智（2010）所称的“半制度化的过密型农业”，即“人多地少的过密型农业因收入不足而迫使人们外出打工，而外出打工的风险又反过来迫使人们依赖家里的小规模口粮地作为保险。这样，就使过密型小规模、低报酬的农业制度和恶性的临时工制度紧紧卷在一起”。[②]另外，对于农村非农建设用地而言，土地资本化则起到了很大作用，由乡（镇）、村级（集体）推动的乡村工业化，是形成20世纪90年代后中国沿海地区经济高速发展的重要原因，而乡村工业化的实质，正是采取了土地入股等资本化方式，量化了农村土地的市场价值，为农业工业化的发展提供了原始的资金积累。[③]因此，我国的土地资本化进程与发达国家相比，市场化的程度不足，但因二元土地结构限制，其发展也呈现二元状态：城镇土地资本化依赖于地方政府推动的土地出让，但土地资本化二级市场和更高形态的房地产证券化市场发育不足；而农村土地资本化更加依赖农村非农建设用地的资本化，农业土地资本化的发展先天不足，使城乡经济在不均衡增长的同时二元结构越来越显著。

因此，在上述三个区别的分析基础上，我们有必要进一步立足对研究所指“土地资本化”内涵的深化，划分本研究的重点范畴。

2.2.4 研究的重点范畴

依据以上研究，我们认为土地资本化是在土地权利束分离基础上，土地这一

① 关于这一点，在接下来的第5章将会有更深入的实证分析。

② 黄宗智：《中国隐形的农业革命》，北京：法律出版社，2012年12月第2版。

③ 这一点在接下来的第6章将会有更深入的分析。

"实物"资本不断被价值化和市场化的过程，其中，涉及三个主要的关系。第一，土地资本化过程中各土地权利人就土地资本化增值收益形成的社会经济关系。主要包括：①在土地所有权和土地使用权分离的基础上，土地所有权人与土地使用权人就土地资本化过程中的增值收益形成的关系。例如，政府与房地产开发商在土地出让资本化中的收益分配，农村集体经济组织与农民在农地资本化或非农地资本化中的收益分配，政府与农村集体经济组织、农户在土地征收等方面的收益分配等。②在土地使用权和土地收益权分离的基础上，土地使用权人与实际土地经营者等主体之间就土地资本化过程中的增值收益形成的关系。例如，进城务工农民退出土地实际占有后与土地实际经营者之间就土地资本化过程中增值收益的再分配关系。第二，土地资本化与经济发展之间的关系。在中国实际的制度约束下，土地资本化在一定时期内经济增长中的贡献及在未来一定时期内对促进经济转型的作用是什么？这包括：①城镇土地资本化（主要指土地征收—出让过程）在中国改革开放 30 多年中对经济增长的具体影响是什么？②农村土地资本化（包括农业用地资本化与非农用地资本化）在中国经济转型时期的意义、作用和路径是什么？第三，土地资本化在促进经济资源优化配置方面的具体作用是什么？主要包括：①从市场供需的角度，研究如何通过土地资本化，提高市场对土地作为一种稀缺的经济资源的基础性配置作用；②各种具体形态的土地资本化的市场微观效率是什么。

针对上述三个关系，本研究的重点范畴为：在土地权利束分离的基础上，对各土地权利人就土地资本化增值收益的分配进行描述，在"二分法"原则指导下，对土地资本化的两种具体空间形态——城镇土地资本化和农村土地资本化对中国经济增长及转型过程中的作用进行实证或经验研究。因在我国实施土地资本化的具体环境和时机与国外不一致，且土地资本化的发育水平与土地市场的发育水平具有极大的地域性差异和制度性差异，从微观上对土地资本化的市场效率进行描述缺乏必要的数据作为支撑，因此，本研究将在土地资本化过程中各权利人在增值收益分配中的社会、经济关系的分析基础上，重点研究城镇土地资本化和农村土地资本化在中国经济增长及转型过程中的作用。

第3章　土地资本化：回顾及评析

土地资本化是土地要素投入—产出过程中的资源配置、产权重组和利益再分配的具体方式。从资源配置的角度来看，在中国基本上完成国家工业化原始积累后，土地资源的资本化与历次中国的宏观经济波动存在一定相关性，其典型标志是每次经济周期及引发的财税体制变革背景下的土地大规模征占（杨帅、温铁军，2010）；从产权重组的角度来看，它集中体现土地所有权的弱化和土地使用权的成长和发展，并逐渐形成强化的路径依赖，表现为各类新兴的土地产权代理人广泛参与新制度的形成，并通过沟通和讨价还价与土地所有者之间达成互利的交易（周其仁，1995）；从利益再分配的角度来看，体现为独立、重组后的各个土地权利主体，依据产权贡献份额，广泛参与对土地增值收益的分享（叶剑平、陈霄，2009）。因此，土地资本化总体上可理解为在一个动态的时空演进框架中，在特定产权和制度的约束条件下，土地资源向土地资本进化的过程。为研究便利，本书将时间维度设定于改革开放至今，考察城镇和农村这两个不同空间维度中的土地资本化模式在连续性的时间维度上演进的路径。进行这种设定的理由在于：①选择这一时期对研究中国经济在转型发展时期土地资本化的作用和路径具有最强的参照性；②新中国成立后至改革开放以前，不存在土地要素交易市场和相应的制度安排，无法获取关于土地资本化的研究资料和进展；③改革开放至今这一阶段，正是中国土地资本化逐渐产生和成长的阶段。虽然，从较长的时间维度来看，我国历史上在某些特定历史时期曾经出现过土地资本化的萌芽和初始状态，例如宋朝在“不立田制，不抑兼并”的方针下形成了高度发达的私有土地交易市场，土地“典”、“抵当”等已经具备了土地（产权）资本化的雏形，再如近代国民政府统治时期也曾计划采用发行土地债券等方式实践土地资本化（黄贤金，1993），但由于从一个较长的制度演变的角度研究土地资本化的路径是相当困难的，且这对于本项研究的意义和作用不明显，因此，本次研究将范围设定于改革开放至今，集中探讨这一历史阶段的土地资本化在中国经济增长中的意义、作用和路径。

3.1 土地资本化的演化轨迹

3.1.1 土地资本化的酝酿时期（1979~1989 年）

在改革开放以前，通过最大化规模投入劳动力以替代资本（人民公社）、利用统购统销中的工农产品“剪刀差”占有农业剩余、利用统收统支的高度集中的中央财税体制，中国基本上艰难地完成了国家一级的（重）工业资本原始积累，但同时，由于中央财政持续投资能力下降、社会就业压力增大（例如 20 世纪 80 年代初知识青年返城就业）等因素，如果继续沿用计划经济时期“举国”财政体制来解决长期积压的城市经济问题，势必举步维艰。因此，中央政府不得不采取“放权让利”的方针，通过财政分级承包这一形式，将财政收支的权力下放给地方，减轻中央计划集中开支的压力。1980 年 2 月 1 日，国务院下达《实行“划分收支，分级包干”财政管理体制的暂行规定》，明确划分了中央与地方的收支范围，核定地方财政收支包干基数。到 1985 年，中央又将与地方政府“分灶吃饭”的体制进一步修订为“划分税种，核定收支，分级包干”。这一时期的财政体制改革，通过调整中央与地方的财政支出结构，一方面，很大程度解决了中央财政赤字的难题；另一方面，由于扩大了地方政府在财政支出上的自主权，为地方政府，尤其是为乡（镇）、县、市一级的政府开辟财源形成了直接的外部激励，使得地方政府有条件成为新一轮地方工业化的投资主体，以“地方政府公司主义”的工业化路径取代了 1979 年以前的“中央政府公司主义”工业化路径（童筱丹、温铁军，2008）[①]，即通过“乡镇企业”这一颇具中国乡土特色的“制度创新”，进行地方政府工业化扩张的资本原始积累。张军（2002）则将这一路径描述为“20 世纪 80 年代以后的中国经济增长转轨过程——新兴工业部门的进入和扩张

① 童筱丹、温铁军：《宏观经济波动与乡村治理危机》，《管理世界》，2008 年第 3 期。

为特征的持续工业化过程”[①]，这一新兴工业部门的形成特征体现为三个方面：①劳动者的工资和福利因内部化而零成本、无条件地直接进入乡、村集体企业的积累（杨帅、温铁军，2008）[②]；②土地以近乎零成本的代价用以发展乡镇企业或地方政府主导的轻、小型制造工业；③资本深化速度（资本—劳动比率）逐年提高，形成“过度进入”和“过度竞争”的结果（张军，2002）。其中，“以地兴企”方针下的土地要素参与企业利润的形成和分配不是通过市场交易价格的机制，而是地方政府和乡、村基层党组织利用正式制度中行政分配土地资源的权力，无偿地进入企业内部成本和利润核算，这一方面使企业能够更好地利用廉价劳动力的成本优势，在与国有企业的市场竞争中取得了有利地位，成为了 20 世纪 80 年代中期中国经济高速增长的一个重要来源。但另一方面，由于在中央—地方分级财税体制下，中央政府无力计划调节地方的区域土地利用用途，形成了 1985 年前后的土地征占高峰，例如 1985 年占地面积达到 32.4 万公顷的峰值，这对耕地保护和土地可持续利用首次提出了严峻的考验。在 20 世纪 80 年代中期，宏观经济持续高位运行，能源、原材料等基础资源的供给趋于紧张，财政赤字大幅增加，于是中央开始紧急压缩基建设施财政开支[③]，从 1986 年开始，土地征占率逐渐回落，但仍维持较高规模；直到 1988 年发生高通胀经济危机、中央控制银根竭力压减基本建设以后，才于 1989 年降到附近年份的最低值。从这几年土地被征用的情况来看，耕地减少的速度远远高于耕地增加的速度，整个“七五”时期耕地减少 1845.2 万亩，约年均 211 万亩，这使得在经济发展与耕地保护之间，土地资源的合理分配在如何兼顾“吃饭”与“建设”二者之间关系上提出了新的命题。

从 1979~1989 年这 10 年间，因地方大量兴办低端的制造业和乡镇、村集体企业，一方面，城镇建设大量占用耕地，另一方面，这种以劳动密集型为特征的地方工业化积累成为中国在 20 世纪 80 年代的重要的经济增长源泉（见表 3–1）。

---

① 张军：《资本形成、工业化与经济增长：中国的转轨特征》，《经济研究》，2002 年第 6 期。

② 杨帅、温铁军：《经济波动、财税体制变迁与土地资源资本化——对中国改革开放以来“三次圈地”相关问题的实证分析》，《管理世界》，2010 年第 4 期。

③ 1985 年 8 月召开了 全国财政工作会议。决定：为消除本年的财政赤字，从现在起，中央和地方都不再追加支出；基本建设投资规模一定要控制在国家下达的指标之内；行政经费和社会集团购买力支出一定要按国务院的要求进行压缩。资料转引自：《中国共产党 80 年大事记》，人民网，http://www.people.com.cn。

如图 3-1 所示[①]，在 1979~1989 年间，GDP 增长率与城镇建设导致的耕地面积减少的曲线基本上是耦合的，分为两个阶段：1979~1985 年间，GDP 连续 6 年高速增长，在 1985 年达到峰值，且与建设导致的耕地面积减少量保持同步；1986~1989 年，GDP 年均增长率在前期的基础上有所回落，且与建设导致的耕地面积减少量保持同步。造成这种现象的原因除上述中央在 1986 年以后采取紧缩的财

表 3-1　我国耕地变化统计表（1986~1990 年）

单位：万亩

年　份	减少耕地	增加耕地	净增（+）减（-）	占比（%）
1986	1662.4	702.6	-959.8	-57.7
1987	1226.2	714.6	-511.6	-41.7
1988	967.1	676.0	-291.1	-69.9
1989	776.3	668.2	-108.1	-13.9
1990	701.1	726.5	+25.4	+3.6
总计	5333.1	3487.9	-1845.2	-34.6

资料来源：保护耕地专题调研课题组：《保护耕地专题调研报告》，1997 年 2 月。数据来源于国家统计局。

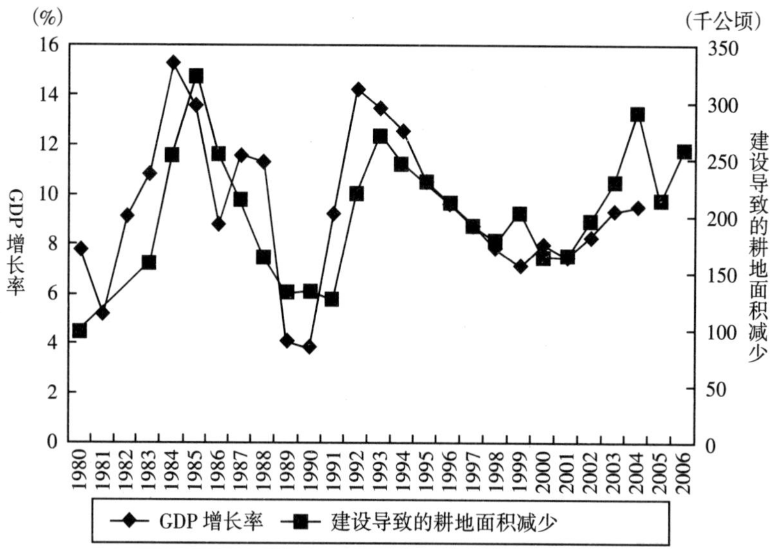

图 3-1　GDP 增长率与建设占用耕地对比

资料来源：1999~2005 年数据来自《中国国土资源统计年鉴》（2006），1978~1995 年数据来自《中国统计年鉴》（1996）。转引自：杨帅、温铁军：《经济波动、财税体制变迁与土地资源资本化——对中国改革开放以来“三次圈地”相关问题的实证分析》，《管理世界》，2010 年第 4 期。

---

① 黄宗智：《中国隐形的农业革命》，北京：法律出版社，2012 年 12 月第 2 版。

政支出政策外，还与规范地方征地权限和范围，即中央采取地方政府新增建设用地指标的计划控制有关①。

据以上分析，大致可初步得出结论：在 1979~1989 年间，土地利用方式的变更与中国经济增长呈紧密的相关性。在城镇建设导致的耕地减少越多的年份，GDP 增长率相对就高；反之，则相对较低，这说明，粗放、消耗型的用地方式成为推动中国经济增长的强劲动力，而出现这种用地方式的原因，可归纳为强制性制度变迁下中央—地方财政关系急剧变化导致的不完全市场竞争，土地不是作为有价的要素参与市场机制，而是作为体制内各级政府重新分配行政资源的产物，以零成本参与了 20 世纪 80 年代中国经济激进的“增量”改革，这是早期土地资源与劳动力、资本相结合的显著特征，同时，这种不可持续的经济增长方式为在下一阶段以注重土地市场价值为基础而形成的土地资本化埋下深刻诱因。

3.1.2 土地资本化的形成时期（1989~1996 年）

在 20 世纪 80 年代末期，中国经济增长方式并未出现动态效率的持续改善趋势，因为 80 年代高速发展的乡镇企业由于过度进入和竞争，其总体盈利能力开始持续恶化，例如诺顿（Naughton，1995）通过乡镇企业进入纺织业的数据分析，认为乡镇企业的过度进入和恶性竞争在整体上恶化了社会福利水平。实际上，自 1988 年起，乡镇企业产值增速急剧下滑，到 1989 年已下降了 2.92 个百分点，进入 20 世纪 90 年代后，乡镇企业的产出水平已无法满足社会消费需求，这就进一步使得市场供需矛盾激化。第一，劳动力开始成为自由流动的要素。由于农产品市场价格下降、乡镇企业不景气，自 1992 年政府为减少财政对农产品库存补贴而取消粮油的票证供应制度后，农民进城务工无需再自带口粮，遂使大规模的农业剩余劳动力开始流向沿海地区和城市（杨帅、温铁军，2010）。第二，由于长期持续经济增长和低利率水平导致了城乡居民的高储蓄率，在国家逐渐放开资本市场后，货币持有者具有强烈的投资需求。在以上三个动因推动下，消费和投资的压力急剧膨胀，这就迫切需要一种新的要素投入和使用方式，在产品生产和价值投资领域，满足群众日益增长的消费和投资需求。

① 中央于 1988 年组建了国土资源部，明确了“三定”方案，将地方因建设占用耕地纳入计划指标控制，一定程度上遏制了地方政府无序、任意征收农村土地的行为。

土地要素投入方式的改革信号源自1988年国务院颁布的《中华人民共和国城镇土地使用税暂行条例》，目的是尝试对土地使用征收合理的税费，虽然这并没有解决土地进入市场流通的问题，但这标志着土地使用开始进入有偿使用时代。值得一提的是，深圳市于1988年利用招、拍、挂的方式出让了全国第一幅城镇土地使用权，之后，珠海、福州、广州、厦门、海口、上海等地相继开展了土地使用权出让和转让试点，从此，城镇土地有偿使用的方式作为一种正式制度逐渐形成。同年12月，《土地管理法》作出相应修改，删除了城镇土地不得出租或以其他形式进行非法转让的内容，这就为城镇土地有偿使用制度改革的全面推开创造了前提条件。1990年5月，国务院发布了《中华人民共和国城镇国有土地使用权出让和转让暂行条例》，对土地使用权出让、转让、抵押、终止以及划拨土地使用权等问题做了明确规定。1994年7月通过的《中华人民共和国城市房地产管理法》中明确规定了"国家依法实行国有土地有偿、有限期使用制度"，并对土地使用权出让转让做了进一步的补充完善。据统计，截至1994年上半年，全国30个省、市、区开始实施国有土地使用权出让，共计约5万宗，总面积达到130多万亩。

之所以出现这种新型的土地资本化方式，从宏观经济发展的角度来看，还有更深层次的原因。由于20世纪80年代的财税体制改革，地方政府获得了相对独立的财政自主权，并通过粗放型的"增量"改革，在地方经济发展中分享到了大量的经济利益，例如在1993年，地方财政收入比中央财政收入多了2433.63亿元，但由于集中的计划财政体制并未发生根本改变，中央不得不对各地的债务承担最终责任，因此，在中央—地方失衡的财政收支状态下，于1994年实行了分税制改革，这次改革的直接目的是试图通过划定中央、地方财权和事权，规范中央和地方两级财政负责征收的税收种类，增加中央财政收入，以改变自80年代以来行政性分权"财政包干"的"弱中央"状态。分税制的实行，一方面使中央财政重获活力，例如在1994年，中央财政收入达到2906.5亿元，比地方财政收入多出594.9亿元，但另一方面，由于地方的事权并未减少，且在地方经济高速发展惯性中面临巨大支出的财政赤字压力，因为在新的税收体制内，地方的财政收入来源要么是土地出让后的增值收益，要么是通过招商引资和城市扩张来增加包括所得税、建筑业和房地产业营业税等由地方享有的税收的规模（蒋省三、刘守英、李青，2007）。这样，在赤字的压力下，土地就成为地方最便捷也是最主

要的收入来源，“以地生财”成为分税制后地方政府的刚性需求。

因此，城市土地有偿使用和转让制度适应了这一趋势，通过土地使用权一次性出让，使地方政府获得了土地变现的增值收益，成为地方进行扩大工业化积累，加快城市化发展的重要财政来源。与之相随的是 20 世纪 90 年代初期以开发区建设和房地产业突飞猛进为标志的土地征用高峰。1992 年建设占用耕地面积陡然上升（见图 3–1），到 1993 年达到峰值 27.1 万公顷。1992 年和 1993 年房地产开发土地面积分别比上年增长了 174.96%和 96.61%。因此，“吃饭”和“建设”的矛盾又进一步加剧，中央不得不启动宏观紧缩的财政政策，以抑制经济和投资过热，但在地方政府刚性的“以地生财”需求以发展本地经济，且在城镇土地有偿使用形成的制度反馈的影响下，耕地征占数量虽然逐年有所减少，但减少耕地数量的绝对数不容乐观。据统计，截至“八五”末期（1995 年），全国净减耕地达 1053 万亩（“七五”末期（1990 年）全国净减耕地达 1845.2 万亩），如表 3–2 所示。

表 3–2　我国耕地变化统计表（1991~1995 年）

单位：万亩

年份	减少耕地	增加耕地	净增（+）减（–）	占比（%）
1991	732.0	703.0	–29.0	–3.9
1992	1108.1	766.1	–342.0	–30.9
1993	1098.5	611.9	–486.6	–44.3
1994	1063.0	771.0	–292.0	–27.4
1995	931.7	1028.0	96.3	10.3
总计	4933.3	3880.0	–1053.3	–21.3

资料来源：保护耕地专题调研课题组：《保护耕地专题调研报告》，1997 年 2 月。数据来源于国家统计局。

从城市化发展的角度来看，实行城镇土地有偿使用和转让制度以来，虽然对拉动地方经济增长具有直接贡献作用，但似乎并未减缓城镇建设用地占用耕地的速度，其结果表现为各城市建成区面积的逐年扩大①。

① 城镇土地使用权制度改革以来，与城镇化进程最明显的联系是：城镇土地使用权出让为地方政府提供了预算外财政收入的手段，进而为地方政府以土地出让收入积累地方经济发展的财政资金形成了有效激励。它直接促进了土地城镇化的进程，故在地方政府无序使用征地的权力下，城镇发展占用耕地的速度逐年加快。

表 3-3 主要城市用地规模及变化（1986~1996 年）

	面积（平方公里）			增长率（%）		
	1986 年	1991 年	1996 年	1986~1991 年	1991~1996 年	1986~1996 年
北京	380.00	457.43	560.27	20.38	22.48	47.44
天津	283.00	322.93	351.97	14.11	8.99	24.37
石家庄	68.00	98.25	143.02	44.49	45.56	110.32
沈阳	164.00	204.62	233.37	24.77	14.05	42.30
大连	90.00	167.44	282.39	86.05	68.65	213.77
上海	202.00	260.01	360.02	28.72	38.48	78.23
南京	123.00	139.94	166.55	13.77	19.02	35.41
杭州	63.00	79.94	101.72	26.87	27.25	61.46
青岛	80.00	94.70	122.35	18.37	29.20	52.94
郑州	72.00	88.77	109.48	23.29	23.33	52.05
武汉	187.00	223.29	242.66	19.41	8.67	29.76
长沙	83.00	108.61	127.77	30.86	17.64	53.94
广州	95.00	136.23	198.96	43.40	46.05	109.43
重庆	84.00	101.65	115.07	17.81	13.21	36.99
成都	95.00	127.55	142.81	34.27	11.96	50.33
昆明	81.81	85.84	107.01	4.93	24.66	30.80
西安	133.00	163.38	179.85	22.84	10.08	35.23

资料来源：严金明：《中国土地利用规划：理论、方法和战略》，北京：经济管理出版社，2001 年，第 207~208 页。

如表 3-3 所示，总体而言，1986 年到 1996 年这 10 年间，在地方政府“以地兴企”和“以地生财”的发展思路下，城市发展的规模呈持续扩大的趋势。其中，在 1991~1996 年这一阶段，珠三角和长三角城市扩张的速度明显高于前期（1986~1991 年），这一方面与 20 世纪 90 年代初期，南方成为中国重要的新兴经济增长极有关，另一方面与该区域在探索土地要素市场化和资本化上的做法相关，即通过成熟运用土地所有权征收和土地使用权出让的手段，截取了土地增值的大部分收益，为城市基础建设和用地扩张积累了大量“资本”。同时，由于出让后的土地使用权已经具备相当完整的物权权能，能够为土地使用者提供可抵押的资产，进而促进了银行信贷和房地产开发的渗透、融合，在国家城市住房商品化改革的浪潮下，房地产开发已然成为拉动地方经济增长的支柱产业。所以，这一时期通过地方政府和房地产开发商共同主导下的土地所有权征收—土地使用权出让这一土地资本化模式，工业化和城市化加速发展，在客观上却是以耕地面积持续减少为代价的。

3.1.3　土地资本化的发展时期（1996~2007年）

20世纪80年代末期以来，城镇土地使用制度的市场化取得了巨大成就，凸显了土地作为资本的价值，助推了地方经济的高速增长，使地方政府、开发商分享到了工业化、城市化发展中的巨大利益。但同时，由于传统计划制度的阻力和惯性，使城镇土地使用市场化难以彻底进行，即土地供给实行“双轨制”，行政划拨方式支付的土地使用费远远低于出让、转让方式支付的出让金，一般相差5~10倍，最高相差40倍①。“双轨制”带来的巨额差价，使得市场价格信号扭曲，土地投机盛行；另外，由于多头供地、越权批地、滥设开发区等现象普遍存在，使土地市场的供应总量失控，政府宏观调控力度尤其薄弱。因此，为进一步规范城镇土地权有偿使用的市场化体系，尤其是使城镇“增量”土地和“存量”土地同价、同市，在20世纪90年代末期，我国政府启动了经营性存量划拨土地直接市场化的方式，即通过补缴土地出让金、国有土地使用权租赁、国有土地使用权授权经营以及国有土地使用权作价入股等方式，试图通过划拨性土地市场化的土地资本化机制，使土地价值进入企业成本—收益核算体系，以凸显国有企业市场化改革的活力。但是，由于这一存量土地资本直接市场化的方式存在一些缺陷，即存在基于企业经营者竞逐利润最大化前提下规制缴纳土地出让金的动机产生的土地“隐形”交易，补缴土地出让金可能增加企业的财务压力以及分期缴纳的土地租金增加政府的管理成本等因素，各地政府开始探索一种政府主导作用下，强制性市场化的土地集中供给的方式，即城镇土地收购储备制度，指政府凭借公共权力和国家土地所有权，强制性收回土地使用者实际占有的划拨土地使用权，将存量划拨土地转变为新的增量土地后，以出让的方式纳入市场化轨道（王小映，2003）。② 根据王小映的研究，他认为城镇土地收购储备制度是经济制度转轨中，由于诱致性的城镇土地市场化改革缺乏内生动力机制，因而由政府自上而下推动的强制性城镇土地市场化改革，以解决城市经营和建设中土地的统一规划和供给问题。自1996年上海市设立全国第一个土地发展中心后，被誉为“中国城

① 丁洪建、吴次芳、徐保根：《基于社会燃烧理论的中国土地储备制度产生与发展研究》，《中国土地科学》，2003年第4期。

② 王小映：《我国城镇土地收购储备的动因、问题与对策》，《管理世界》，2003年第10期。

市土地使用制度的第二次革命”[①] 的土地收购储备制度，在全国各主要城市如火如荼地发展起来。

土地储备制度的产生适应了城镇土地市场化继续深入改革的要求，应该说，这一土地资本化的深化过程在客观上巩固和统一了城镇土地有偿使用制度，但其推广和扩散发展，却有更为深刻的原因。

一方面，地方政府融资模式的转变是土地储备制度产生的直接原因。随着20 世纪 90 年代以来，中国经济运行货币化程度的不断提高，银行逐渐从 80 年代依附于财政的地位中解放出来。并在 1995 年《商业银行法》颁布后，国有银行通过债务剥离、产权重组、股份制改革等手段实现了金融资本的独立，这使得地方政府再难以通过 80 年代集中计划财政体制下依靠银行进行投资；同时，加速地方工业化、城市化发展急需大量资金，此时，能够为地方政府所掌控的资源——土地征收权被大量使用[②]，它使政府能够以最低的价格获得农民的土地，并通过各种土地储备中心，以土地作为抵押换取银行贷款而进行大规模的城市基础设施建设。在这种模式中，土地与地方政府的财政、权力、行政管理发生联系，并通过政府在体制内自由配置资源的特权，通过土地储备和抵押这一土地资源与银行资本相结合的方式，使土地得以进一步资本化，对促进本地城市扩展和拉动经济发展起到“点石成金”、“四两拨千斤”功效（付晓东，2007）[③]。

另一方面，我国城市化进程已发展到较高层次阶段是城市土地储备制度产生的根本原因。目前，我国总体上正处于城镇化的快速发展阶段，尤其是进入2000 年以后，我国一些大中城市的城市化正向成熟阶段转变，完善公共基础设施、建设宜人环境、打造城市形象、提升城市文化品位、提高城市竞争力等成为政府经营城市的重要内容，而这些都需要以雄厚的资金和合理的土地利用空间安排作基础。土地收购储备正好为政府经营城市提供了最基本的手段（王小映，2003）。所以，政府先是通过作为土地所有权人的身份，通过土地征收、旧城改造等手段，形成土地的潜在增量供给，然后，政府通过土地一级市场垄断者的地

① 欧阳安蛟：《中国城市土地收购储备制度：理论与实践》，北京：经济管理出版社，2002 年。

② 尽管《土地管理法》及上位法规定了地方政府行使土地征收权的原则是“公益目的”，但究竟什么是“公益目的”，相关法律并未对之进行明确界定，这使得各地方政府实际上借“公益目的”之名，但完全出于“非公益目的”之需，而广泛使用土地征收权。

③ 付晓东：《中国城市土地潜力释放的“三级跳”——“政府+土地+金融”模式：不易流动的土地资源与易流动的金融资源的结合》，《中共济南市委党校学报》，2007 年第 1 期。

位，通过土地整理开发、储备和出让，将土地的潜在增量供给转化为现实供给，最终，政府通过作为公共管理者的身份，将一部分土地出让（资本化）收益用于加强城市基础设施投资建设，全方面改善城市土地区位和投资环境，进一步吸引社会资金对城市土地进行投资，带动了房地产业、建筑业以及商业服务业的发展，促进城市化进程向规划先行、城市生态环境宜人的较高阶段发展。

进一步，从现在各主要城市国内土地储备制度的实践来看，各有其自身的特点。大致可分为市场主导型、政府+市场型和政府主导型三种模式。采取市场主导型的典型城市是上海，其特点是，上海市土地发展中心根据市政府的要求和城市发展需要，制订收购储备计划，通过与被收购单位协商，确定土地收购价格或约定土地收益分成，按照协商约定支付收购金，获取土地并按有关规定办理土地过户手续。土地发展中心取得土地后，负责对土地进行拆迁、平整和基础设施配套建设，开发完成后的储备土地由土地管理部门通过土地市场出让给新的用地者（冯长春，2008）①。而江苏南通和杭州则是“政府+市场”模式的典型代表，其特点是，政府规定土地储备的范围，统一由储备机构根据计划进行收购、储备和开发，再由土地管理部门根据用地需求，通过招标、拍卖方式实行统一出让，规定范围内的划拨土地使用者不能像过去一样通过补办出让手续的方法自行转让土地使用权。采取“政府主导”模式的典型代表是重庆市，其特点是，市政府组建不同用途的国有土地资产运营平台（以重庆市地产集团和重庆市城市基础设施投资建设公司为代表的八大投资集团），根据城市规划和各国有土地资产投资集团所属行业特征，分别对符合规划范围内的城市土地进行储备，其土地资本化增值收益除一小部分用于本企业正常运转外，剩余部分全部上缴重庆市政府。

表 3-4 国内主要土地储备机构功能比较表

	市场型	政府 + 市场型	政府主导型
代表城市	上海	南通、杭州	重庆
储备机构	1 个	1 个	多个
土地储备计划	自行制订土地收购储备计划	政府制订土地储备范围和计划	自行制订土地收购储备计划，报市政府批准
储备土地的主要类型	旧城改造、国企土地入市	旧城改造、国企土地入市	旧城改造、城市基础设施用地、新增建设用地
收益分配	企业	企业	政府

资料来源：根据相关资料整理。

① 冯长春：《中国土地储备制度探讨》，《农业工程学报》第 24 卷，增刊 1，2008 年第 8 期。

3.1.4　土地资本化的转型时期（2007 年至今）

自 2005 年年底开始，中国房地产市场开始出现过度投资的迹象，在 2006 年，国内主要城市（北京、上海、广州等）的房地产市场发展异常火爆，房地产价格飙升，中央先后试图动用“银根”和“地根”的双紧缩政策，但由于海外热钱入市的价格膨胀效应和国内城市居民刚性的住房需求效应，使中央的系列紧缩措施难以见效。2007 年美国爆发金融危机以后，进一步催生了我国房地产市场的泡沫，因此，为避免房地产市场过度投机，中央试图采用长期性的货币及信贷紧缩政策、最严格的耕地保护和土地供应制度和扩张型的财政政策（刺激内需），以抑制国内土地及房地产市场过度投资的泡沫效应在未来可能对实体经济造成的危害。

表 3-5　我国主要城市房屋购买力情况（二手房）①

主要城市	平均	上海	北京	深圳	广州	杭州	南京	武汉
2008 年 5 月二手房销售价（元）	11463	14243	15069	14023	8722	14719	9196	4272
全部家庭								
2008 年家庭月收入（元）	6453	8127	6922	8825	4986	6725	6449	4804
目前房价下家庭月供收入比（%）	75	83	104	76	52	104	66	42
房价下降多少使月供收入比降至 40%（%）	–42	–52	–61	–47	–23	–62	–41	–5
中高收入家庭								
2008 年家庭月收入（元）	9311	11303	9627	12274	11106	9353	8969	6681
目前房价下家庭月供收入比（%）	54	60	74	54	37	75	48	30
房价下降多少使月供收入比降至 40%（%）	–19	–33	–46	–26	7	–47	–18	32

注：我们将官方收入数据乘以 1.2 以反映灰色收入；中高收入家庭收入为排名的前 60%；假设购买 90 平方米房屋，70%按揭，20 年贷款。

金融危机带给中国的影响不仅局限于城市房地产市场方面，更重要的是，它促使国内实务界和理论界开始重视转变经济发展方式的重要性和紧迫性。由于改革开放以来过度追求“增量”式的经济增长方式，资源约束对经济可持续发展的“瓶颈”效应日益增大，且城乡二元结构并未随着经济高速增长而消失，反而越

① 该表来源于 CEIC，搜房网，中金公司研究部。http://stock.stockstar.com/SS20080924302-67090.shtml。

来越明显。因此，优化产能布局、统筹城乡发展和解决“三农”问题成为中国经济转型发展的迫切需求。早在 2002 年年底，安徽、浙江等沿海发达地区的一些农村已经开始自发探索农村土地资本化的新途径，即通过农房抵押贷款的方式，以解决农业生产经营和农村发展担保物缺乏的难题。2007 年以后，成都和重庆作为全国统筹城乡综合改革配套试验区，开始从更大、更深的层面上探索农村土地资本化的路径，现在，一些做法和经验正逐渐形成制度。其中，成都市的农村土地制度改革是以城乡一体化为目的，突出的特征是以农村城市化进程引领统筹城乡改革，通过尝试探索农村承包土地产权交易、农村建设用地直接“入市”的机制，实现了“工业向园区集中、农业向规模集中、农民居住向新村集中”的“三个集中”。而重庆是全国欠发达地区的典型区域，大城市、大农村、大山区、大库区并存，统筹城乡发展的复杂性比成都更为显著。因此，重庆市通过农村土地产权确权登记、建设农村土地交易、试行“地票”交易和农村“三权抵押”、加速城乡户籍制度改革并引导进城务工农民自愿退出土地等方式，试图以促进农村进城农民“完全市民化”为突破口，实现农村土地适度规模经营，逐渐缩小城乡差距。总的来说，成都和重庆在统筹城乡发展的框架下对农村土地使用制度改革进行了一些有益尝试，虽然各自采取的具体路径和方式不一样，但实质上都注重引导农民土地资源向土地资本转化，其目的是构建“同权、同价、同市”的城乡土地使用权市场。

由城镇土地资本化为核心的传统土地资本化路径向以农村土地资本化为核心的新型土地资本化路径转变是中国经济转型发展的必然选择。目前我国各地在结合自身实际情况的基础上，在农村土地资本化方面进行了若干创新，但还远未形成国家承认并推广的一项基本经济制度并得到巩固和推广，且在未来很长一段时间内，农村土地资本化还必将处于试验和培育阶段，但它对于中国经济发展方式转变的作用和意义仍是关键性的。

3.2　结论

本章主要试图将土地资本化的两种空间形式：城镇土地资本化和农村土地资

本化纳入连续性的空间维度中进行分析，即对改革开放至今土地资本化的演化轨迹和路径进行了探索性的归纳。[①] 主要观点是：①我国土地资本化的历程大致经历了四个阶段，即土地资本化的酝酿时期（1979~1989 年）、土地资本化的形成时期（1989~1996 年）、土地资本化的发展时期（1996~2007 年）和土地资本化的转型时期（2007 年至今）。②改革开放以后，土地资本化的主要路径表现为城镇土地使用制度改革下的城镇土地使用权出让。以 1988 年开始出现城镇土地有偿使用和 1996 年开始建立城镇土地储备制度为标志性的事件，城镇土地资本化从早期的以零成本的方式与劳动力和资本实现结合，参与了 20 世纪 80 年代中国经济激进的“增量”改革，到分税制环境下，土地开始作为一种有价的要素，极大地提升了经济要素配置的效率，使房地产业开始成为国民经济发展的支柱产业，并形成了地方政府“以地生财”的城市扩张思路，再到注重以“经营城市”为核心理念的城镇统一土地储备和统一出让，城镇土地资本化历经了酝酿、形成和发展三个阶段。③2006 年以后，在国际经济形势发展复杂性日益加剧的环境下，国内以“增量”改革为核心的经济增长方式一方面导致了城乡二元结构日益深化等问题，另一方面面临极大的资源“瓶颈”约束，难以实现可持续发展，农村土地资本化开始作为地方探索农村土地使用制度创新的重要内容，这对于中国经济实现转型发展具有极为重要的启蒙作用。

① 从实践上看，农村土地资本化并不是在本书所称的中国经济发展阶段才产生的，严格来说，是自农村土地包产到户，建立家庭联产承包责任制后，随着各地的土地流转，开始逐渐发育和发展的。例如在 20 世纪 80 年代出现的贵州湄潭土地金融试验、广东南海土地入股等。但本书坚持认为是在 2007 年以后，随着中国经济体制深入改革，在经济发展中逐步消除二元结构、实现城乡统筹发展的客观要求下，农村土地资本化将成为实现这一目的的理想路径。在后续的章节中将对这部分内容进行论述。

第4章 “二分法”下中国土地资本化的框架构建

土地资本化实质上是土地权利的资本化，它与一国具体的产权环境密切相关。从海外实践来看，土地资本化的实施多是在土地私有制的产权环境下进行的，但受一国的政治制度、社会传统等因素影响，其具体的表现形式也就产生了细微差异。在美国、法国等国家，土地属于公民的永久财产，因此，在此基础上进行的资本化是无条件、无期限的；而在以英国为主的英联邦国家，名义上的土地所有权属于皇室所有，后者以999年租约的形式将土地使用权批租给土地使用者，因此，从理论上讲，在此基础上进行的资本化是有条件、有期限的，尽管这种限制完全可以忽略不计。但这种模式对于在我国建立“两权分离”下的土地产权资本化有重要的借鉴意义。我国实行土地等生产资料公有制，因此，这决定了土地所有权绝对不能作为资本化的客体，能够作为客体的，只能是“两权分离”下具有相对完整权能的土地使用权。但这种土地使用权与英联邦国家的土地使用权有着显著区别。当然，所有权利的归属状态在本质上是迥异的，除此之外，在表现形式上也有着明显差异。这主要体现为使用权状态的多元化与使用权内涵的非均等化。海外以英国为主的许多国家的土地制度也是以“两权分离”为标志，但这种使用权，或曰“保有权”，在时间、空间形式上是统一的，都具备所有权所具备的一切完整权能，但我国由于城乡二元经济社会结构的实际情况，土地使用权在空间状态下被割裂为城镇土地使用权和农村土地使用权，且这两种土地使用权有着不同的内涵。前者具有相对完整的占有、使用、收益和处分权能，但后者权利的内涵却要狭窄得多，例如《物权法》规定，土地承包经营权具备占有、使用和收益的权能，宅基地使用权具备占有和使用的权能。当然，这种割裂有深刻的社会、历史原因。一方面，这种被分割的土地权利制度在促进新中国成立以来第二次经济转型发展中起到了积极的作用，即在城镇优先发展的战略抉择下，通过赋予城镇土地使用权相对完整的权能，使城镇土地使用价值和价值相分离，形成了市场经济意义上的“资产”，为中国经济持续30年的高速增长贡献极大。另一方面，城乡二元经济社会结构在城镇化和工业化的快速发展中日益强化，形成典型的二元发展困境，城乡差距不断拉大，农业、农村和农民问题日益成为制约中国经济可持续发展的最关键因素，这在很大程度上要归咎于第二次中国经济转型发展时期城乡土地使用权权能的不对称性导致的负面效应累积在末期的集中表现，例如出现强制性征地中农民权益流失、市场经济中农村土地价值难以有效体现等一系列问题。因此，在中国经济第三次转型发展时期，就必须对这种割裂重新做出科学、理性的制度安排和选择，否则，将无法突破资源、环境对经济社会成长的约束。在此前提下，要对中国土地资本化的内涵、外延作出界定，就必须先从中国土地权利演进的时序和权利制度本身进行深入的探讨，以求得更为合理的结论。

4.1 基于“二分法”的土地权利束剥离

所谓“二分法”，就是采取时序演进分析的方法，结合土地财产形成三个阶段理论，提出农村土地产权剥离状态下的资本化和城镇土地产权剥离状态下的资本化两种划分的观点。

而土地产权，顾名思义，就是位于土地之上的一系列权利的总称。一般的观点认为，土地权利就是从区别、划分土地物权和土地债权的基础入手，论述土地权利的具体表现形式；或者，从土地所有权与土地使用权的分离入手，论述土地所有权制度和土地使用权制度；而国外的产权理论立足于市场，运用经济学的分析方法，从界定产权边界入手，论述了明晰的土地产权作为一种经济权利，有助于提高市场运行的效率，实现土地资源的优化配置。因此，结合我国实际，土地产权问题，既是法学的研究范畴，又是经济学研究的范畴。在结合经济分析和法学分析的基础上，逐渐形成了我国以土地所有权为核心的土地权利束理论。如周诚（1997）从土地经济学的角度出发，致力于对土地所有者产权和土地使用者产权的分割、设置的探索，认为“土地产权是以土地所有权为基础的、有关土地这

种财产的一切权利的总和；它并非仅指土地所有权，也并非游离于土地所有权之外。它具有多权能、多分支、多层次的特点”①。进一步，他认为土地产权是以土地所有权为基础，以土地所有者产权束与土地使用者产权束分离为特征的所有土地权利的总和。他将土地权利束分为土地宏观管理者产权束、土地所有者产权束和土地使用者产权束三大部分。其中，土地所有者产权束包括占有、使用、收益和处分四大权能；土地使用者产权束包括占有、使用、部分收益和处分的权利。此外，叶剑平、孙晓岚、陈霄等从强化、显化国家土地所有权的角度出发，以土地财产形成的三个阶段为基础，将土地财产权利的表现形态划分为土地未利用阶段、土地开发阶段（土地由“生”到“熟”的阶段）和“熟”地出让后阶段，依据地租理论，认为土地权利依次在三个阶段中的表现形式不同。在土地未开发阶段，土地产权主要表现为土地所有权与土地发展权相分离；在土地由“生”到“熟”的阶段，土地产权主要表现为土地所有权与土地开发权相分离；在“熟地”出让后阶段，土地产权主要表现为土地所有权与土地使用权（建设用地所有权）相分离。因此，按照土地财产形成的三个时序划分，土地权利是以土地所有权为基础，分别在三个时序向外扩散形成的土地权利束的统称。

4.1.1 土地财产形成的三个阶段

4.1.1.1 未开发土地的财产权利形态

适合转化为建设用地的未利用地或城市发展的预留地的产权应属于国家所有或农民集体所有。从产权形态来说，未开发土地的权利形式仅表现为国家或农民集体对其主张的所有权，因而此类土地对应的权利主体应该是国家或农民集体。一般来说，未开发土地是不具备市场价值的，但是，由于土地资源的有限性和稀缺性，未来能够达到一定建设用地标准的未开发土地具备价值升值的预期。这是因为，当新增建设用地的供给不能满足日益扩大的城市用地需求时，对城市周围未开发的土地就形成了一种隐性需求，而一旦土地利用总体规划和城市规划允许其转变为建设用地，则由于土地用途的变更，必定导致对该土地需求的增加，这样，未开发土地就会在市场机制的作用下，形成一个市场价格。这个市场价格就可以理解为该土地变更用途时的价格。由于国家实际上是未开发土地的权利主

① 周诚：《论我国土地产权构成》，《中国土地科学》，1997 年第 11 卷第 3 期。

体，所以，由于规划用途变更导致形成的未开发土地的价格就是该地的权利价格。国家通过规划变更未开发土地为建设用地，也可以将之理解为国家以土地所有者的身份设定了土地发展权①，若土地使用者要改变该土地的用途，则必须向政府购买土地发展权。政府通过出售该土地的发展权，可以获得一笔货币收入。

对于具备向建设用地转化潜力的农村集体土地，其对应的土地所有权是农民集体，按照现行的土地征用政策，政府征收农民集体的土地需支付的费用包括土地补偿费、安置补助费、地上附着物和青苗补偿费等项，但不包括农地向建设用地转化后的增值收益。农地转化为建设用地后的增值收益包括两个层面：一是由于政府规划的实施和区域环境效应，造成该土地的社会性增值收益；二是土地使用者对该地形成建筑物或附着物后带来的土地投资增值收益。对于前者，根据“涨价归公”的原则，增值收益应为国家所有，而对于后者，基于地租理论的分析，农民集体作为土地所有者，也应享有一部分土地投资增值收益分配的权利。

4.1.1.2 “生地”到“熟地”过程中表现的土地财产权利形态

土地由“生”到“熟”的过程是形成土地价值增值的一个重要阶段。这一过程也就是通常所说的土地一级开发过程，在这一过程中通过征地、拆迁及“通平”等市政配套设施的建设，使土地具备可以出让、出租的条件，从而形成了土地开发的增值收益。这一阶段，国家作为土地所有权的主体在形式上表现为土地的开发权、整理权等权益。在实践中，地方政府实际上成为土地开发的主体。具体来说，就是地方政府通过本地的土地储备机构，进行对土地的征购、拆迁、整理、开发、储备等，最后对形成出让条件的土地进行招、拍、挂的运作，收取一次性的土地出让金，从而实现土地的增值收益。

就这个过程而言，土地财产权利形态经历了国家—地方政府—地方政府下属的土地储备机构双重委托—代理结构，由于存在中央—地方政府的不合作博弈机制，实际上由出于自身的利益激励的地方政府充当行使土地权利的主体，在实际操作层面，多表现为由地方政府委托下属的土地储备机构组织进行土地的开发。

① 土地发展权的概念在国外已较成形，但基于当前国内的实际情况比较复杂，本书不对土地发展权作深入探讨。此处提出土地发展权的目的在于体现土地财产的表现形式如何从第一阶段向第二阶段变化，可以将之理解为未开发土地变更为可开发土地时的土地增值价值部分，而这部分价值应该由原始的产权人所有，原始产权人可以就这部分增值价值的利益自主选择其实现的形式，即：可以以一次性获取货币的形式向购买人出售，或者可以采取投资的手段，如对之证券化，实现长期的以这部分增值价值为基础的连续、稳定的价值增值收益。

4.1.1.3 土地进入市场流通后的财产权利形态

（1）土地出租或出让阶段。“生地”在开发成为“熟地”后，地方政府通过出让的手段一次性地将一定期限内的土地使用权交付给使用者，作为土地所有权的代理人，地方政府获得了出让土地使用权的收入；而土地使用者通过在受让土地上进行房屋建设和其他附着物建设，亦可以形成转让、出租、抵押、收益等权利，在这个阶段，土地权利束中对应的权利主体是多样化的，每一个土地权利的主体都依次分享该项权利所带来的利益（见图 4-1）。

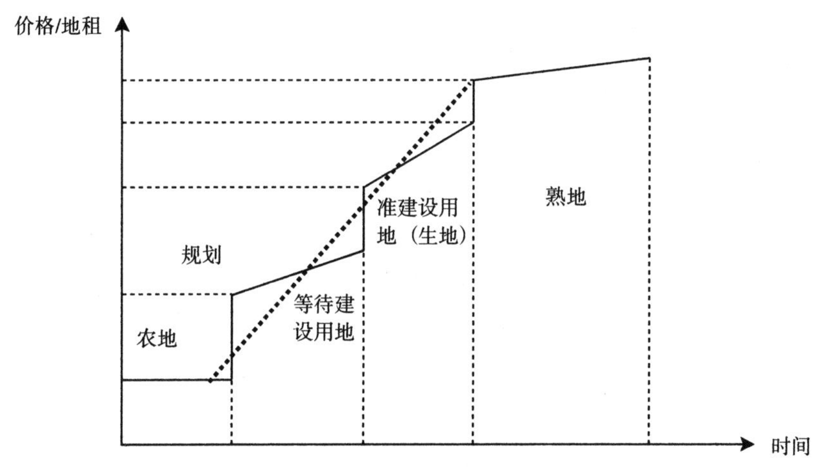

图 4-1 规划实施与地价变化关系

从现实的情形来看，地方政府在一次性收取出让土地使用权的收入后，实现了作为实际的土地所有者意图实现的经济利益，而土地使用者在对土地进行转让、出租、抵押后，也相应实现了自身意图实现的经济利益。后者获得的土地使用权是独立于土地所有权之外的，在一定的期限内基本上具备土地所有权的所有权能，因此，在实现土地使用权让渡后，国家作为土地所有者的角色被完全虚化，除强制性的行政手段外，不太可能再用经济的手段介入对这部分土地的调控。

（2）不动产保有或经营阶段。在土地之上形成建筑物或附着物并出售后，土地权利指向的主体与不动产指向的主体视具体情况而定。如果土地是以出让的方式取得的，在形成建筑物和附着物并实现销售后，其土地权利与不动产权利主体的指向相一致。对于这部分已经进入市场的土地及其房地产，国家虽然在名义上具备城市土地的所有权，但如前所述，国家作为土地所有者的角色事实上被完全虚化，除强制性行政手段外，不太可能再用经济的手段介入对这部分土地的调控，只能通过市场机制作用形成自发调节。如果土地是以出租的方式取得的，则土地权利对应着多样化的主体。国家作为出租人，享有土地权利束中关于出租并依法取得出租收入的权利；承租人有在约定存续期间内享受租约规定中对该不动产的一切权利，并负有向出租人，即国家支付定期租金的义务。因此，国家对于这部分的土地及其不动产，从理论上讲具备一定的调控能力。

4.1.2 土地权利资本化的客体定位

综上，对于我国的土地产权，学者达成的共识有：土地产权是一组权利束，分离后的土地权利具备占有、使用、收益和处分等权能，但是，分离后的某些权利必然会受到国家公共权利或国家强制权力的制约，如土地经济学的鼻祖伊利（T. Ely）指出："公共权利有时也表现在对私有财产互相转让所施加的一些限制方面。"[①] 我国地政元老箫铮也指出：国家拥有土地的"高级所有权"即"上级所有权"——土地的大部分支配权和管理权；个人拥有的土地所有权称"下级所有权"——土地的大部分使用权和收益权。[②] 同时，分歧主要在于到底是以土地所有权为核心，形成下一级的土地所有权权能分离体系还是建立以土地所有权和土地使用权相平行的土地权利束体系。比较而言，笔者倾向于以国家土地所有权为核心，建立下一级的土地所有权权能分离体系，构建的土地权利束框架如图 4-2 所示。

结合土地财产形成三个阶段的观点，认为在所有权与使用权分离的状态下，农村土地使用权、土地开发权、建设用地使用权可以作为资本化的客体。值得注意的是，土地开发权主要是指政府垄断城镇在规划发展区内进行征地或进行一级开发的权利，也可以包括部分有资格的企业在城镇在规划发展区内进行征地或一级开发的权利。[③] 建设用地使用权包括两层含义：一是"熟地"出让后，通过土地使用者支付土地出让金方式获得的权利；二是土地之上形成建筑物或构筑物之后，进入市场流通而产生的由权利人主张的不动产产权权利。若以土地用途转换

---

① 王家福等：《土地法的理论与实践》，北京：人民日报出版社，1991 年。

② 孙宪忠：《国有土地使用权财产法论》，北京：中国社会科学出版社，1993 年。

③ 例如重庆的"地票"交易，规定了企业若在土地交易所公开竞得地票，就取得了在主城规划区内进行征地或一级开发的权利。

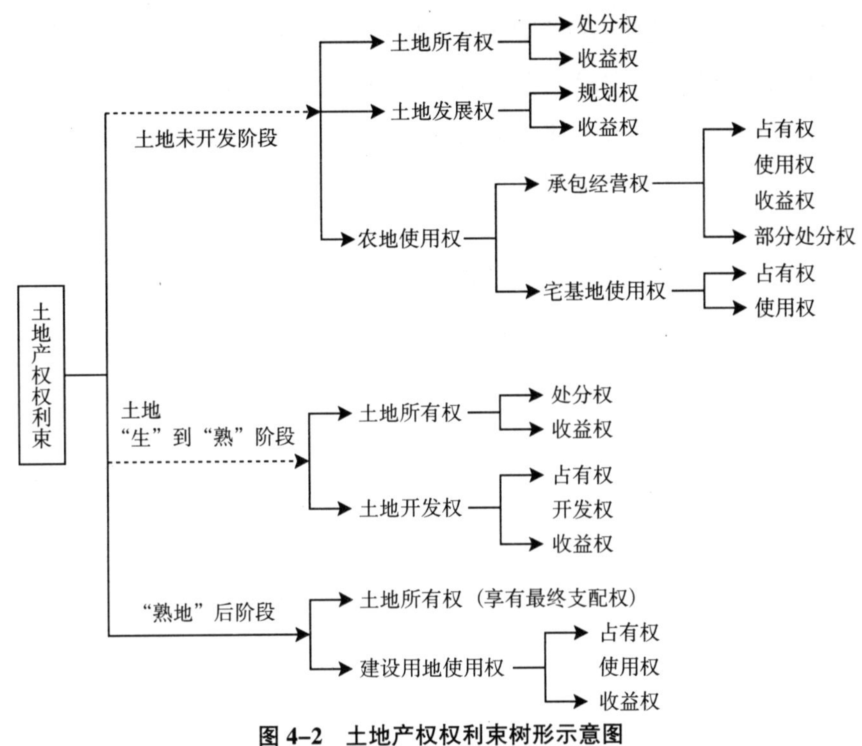

图 4-2 土地产权权利束树形示意图

和土地空间规划为划分依据，则位于第一时序的土地开发权、第二时序的建筑用地使用权和第三时序的不动产产权可归为城镇土地使用权。而未进入开发规划时序的若干土地权利，如土地承包经营权、宅基地使用权以及林地使用权等，统称为农村土地使用权。这两大类土地使用权，是资本化的主要客体。

4.2 城镇土地资本化的内容、形式

城市土地的资本化运营目标就是在实现城市土地的市场价值的过程中合理配置土地资源。[①] 城镇土地资本化，就是按照土地所有权与土地使用权相分离的原则，在中国土地制度边界约束下，实质上外化为城镇土地使用权的资本化。由以

① 刘永湘、杨继瑞：《论城市土地的资本化运营》，《经济问题探索》，2003 年第 3 期。

上分析可知，城镇土地使用权主要包括土地开发权、建筑用地使用权和复合形态的不动产产权（房地产产权）。因我国城市土地属于国有，因此，城镇土地资本化红利直接带动了城镇化、工业化的高速发展，同时也正是城镇土地资本化产生的巨大利益诉求，但由于其参与主体的权、责、利边界不明晰，导致了诸如土地市场寻租行为、地方政府唯“GDP”发展观、国有土地资产收益流失、土地市场价格难以有效调控等问题。因此，必须对城镇土地资本化的主体、层次和机制等逐一作出必要的梳理、界定，构建合理的城镇土地资本化运作体系，才能进一步规范城镇土地市场（包括房地产市场），凸显土地要素对促进城镇经济健康、持续发展的作用。

4.2.1 城镇土地资本化的主体

根据上述城镇土地一级开发阶段、二级开发阶段和房地产保有及流通阶段三个阶段的划分，其各阶段对应的参与主体主要包括国家、开发企业、房地产持有人以及其他的土地权利持有者。

4.2.1.1 国家

《宪法》及《土地管理法》规定我国城镇土地属于国有，由国务院代表国家行使。在实践中，主要体现为市（区、县）一级政府对本行政区域征地权的占有和对新增城镇建设用地开发权的占有。在城镇土地储备制度尚未成形以前，地方政府对城镇规划区主张土地所有权主要体现为农民集体土地所有权向国家土地所有权的单向移转，即政府的征地行为，城镇土地储备制度建立以后，土地储备机构作为城府的代理人及融资平台，同时取得了征地权利和土地一级开发的权利。但值得注意的是，近年来，各大城市逐渐出现土地（房地产）开发企业开始介入土地一级开发市场的现象，尤其是重庆开创了“地票”交易模式，赋予了地票竞得者在主城规划区内征地和进行一级开发的权利，这表明了城镇土地一级开发市场逐渐开始出现垄断竞争的趋势。但总的说来，国家在土地一级开发领域中应具备主导地位，这是因土地所有权本身的性质所致。

4.2.1.2 不动产开发企业

在土地形成可出让条件后，各类开发企业通过支付土地出让金或租赁、入股等形式取得了建筑用地使用权，即俗称的土地二级开发权。土地的二级开发权相对具有比较完整的权能，具有规定期限内占有、使用、收益和处分的权利。开发

企业取得该土地使用权的动机在于在土地之上建造建筑物（构筑物）后，形成可处分的不动产权，出售后取得增值利润。因此，尽管有的开发企业出售房地产后，保留一部分土地（房地产）收益的权利，例如保留部分商业门面、停车位等，但总的来说，在这个阶段权利人拥有土地使用权，主要是为了行使土地的处分权能。

4.2.1.3 房地产产权人及其他合法的土地权利人

一旦土地之上形成建筑物，以房地产形式进入市场流通后，土地使用权的具体形态也就发生了变化，即由单一的土地使用权状态演进为复合的房地产产权形态。此时，土地权利的主体也就相应表现为房地产权的持有人。因土地用途的不同，除一部分以划拨形式取得土地使用权形成的交通、公益用地外，这种土地权利一般体现在住宅、商业、工业等房地产权中。除房地产所有权人为土地使用权的第一权利人外，还可能因产权收益、处分等产生其他相关的权利人，例如房地产抵押产生抵押权人，房地产租赁产生租赁权人，等等。这个市场在三个土地市场中最为完备、成熟，对应的土地使用权表现形态也就最为复杂、精细。

4.2.2 城镇土地资本化的内容

依照城镇土地开发的三个时序划分及主要对应权利主体的不同，可将城镇土地资本化划分为三个层级，即以国家为资本化主体的第一层级，以开发企业为主体的第二层级和以房地产权人及相关权利人为主体的第三层级。

4.2.2.1 第一层级

在土地要素市场化和价值化的前提下，城镇土地资本化的第一层级内容主要包括国有土地使用权出让、租赁、作价入股、授权经营方式。在城镇土地使用权制度改革以前，不存在土地市场和土地交易，各类土地使用权的取得主要通过行政划拨，土地市场价值无法彰显，土地资本化也无从谈起。随着城镇土地使用权制度和城镇住房制度改革的渐进实施，土地有价出让、转让等方式逐渐出现、成熟，目前除一部分社会公益性用地、交通用地和特殊用地仍然沿袭传统的划拨方式外，绝大部分国有经营性用地都采取了各种不同形式的土地资本化方式。

（1）城镇土地使用权出让。城镇土地使用权出让是当前中国城镇土地资本化中最重要的内容。自 1988 年深圳市实行首次国有土地使用权拍卖以来，随着经济深入发展和土地要素对于城市发展的价值不断提升，逐渐形成了以招、拍、挂为主要内容的城镇土地使用权出让制度。

招标出让，是指城市政府（出让人）为出让某宗城市土地使用权，按照一定的规定和程序，由符合规定的公民、法人和其他经济组织（投标人）在规定的期限内竞投土地使用权并确定土地使用者（中标人）的行为。以招标方式出让城市土地使用权的特点在于，城市政府除欲获取较高土地收益外，还有其他综合目标或者特定的社会公共利益目标。其土地用途一般有严格的限制，因此，评标不仅要考虑投标价格，可能还要对投标规划设计方案和投标人的资信情况进行综合的评价，中标人既可以是招标文件规定的竞投期内出价最高者，也可以是招标文件声明的综合评定最优者。招标制度推出后，表明了土地权利交易双方能够依靠土地供求关系的市场价格信号和明确的约束条件，独立做出经济决策。

拍卖出让，是指城市政府（出让人）为出让某宗城市土地使用权，在指定的时间、地点，利用公开场合，按照一定的程序，由符合规定的公民、法人和其他组织（竞买人）公开竞价，根据出价结果确定最高出价者为土地使用者（竞得人）的行为。拍卖方式出让常见于区位好、盈利高的商业、娱乐和商品住宅等经营性用地。拍卖方式出让，对出让人和竞买人都有很高的要求。以这种方式出让城市土地使用权，充分引进了市场机制和竞争机制，排除了所有主观因素，是公开的、完全竞争的市场行为。拍卖是否成功，不但取决于拍卖地块的区位是否有吸引力、规划条件是否完善以及底价是否科学合理，更取决于竞买人的收益预期和竞买人之间的价格博弈，因此，是目前最接近市场化的土地资本化方式。

挂牌出让，是指城市政府（出让人）为出让某宗城市土地使用权，在指定地点发布挂牌公告，公布拟出让地块的交易条件，并在规定期限内接受公民、法人和其他组织（竞买人）的报价申请，更新挂牌价格，根据挂牌期限截止时的出价结果确定土地使用者（竞得人）的行为。城市土地使用权挂牌出让，实质上是协议出让和拍卖出让的变化形式。挂牌期间竞买人如果是唯一的，挂牌出让就是协议出让，土地价格的确定充分体现了出让人的主观愿望，同时也为竞得人所接受；竞买人在两个或者两个以上，挂牌出让变成延长公开竞价时间的拍卖出让。挂牌出让城市土地使用权，在土地资源的配置上的市场取向是明确的，其公开、公平和公正程度取决于交易信息的充分披露程度。

(2) 城镇土地租赁 (一级市场) [①]。城镇土地出租，即国家将土地出租给承租人使用，由承租人向国家缴纳租金的行为。这种方式，出租的年限一般较短，每年缴纳的租金较少，承租人承受能力较强，容易被承租人接受。城镇土地租赁是城镇土地使用权出让有益的补充形式，能够较好地弥补出让方式的一些不足，例如一次性的资金交付对企业财务成本的不利影响。目前，有的地方已较多地实行了这一有偿使用方式，而有的地方正在进行试点。从发展的趋势来看，以土地使用权出让为标志的“长租”制转向以土地租赁为标志的“短租”制或许是推动城镇土地使用权深入改革、积极探索城镇土地使用权资本化改革的核心内容。

(3) 土地使用权作价入股。土地使用权作价入股，即国家将土地使用权折算为一定比例的企业资本金作价，作为出资投入企业，形成国家股，国家从企业生产利润中取得相应的股息。这种方式，实质上是国家向企业的一种投资行为。采取这种方式主要是为了适应进一步加速国有企业改革，建立现代企业制度的要求。从应用范围来讲，常见于改制前以划拨方式获得土地使用权的国有企业。

(4) 土地使用权授权经营。土地使用权授权经营，即国家以一定年期的土地使用权作价后授权给经国务院批准设立的国家控股公司、作为国家授权投资机构的国有独资公司和集团公司经营管理。被授权的公司和投资机构负责该土地的保值、增值，并可以凭政府主管部门发给的授权委托书向其他企业以作价出资（入股）或者租赁方式配置土地。这种方式常见于对国计民生有重大战略意义的国有独资企业，例如能源、电力、交通等行业。

4.2.2.2 第二层级

土地使用者以有价方式取得土地使用权，分为两种情况：一是以出让、租赁等方式获得城镇新增建设用地使用权；二是以作价入股、授权经营等方式盘活城镇存量建设用地使用权。对于后者，土地作为一种生产要素，其价值已经在企业生产的产品向商品转化过程中得到了体现，若脱离企业生产和产品流通，单纯谈土地的资本化，在一般情况下似无必要，因此，此处所指土地资本化的第二层级内容主要是指以新增城镇建设用地使用权为客体，权利人基于更有效利用土地或有效筹集土地开发资金的目的，采取的一系列促使土地使用价值与价值分离的方

① 当前，中国法律对城镇土地租赁和土地使用权租赁作了划分，前者指土地一级市场（新增城镇土地开发市场和改制前存量城镇土地市场），后者专指土地二级开发市场。但从权利归属的本质来讲，一级市场城镇土地租赁的本质还是在于土地使用权的租赁。

式，主要内容包括土地使用权抵押、土地开发信托等。

（1）土地使用权抵押。土地使用权抵押是指权利人将一定年限的土地使用权（通常以土地开发周期为限，一般是2~3年）设定抵押，向商业银行融资借贷的行为。[①] 这是当前土地（房地产）开发企业通常采取的开发资金筹集方式。

（2）土地开发信托。土地开发信托是指开发企业将土地开发项目预期收入打包折现，在资本市场上发行集合资金信托（其存续期限一般与该土地项目的开发时限一致），以公开募集的资金投资于土地项目的开发建设。[②] 在土地二级开发市场上，土地开发信托的主体一般是房地产开发企业，由专门的信托公司负责发行信托计划，在资本市场上公开销售。一般而言，依据土地（项目）开发实际情况和公司经营特点，可大致分为债权型土地开发信托和股权型土地开发信托。土地（房地产）开发信托是近年来房地产开发融资模式的创新，与土地抵押融资相比，具有收益较高、风险分散等特点，尤其是在国家紧缩“银根”的宏观经济条件下，这种方式能够为开发企业实现便捷、快速的融资提供可行路径。但由于我国关于不动产信托的立法尚未健全，很多新兴的信托融资方式还必须面临着较高的制度选择成本。

4.2.2.3 第三层级

土地财产形成的第三个阶段是复合的房地产权形态。在这个阶段中，土地已经完全脱离了要素贡献的（土地、资本和劳动）产品生产过程，而以房地产商品的形态进入市场流通领域。此时，土地价值已凝结为房地产商品整体价值不可分割的一部分，在权利价值外化形式上直接体现为统一的或均匀分割的房地产（不动产）权利价值，因此，在这个第三层级阶段，所谓土地资本化，无非就是在价值和使用价值进一步分离的基础上，结合金融市场和金融工具，行使房地产产权收益权能的具体体现，主要包括房地产权利抵押、出租、入股等形式。

（1）房地产权利抵押。房地产权利抵押是最基本普遍的土地资本化形式（第三阶段）。依据对象、用途、性质等的不同，房地产权利抵押可大致分为按揭和

---

① 见《物权法》、《担保法》、《城市房地产管理法》、《城镇国有土地使用权出让和转让暂行条例》等法律法规的相关规定，以出让方式获得土地使用权的，若土地上未形成建筑物，土地使用权可单独抵押，若土地之上形成建筑物，其建筑物所有权随同一并抵押。

② 值得注意的是，此处的土地开发信托所指的客体非指单一的土地使用权，而是指未来在土地之上形成的建造物出售的收益，因现行“房地一体化”的立法体系，可抽象理解成为一种行使土地使用权收益权能的体现。

抵押两种形态。[①] 所谓“按揭”[②]，适用客体可见于个人住宅贷款和商用物业贷款。“按揭”制度自从香港引入内地后，对助推内地城市住房商品化制度改革起到很大作用，从理论上讲，有两点：一是使土地财产三个阶段衔接更加紧密。以住宅为例，设想如果没有“按揭”机制，城镇居民就不可能具备房地产商品的消费能力，而一旦无法形成有效需求，则房地产商品的生产阶段则会受到极大影响，例如造成严重的资金链断裂，进而形成一种倒逼机制，影响土地一级开发市场，从而使土地证券化[③]。“按揭”贷款的实质是被分割房地产权价值在若干年限内的等量租金与利息的资本化，具有可预测、稳定、连续的特点，是一种良好的土地证券化（房地产证券化）的标的。若从制度上加以良好设计，同时加强风险监控，这能够成为一种具有良好价值的投资工具。二是能够促进土地价值和增值收益分配的社会化。[④] 所谓“抵押”，[⑤]适用的客体为权利完整的房地产商品，例如已经还清按揭贷款，没有任何权利负担，或适用于现行法规定的重复抵押条件下的个人商品住房、工业厂房（土地、设备）、商用经营场所等。这种形式的抵押是一种比较“正统”的抵押形式，它是在中国经济社会体制从“计划”向“市场”转轨的过程中，逐步形成、发展和完善起来的，主要具有两大意义：一是有效连接了产业和金融市场。抵押贷款可以使商品、票据、有价证券等提前转化为货币资金。对加速货币资金的周转，刺激企业扩大生产和流通有重要意义。二是增强了企业信用，降低了金融风险。企业一旦破产，债权人可以就担保物（厂房、土地等）拍卖的价值优先受偿，而信用贷款只是一种普通债权，银行只能以普通债权

① 此处称按揭和抵押仅基于研究便利的目的进行粗略的划分。

② “按揭”一词是英文“Mortgage”的粤语音译，指以房地产等实物资产或有价证券、契约等作抵押，获得银行贷款并依合同分期付清本息，贷款还清后银行归还抵押物。按揭制度是20世纪90年代以后在中国兴起的一种新型物权形式，但在中国当前民事立法当中并没有关于按揭的明确规定。事实上，按揭是一种不同于抵押、质押和让与担保的全新物权形式，它是中国城市住房商品化制度激进发展中的重要产物。按揭与抵押贷款不完全相同，对按揭较为贴切的解释是向购房者提供的购房抵押贷款，其贷款的目的是为了购买房屋（主要是住宅），并不是所有的以房屋为抵押的贷款都可以称作按揭。

③ 土地证券化是土地资本化较为高级的表现形态，这个阶段中，土地的价值进一步抽象和独立于使用价值之外，并与金融市场和金融工具高度紧密结合。

④ 金融创新是一把双刃剑，导致美国金融危机的重要因素在于过度的证券化，同时缺乏有效监管。从产品设计本身来讲，因土地收益稳定、连续，是一种理想的证券化工具，但必须要加强对这种金融创新的监管，尤其在这种工具中要体现国有土地所有权权益，使之带有一定的政策性倾向，以更好地配合行政、税收、信贷等手段调节、稳定市场。

⑤ 抵押是指债务人或第三人对债权人以一定期限内的土地使用权作为清偿债务担保，以获得融资的行为。

人的身份，参与破产企业财产的分配，无权要求优先受偿。

（2）土地（房地产）权益信托。土地（房地产）权益信托实际上是 REITs[①] 在我国的实际运用，即信托公司从房地产开发公司购买房地产的全部和部分产权，靠经营房地产来获得收入。土地（房地产）权益信托的产生与中国房地产企业的融资环境密切相关。[②] 2003 年 9 月 23 日，中国第一只房地产信托投资基金——精瑞基金成立，此后得到了迅猛发展。[③] 2005 年，联华信托相继发行了“联华·宝利”1 号及 7 号，借鉴了美国 REITs 和中国证券市场基金的成熟管理模式，开创了国内“夹层融资”的先河。2005 年年底，中国内地第一只赴香港上市的房地产信托投资基金——广州越秀房地产信托投资基金（00405，HK）成功募集了 17 亿港元，打包了越秀集团名下的白马大厦、财富广场、城建大厦和维多利广场四大用于出租的物业，仅当年的回报率就达到 7%。[④] 2007 年后，央行从进入稳定的角度出发，开始着手研究制定 REITs 的相关政策，2008 年 3 月，银监会曾召集国内 5 大信托公司（联华信托、中诚信托、北京国投、衡平信托和中原信托）研究起草《信托公司房地产信托投资业务管理办法（草案）》（征求意见稿）。但金融危机以后，在宏观经济下行时期房地产经营现金流和盈利能力不确定性加强，以及 REITs 在中国发展本身面临着由税收和法律制度成本、SPV 机构缺失、市场交易中的道德风险等因素带来的发展困境，但从总体来说，土地（房地产）权益信托是房地产物业持有和经营阶段（土地财产形成的第三阶段）中有益的资本化尝试，这对于中国经济转型发展时期城镇成熟房地产及土地资产的运营和增值有极为重要的意义。

---

① REIT 是英文“Real Estate Investment Trust”的缩写（复数为 REITs）。从国际范围看，REITs（房地产投资信托基金）是一种以发行收益凭证的方式汇集特定多数投资者的资金，由专门投资机构进行房地产投资经营管理，并将投资综合收益按比例分配给投资者的一种信托基金。与我国信托纯粹属于私募性质所不同的是，国际意义上的 REITs 在性质上等同于基金，少数属于私募，但绝大多数属于公募。REITs 既可以封闭运行，也可以上市交易流通，类似于我国的开放式基金与封闭式基金。

② 2003 年央行颁布了 121 号文件，限制了房地产企业的银行融资能力，因此，信托作为连接资本市场和土地开发市场的桥梁，为解决房地产企业开发及运营的资金需求提供了便利渠道。从模式上来看，一是通过集合资金模式，直接为房地产开发过程提供贷款，即上文所述的土地（房地产）开发信托；二是通过股权等投资方式，为成熟房地产的运营提供资金支持。从发展趋势看，第二种模式应是发展的主流。

③ 据统计，在 2004 年，全国房地产信托发行额约 122 亿元，比 2003 年同期增长了一倍；2005 年，发行总额突破 200 亿元，这说明了在宏观经济政策趋紧的情况下，REITs 作为一种有效的直接融资方式，逐渐为房地产开发商和运营商所接受。

④ 熊璐瑛、宋志勇：《房地产信托基金及其在我国的发展》，《广州大学学报》（社会科学版），2009 年第 10 期。

4.2.3 中国城镇土地资本化的创新思路

在现行中国特有的土地制度框架下，从社会主义法律体系框架的角度而言，决定了实施土地资本化的客体只能是各种土地使用权。依据以上对土地财产形成三个阶段的划分，对于城镇规划区内的土地而言，在空间关系上表现为新增建设用地和存量建设用地。对于前者而言，土地使用权与土地所有权进行了三次分离，在土地一级开发、储备阶段形成了土地开发权①，在土地二级开发阶段（生地到熟地阶段）形成了建设用地使用权，在物业持有和运营阶段（熟地出让进入市场流通阶段）形成了复合形态的房地产权，因此，土地资本化在各个不同的阶段都有不同的表现形式。对于后者而言，主要涉及改制前的国有企业土地使用权入市的处置以及旧城改造中的土地使用权处置问题，通过出让、出租、入股、授权经营等方式，一定程度上盘活了城镇土地市场，但就总体而言，与发达国家土地要素对于经济发展的贡献相比，国内土地要素对经济发展的综合影响权重还比较偏低，这就需要进一步通过创新土地资本化的方式和机制，释放中国经济转型发展时期"土地资本"红利，助推城镇化、工业化的可持续发展。

4.2.3.1 对中国城镇土地资本化现状的思考

自 20 世纪 80 年代后期城镇土地使用权制度和住房商品化制度改革以来，虽然形成了城镇土地使用权交易市场，出现了出让、出租、抵押等土地资本化形式，但总体尚停留在初级阶段，存在土地权利定位模糊、交易主体混杂、金融创新力度不够、法律及中介制度建设滞后等问题。

（1）土地权利主体定位模糊。在土地的一级开发阶段，土地储备机构所主张的土地开发权权利边界模糊。从所有权权益实现的角度来讲，政府通过收取土地使用权出让金的方式，保证了土地所有权的经济权益，实现了土地所有权与土地使用权（建设用地使用权）的分离，但在此之前，政府委托土地储备机构或企业进行对土地的拆迁、整治和储备时，在实际操作中受托机构往往以该土地进行抵押，向银行融资，这实际上就具备了土地产权的核心权能——处分权，然而现实法律语境中对此项权利的规定却几乎空白，这就导致了地方政府，或者说其委托

① 对于土地一级开发阶段的权利，现行法律并未进行明确规定。有些学者将之称为土地的一级开发权，专指政府委托城市土地储备机构或授权企业进行土地的征收、拆迁、整理和储备而获得的权利。

进行土地一级开发的土地储备机构在法律上的融资困境——理论上的抵押无效性。一种观点认为，叶剑平、孙晓岚（2007）认为政府在土地一级开发市场上持有的权利的性质是一种物权，因为具备了占有、使用、收益和处分的权能；欧阳安蛟（2002）则认为政府与土地储备机构之间形成了一种委托—代理关系，这是行使土地所有权占有和使用权能的体现，但这又与现行《宪法》规定产生矛盾，因为《宪法》明确规定了国有土地所有权由国务院代为行使，这就排除了其他任何单位或法人代理行使国有土地所有权的可能性。因此，从物权创设与促进经济发展的角度来讲，土地一级开发阶段所形成的权利应该是一种先于建设用地使用权的物权形式，但这需要在法律和制度层面进行进一步的设定。

（2）金融创新力度不够，土地证券化面临制度难题。实现土地与金融的“两极”对话，[①] 是土地资本化发展的下一个必然阶段，即土地证券化阶段，它在形式上表现为土地权利资产与金融工具和金融市场的渗透与结合。从目前来看，我国已初步具备了一些有益的土地证券化尝试，例如在土地一级开发阶段，重庆城市投资集团发行的公司债券；在土地二级开发阶段以各类开发企业为主体发行的土地项目开发信托以及在物业保有和运营阶段，在某些有稳定收益的地产项目上，发行了具有 REITs 性质的土地权益信托（基金），但总体来看，呈现分散性、微观性的特征，且由于国内相关法律制度不健全、有效监管措施不力以及各类土地证券化产品设计自身的缺陷，尤其是因土地的区位、用途等特殊性难以进行标准化的设计，这就导致了土地证券化在当前国内难以继续深入实施的一系列困难，因此，如何培育土地证券化的外部环境，是当前推动城镇土地资本化的当务之急。

（3）土地资本化参与市场调节程度不够。当前政府作为国有土地的最大权益人，所采取的土地资本化途径通常是一次性的土地出让，虽然换取了城市发展所需的资金，但却丧失了利用国有土地增值收益调节市场的可能性，尤其是在近几年来土地、信贷、税收等政策参与市场宏观调控不理想的情况下，城镇土地资本化应该承担更多政策性的职能，对促进市场健康、稳定发展和区域协调发展起到积极的作用。

① 陈方正：《土地与金融“两极对话”的实践与理论思考》，《中国软科学》，2004 年第 3 期。

4.2.3.2 城镇土地资本化实施路径讨论：建立完善的城镇土地金融制度

从海内外土地资本化经验和实践可以看出，土地资本化往往是通过发展土地金融这一具体的形式体现出来的。目前，虽然在一定程度上，我国城镇“土地”资源与“金融”资源实现了对接，初步形成了房地产开发（土地二级开发）和物业保有运营阶段的市场性土地资本和市场性金融体系，例如形成了房地产开发抵押贷款、房地产开发信托、房地产经营信托（REITs）等一系列金融创新的工具，促进了土地价值的有效利用和流转。但问题在于，在土地财产形成的第一阶段“两权分离”的状态下，所有权的价值形式表现为对一定额地租的占有，[①] 即收取一次性土地出让金，但经实践证明，这对于助推向城镇土地利用和经营集约化、节约化的经济发展方式转型，可能不具备积极意义。[②] 因此，必须要考虑这样一种可能性，即在制度构建上设计一条显化、强化国有土地所有权权益的城镇土地资本化参与市场调节的体制机制，即在市场性的土地金融体系之外，形成一个国有土地资本保值增值的平台，尝试建立政策性土地金融体系，有效参与对市场的调节，辅助解决当前存在的诸多问题。

（1）城镇政策性土地金融的核心构建：土地衡平基金[③]。土地衡平基金（以下简称为基金）是归集各地方政府土地出让收入中相当于绝对地租部分形成的资金池。首先，在明确中央土地所有权权益和地方政府土地所有权权益的基础上，各省、直辖市统一核算年度的土地出让或出租的总收入，按照一定比例划定一部分收入上缴中央，形成土地衡平基金的基础资金来源。其次，各省、直辖市建立统一的政府土地融资和开发平台，并以部分滚动的本地土地储备和开发收益向该基金参股，形成它的主要资金来源。最后，可适当考虑接受部分机构投资者的资金注入。该基金定位为中央调节土地及房地产市场的政策性金融工具，可采取封闭型的方式运行，通过“地利共享、涨价归公”的机制，旨在平衡区域间经济社会发展、保持国内土地及房地产市场健康、稳定发展。

---

① 谢经荣：《当前我国土地租税费体系及其历史变化》，《财经问题研究》，1995年第12期。

② 征地制度、一次性土地出让方式，可能是造成耕地保护不力、城市经营粗放扩张的重要因素，另外，土地成本在某种程度上可能推高了房地产最终产品的价格，在国家土地、信贷、财政（税收）政策联合调控下，由于地方利益、集团利益和部门利益博弈机制作用下，房地产市场始终难以有效实现稳定，因此，必须探索一条以土地资本化参与宏观调控的可行路径。

③ 该部分主要内容来自项目组在《领导决策参考》（重庆市社会科学院主办的内参）2010年第10期中发表的内参。

基金职能之一：引导“直接投资”为“间接投资”，稳定市场价格。首先发挥基金连接资本市场和产业（土地）市场的桥梁效应，抑制过热的市场投资或投机，进而稳定市场价格。例如，基金（通过预警系统等指标分析）预测某区域未来可能产生投资过热，则基金向该区域省、直辖市政府委托的土地开发和储备机构定向发行特别的土地基金券，该证券具备一定收益，以回收部分地方政府进行本地土地储备和开发的资金流，进而影响地方政府盲目扩大商品性土地供给的决策，减小该区域社会对土地或房地产实物的投资性或投机性需求。与此同时，中央土地基金抽取这部分资金向该区域投资，引导增加某些保障型用途的土地供给和开发，例如加大对廉租房建设、公共租赁房建设等政策性住房建设的扶持力度，“双管齐下”，减小该区域商品性的土地供给，加大保障性的土地供给，稳定该区域土地及房地产市场价格。

基金职能之二：资金跨区域转移，引导实现区域发展平衡。通过对经济较发达地区或不动产投资过热区域适时抽取部分资金，加强对欠发达地区土地开发整治、基础设施的资金投入，尤其是加大对农村地区基础设施建设的投入，更好地统筹城乡发展。例如，基金可对东部发达地区省市发行长期的土地融资券，所融资金可用于对西部等欠发达地区城市、农村的基础设施建设或需扶持发展的产业进行支持，以缓解地区财政支出的压力。

(2) 内容及机制。第一，组建土地基础“资产池”。一是适度调整现行土地出让金分配体制。在现行土地出让金全额纳入地方财政预算的制度下，可以尝试考虑从地方提取一定比例的“国有土地收益基金”上缴中央，形成土地衡平基金基础资产池的第一个资金来源。根据各地经济社会发展水平的实际情况，按照差别化的方式分别确定上缴中央的相应比例和档次。

二是建立中央土地储备制度，改进现行城市土地使用权出让制度。在全国若干重点城市，对于预期收益明显的地块或优势区位的特定用途土地，地方政府不再行使土地使用权一次性出让的权利，由中央委托地方以“年租制”的形式交付需用地的市场主体，由此形成稳定、持续的租金流，其主要部分上缴中央，形成土地衡平基金“资产池”的主要资金来源。

三是尝试建立分区域的地方土地基金，后者以动态参股的形式与中央的土地衡平基金发生联系。在整顿清理各地林立的土地开发储备机构基础上，整合形成具有产业投资基金性质的（省、直辖市）地方土地基金，形成区域内土地整理、

开发、复垦和储备的统一投融资平台，同时不断以滚动、连续的土地投资增值收益向中央衡平基金参股，由此形成后者基础“资产池”的第三个来源。

第二，建立“决策、融资和运营管理”三权分离的土地衡平基金组织架构。一是建立土地衡平基金决策咨询委员会（理事会）。它是基金的最高决策和权力机构，建议由分管国土或金融的省部级领导任理事长，在此之下，设置相应若干董事席位，由各区域（省、直辖市）土地开发基金的主要领导担任。理事会采取定期会晤会议制度，对涉及当前土地基金参与市场调节、城市基础设施建设投资以及对基金收益支出等重大事项进行集体讨论和决策。同时，建议引入独立的监事制度，对基金的重大投资项目和支出事项进行严格监督和审查。

二是打造战略融资平台。建议由国土资源部和国家开发银行牵头，建立土地衡平基金发起人机构。形成“三级”战略投资者股权结构，即国土资源部以及中央相关机构持有股权为第一层级，各地方土地基金持有股权为第二层级，其他重要机构投资者持有股权为第三层级。按照股权比例共同承担土地衡平基金的投融资收益和风险。发起人具有双重职能：①政策性职能，以资金的跨区域转移，以土地资本价值参与市场调节，执行中央的产业发展政策，并体现中央的宏观调控意图；②市场性职能，以一部分土地资本循环、连续的投资收益，满足各层级投资者投资利益分配需求。

三是建立“破产远离”的基金运营和管理机构。建议成立国有独资经营的土地衡平基金管理公司，负责基金的发行、募集等实际操作业务，该公司存续的唯一目的是不以盈利为目的，仅维持基金正常运转。此外，建议由国家开发银行和其他大型商业银行担任基金的共同托管者，实际管理该基金账户，另外，为基金正常运转提供便利的现金流清算及短期的拆借融资服务。

第三，建立土地基础“资产池”风险准备金制度。建立起土地衡平基金投融资的风险规避机制，关键在于维护土地“资产池”资本金的动态平衡。设置土地基础“资产池”容量的最低警戒线，一旦出现资金低于最低警戒线的现象，则可实施追加土地风险准备金制度，弥补不足部分，维持基金基础“资产池”的动态均衡。土地风险准备金来源于：一是土地开发投资收益满足各级投资者或基金持有人利益分配之外，还应形成一定的留存收益，非经土地开发基金决策委员会（理事会）决策同意，该部分留存收益不得因任何原因挪作他用；二是各地各期土地留存收益的滚动积累和循环；三是在特别情况下的财政资金注入。

第四，建立土地衡平基金介入市场调节的机制。一是加大规范地方市、县两级政府的土地融资行为的力度，建议由省级土地开发基金统一协调辖区内土地开发、整理、储备的资金供给，市（地区）、县不得再以土地作为抵押向银行融资以进行土地一级开发或（和）储备，上收土地开发权限，从资金源头上遏制地方政府盲目开发的行为，以切实保护稀缺的耕地资源；二是建立并形成地方土地开发基金向中央土地衡平基金的定向融资机制，省、直辖市根据行政辖区范围内各地土地开发及城市基础设施建设的资金需求实际，在坚持土地利用总体规划的前提下，制订省级土地（城建）开发资金需求计划，适时向中央土地衡平基金申请融资；三是建立并形成中央土地衡平基金向地方土地开发基金的非定向投资机制。根据全国区域经济社会水平发展的实际，中央土地衡平基金一方面将优先保障收益高的地方土地（城建）资金需求，另一方面将执行政策性基金的职能，在实施土地基础“资产池”动态平衡的基础上，适时调动一部分滚动的、发达地区的土地投资增值开发收益留存，加大对欠发达地区土地开发（城建）事业的资金扶持。

第五，建立土地衡平基金的“三级”监督和制约机制。一是加强对基金中央决策咨询委员会的计划监督：引入体制内的独立监事制度，建议由中纪委和国家审计局的有关领导担任，其决策最大事项涉及的资金动向定期接受二者的联合检查、监督；二是建立中央衡平基金对地方土地开发基金的监督体制：建议土地衡平基金在各地设置相应的督察机构，重点对地方融资的使用和管理进行监督；三是建立地方土地开发基金对中央土地衡平基金的监督体制：基金决策委员会要定期向理事会成员报告该时期内若干重大决策涉及的资金动向，并有义务接受理事会成员的质询，经理事会成员 2/3 以上多数人认为确实存在资金使用不合理现象的，要形成相应的领导责任追究机制。

4.3 农村土地资本化的内容、形式

4.3.1 农村土地资本化的前提

农村土地资本化是当前中国经济转型发展时期土地资本化的核心内容，选择一条理性、适度的农村土地资本化路径，对于转换城镇化、工业化发展路径，建立农业现代化体系，建设“资源节约型、环境友好型”社会具有重要意义。因为，自 20 世纪 80 年代城镇土地使用权制度改革以来，城镇土地的要素价值在市场经济中得到充分体现，推动了城镇经济的高速发展，同时，因其巨大的用途转换增值收益空间，导致了城市扩张侵占大量农用土地、耕地保护形势严峻、城乡二元结构矛盾加剧等问题。因此，如何实现工业化、城镇化与“三农”改革的协调，同步发展是“十二五”规划时期推动经济社会发展方式转型的当务之急，那就必须要从建设农村土地要素市场机制入手，赋予农村土地和城镇土地同等地位的权利内容，缩小二元土地结构制度下的巨大土地用途转换增值收益“剪刀差”，以农村土地权益的资本化，将农民从土地的束缚中解放出来，形成哺育农村改革发展的内生性资本原始积累，既满足工业化、城镇化中的巨大用地需求，又提高农地集约节约利用效益，推动城乡经济社会的可持续发展。具体来讲，实施农村土地资本化，必须要具备三大基础条件，即明晰的产权契约边界、资产转化的平台以及失地农民综合保障制度的完善。

4.3.1.1 权利完整与交易自由

纵观海外的农村土地资本化实践，实质上是农用土地权利抵押基础上的资金融通活动。因我国农村土地制度的特殊性，依用途不同分为农用地与非农用地，在权利形式上表现为承包地使用权、宅基地使用权、林地使用权与其他性质的非农建设用地使用权等，且按照现行法相关规定，每种具体的土地权利的内涵皆有不同，例如按《物权法》规定，与土地承包经营权相比，宅基地使用权就缺乏了收益和处分的权能，因此，推行农村土地资本化的首要前提就是必须统一各项农村土地权利的范畴和边界。从地方的实践上来看，沿海发达地区与作为城乡统筹试验区的成都市和重庆市都灵活运用政策，变相赋予了农村土地抵押、收益及处分等权利，一定程度上彰显了农村土地作为“资产”的属性。因此，可以从地方的农村土地资本化创新中汲取有益因素，按照农民集体土地所有权与国家土地所有权的同一性、农村土地产权与城市土地产权同一性原则，赋予各种农村土地使用权比较完整的权能，并从法律制度的层面予以确认，这是实施农村土地资本化的基本前提。

4.3.1.2 产权自由交易的平台

实现土地资源向资产的转化，必须要具备足以支撑这种庞大的资源的使用价值和价值相分离的平台和机制。以重庆为例，近几年的实践正逐渐为形成这种外部环境提供条件。一是建立了农村土地交易所。农民的各类土地承包经营权利（包括林地使用权）可以依据产权人的意志和市场需求，自由地进行转包、租赁、抵押等，这就形成了土地权利交易的充分信息市场，既使土地的使用价值能够在最合理的产权主体中发挥最大价值，提高农村土地利用的节约集约利用水平，更重要的是，为农村土地使用权的价值化，进而证券化提供了有利的平台。二是建立了“地票”交易制度。“地票”交易制度主要针对的是农村宅基地等非农业建设用地。通过“先补后占”、市域范围内“指标”流转的方式，使农民宅基地的价值得到彰显，如果能够在“地票”交易的前提下，进一步研究显化农民对于宅基地增值收益的合理分配机制，则有利于为下一步实现“地利共享、涨价归公”的土地资本化运作奠定良好的基础。三是农村土地产权主体出现多样化倾向。重庆在推进户籍制度改革、试行“地票”交易的进程中，逐步扩大了农村土地的权利主体范围，由单一的农民集体和农户个人扩大到集农民集体、农户、土地储备整治机构、企业等于一身的多元化的权利主体，尤其是在户籍制度改革的特定条件下，农村土地整治储备机构能够成为农民退出土地后的主体，这就为实现土地与金融的“两极”结合，为成立以政府担保的土地信托银行提供了前提条件。

4.3.1.3 失地农民综合保障制度的完善

推行农村土地资本化的一个核心问题在于，如果农民因处置土地产权而失去了赖以为生的基础和稳定的住所，例如无法偿还土地抵押贷款，将会导致不利于社会稳定的问题。学术界及政策制定者对是否放开农村土地产权抵押最大的顾虑莫过于此。从理论上讲，需要对失地农民建立起一套复合的社会保障体制，通过“土地权益收益+社会保障+政府特别保障”的形式，妥善解决失地农民的安置和

发展问题。具体来说，第一，在土地使用权和土地收益权“两权分离”的前提下，在农民退出土地使用权的同时保留一定的土地收益权，并探索将“土地收益”流转的方式和途径，积极开展农村土地金融创新，以土地交易所和地票交易为平台，通过土地信托、债券、基金等形式，扩大农地产出，提高土地流转效率，实现农民对土地资源“实物”的占有向对土地资产“收益”的占有的转变。第二，建立逐步完善的退地农民社会保障体系。在就业、医疗、住房、教育等社会公共保障领域继续加大对转户退地农民的保障力度，发挥政府带动作用，通过就业引导、职业技术教育培训、加大城镇保障性住房供给力度、建立各种参保农民社会保障体系之间的衔接机制等措施，以实现转户农民充分就业为目标，形成“政府+企业+社区”的三级联动机制，引领转户农民早日实现从“农民”到“市民”的转变，从物质和心理上完全脱离对土地的实物依赖。第三，对于条件特别艰苦的地区的转户退地农民，由于土地自然、区位等条件低劣不足以产生足够土地实物流转或指标流转收益的，或土地退出后或土地产权处置后不足以维持原有生活水平的特殊农民群体，除土地产权流转收益保障和必要的城镇社会保障之外，可以通过财政转移支付、地方政府土地收益反哺等形式，形成对这部分转户退地农民的无偿性、持续性投入保障机制。综上，通过三种保障形式，有助于进一步控制、弱化农民因处置土地产权可能导致的社会风险，以此免除推行土地资本化的后顾之忧，彻底将农民从对土地实物的依赖和保障中解放出来，实现土地资源向资产转变。

4.3.2 农村土地资本化的内容

实施农村土地资本化，可借助金融资源和金融市场的桥梁作用，在土地产权束剥离的基础上，设计、开发各种层次的土地金融产品体系，以实现土地从“资源”向“资产”转化。形成土地“资产”包括两层含义：一是提高土地实物资产价值，即以土地的适度、集中流转，以土地规模经营和节约集约利用，引导提高农用地生产率；二是提高土地权益资产价值，即在土地经营权与土地收益权分离的条件下，农民以保留的土地收益权能够有效参与土地增值收益分配，从而提高农民的财产性收入。因此，实施农村土地资本化的内容从理论上讲至少应该分为两个目标层次，一是农村土地实物交易资本化，二是农村土地权益交易资本化，且结合现行农村土地用途分类、区位和规划等条件，表现为各种具体不同的形式（见图 4-3）。

4.3.2.1　土地实物交易资本化

土地实物交易资本化，其客体指向的是各类农业生产（农、林、牧、副、渔等）性质的土地承包经营权和林地使用权。顾名思义，土地实物交易金融可理解为土地权利人基于此类土地使用权有效利用基础上的资金融通活动，可分为土地使用权存贷、土地实物信托、土地使用权“典”等形式。

（1）土地使用权存贷。土地使用权人将法定一定年限的土地承包经营权或林地使用权存入专门的土地金融机构，后者统一组织土地承包经营权的借贷，定期收取借贷利息，同时给付申请人存地利息。从存地人的角度来说，一旦存地人成功申请存地业务的，不得再将承包经营权等用于抵押、入股、租赁、托管等其他流转用途。农村集体经济组织、农村种养大户、农业龙头企业、农业专业合作社等，可以作为贷地人，向土地银行申请承包经营权贷地等业务，土地金融机构可以按照“零存整贷”的原则，向合格的贷地人发放统一制作的贷地证，并向贷地人定期收取贷地利息。值得注意的是，贷地人必须规模经营土地，扩大农业产出，严禁将土地用于非农业生产以外的用途。

（2）土地实物信托。土地实物信托是指土地权利人（委托人）为有效利用土地，提高承包土地的开发与经营效率，而将承包地剩余年限的使用权信托予受托人（土地金融机构），由受托人管理、运营，将开发经营的利润作为信托受益分配金交付给受益人。土地金融机构是运作土地实物信托的核心。第一，农户在土地使用权退出方式上可以选择以长期信托的方式将土地使用权交付特定的土地金融机构（受托人），同时保留土地的收益权。第二，受托人制订详细的土地集中使用计划，通过“化零为整”的方式，以集中租赁的方式交付种养大户、龙头企业等农业规模化经营企业。土地经营者要定期向受托人支付土地租金。第三，对于土地租金，受托人扣除必要的信托管理成本和利润外，剩余部分可作为退出土地使用权的农户的收益进行支付。

（3）土地使用权“典”。土地“典”是中国独具特色的土地流转制度之一，它以转移占有为标志，明显区别于现代西方民法体系以不转移占有为特点的不动产抵押制度，已具有上千年的悠久历史。新中国成立后由于特定的历史原因一度消亡，但若对之加以改良设计，对于积极促进农村土地流转，尤其是在重庆统筹城乡户籍改革进程的背景下，缓冲农民退地的阻力，有实际的意义。此处谓之土地使用权“典”，是指转户退地农民将一定期限的土地使用权“典”给政府或相关代理机构，后者按照不低于征地标准向前者支付土地使用权“典”金，同时农户保留若干年以后回赎该土地使用权的权利。在约定期限内，政府或其代理机构及相关金融机构，对典让的土地使用权进行重新打包，以集中使用的方式，交付给种养大户、农业龙头企业使用。约定期满后，农民可依据自己意愿，选择行使回赎权或选择永久退出土地。

4.3.2.2 土地权益交易资本化

土地权益交易资本化，是指基于土地使用权和土地收益权剥离基础上的相关土地权益资产的资金和信用融通活动。它主要分为两个层次，一是土地权益资产抵（质）押，二是土地权益资产抵押证券化。

（1）土地权益资产抵（质）押。土地权益资产抵（质）押，主要可分为两类：一是各类土地使用权的抵押。现行法禁止了农村土地使用权的抵押，但从 2003 年安徽、沿海地区持续的农村房屋抵押贷款试验到当前成渝两地鼓励农村土地等生产要素抵押的制度创新，这一条款已远落后于经济社会发展的现实需要。从理论上讲，农村土地使用权抵押，就是农民可以依据自身的融资需求，以土地承包经营权、宅基地使用权和林地使用权向金融机构申请抵押贷款，但必须在制度设计上要充分考虑到抵押权实现的风险和社会影响，并要求建立起相对成熟、完备的社会保障体系和失地农民住房、就业体系。当前重庆推进的公租房建设等民心工程，为建立农村土地使用权抵押的处分机制，逐渐免除了后顾之忧。二是“地票”质押。“地票”质押是重庆特色的城乡建设用地增减挂钩流转的制度设计，指“地票”竞得者在其落地之前，有权将其作为资产（有价证券），向金融机构进行质押，以获得融资。从目前的情况看，还有待于进一步成熟完善，尤其须设计将农民收益权纳入地票增值收益分配的范畴，以切实保障农民的土地权益。

（2）土地权益资产抵（质）押证券化。土地权益资产抵（质）押证券化是指在各类土地使用权抵（质）押的基础上，可充分利用基金、信托、债券等金融工具的桥梁作用，连接起农村土地产业市场和资本市场，充分实现土地价值与使用价值的分离，凸显农村土地资本属性，加速农村、农民、农业发展的内生性资本积累机制的形成。在制度设计上，可尝试建立专门的农村土地权益流通银行，根据各种抵押的土地权益资产性质，设计分类的土地金融产品，通过形成“地利共享”的机制，实现土地增值收益在不同层次的权利人之间合理分配。

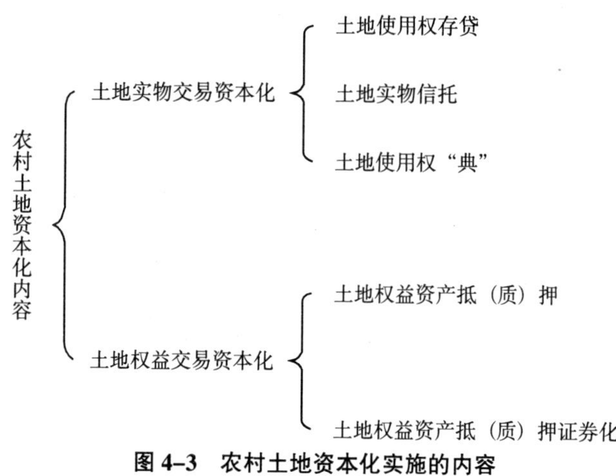

图 4-3　农村土地资本化实施的内容

4.4　农村土地资本化与城镇土地资本化的区别和联系

4.4.1　农村土地资本化与城镇土地资本化的区别

城镇土地资本化和农村土地资本化实施的主体、客体等皆有所不同，上述相关部分已分别对此进行了概念上的分析。从土地财产形成的“三个阶段”而言，城镇土地资本化和农村土地资本化的空间路径演化存在差异，进而对中国经济发展的作用和影响也存在差异。

4.4.1.1　*农村土地资本化和城镇土地资本化的空间路径演化存在差异*

依据前述土地财产形成的“三个阶段”，农村土地资本化的时空演化路径可表述为：在土地利用用途未发生变更时，农地产权体系内部权利束的进一步剥离、重组和优化的过程。具体来讲，表现为“收益”权从农村土地承包经营中进一步物权化并分离出来，并通过转包、入股、信托等方式，使剩余劳动力从“过密化”的土地经营中解放出来，提高农业土地经营的效率；在土地利用用途发生变更时，先是政府以行使土地征收权的方式并通过土地使用权出让的方式，获得

了土地用途转换的第一笔土地资本化增值收益，然后，通过在“土地”之上形成建筑物和构筑物的方式，市场其余主体以房屋开发、物业保有等形式，获得了土地资本化增值收益的其余部分。因此，从这一点来讲，农村土地资本化的空间演化路径表现为“农地—资本化—农地”，在资本化的过程中，土地这一实物的财产形态和用途并未发生改变，改变的仅仅是各种具体土地权利形态的分离；而城镇土地资本化的空间演化路径则表现为“农地—资本化—不动产”，即是说，在资本化的过程中，土地这一实物的财产形态和用途发生了改变，并最终形成与房屋相结合的不动产形态。然后，在农村土地资本化的空间演化路径下，资本化的主体不会发生改变，农民一直是土地资本化的单一主体，但在城镇土地资本化的空间演化路径下，资本化的主体发生了本质的改变，政府、企业和不动产持有者、市场投资者等成了多元化的主体。

4.4.1.2 农村土地资本化和城镇土地资本化对经济发展的影响存在差异

农村土地资本化的本质是以产权剥离结合金融市场和金融工具，对农业生产经营关系进行的适应性调整，其显著作用是能够在一定程度上提高农业生产经营绩效，弥补小规模农户家庭经营分散化、零碎化和过密化的弊端，但对经济的整体增长作用不显著；而城镇土地资本化，尤其是政府以征地的方式攫取了土地资本化的大部分收益，并用于“经营城市”，拉动并形成了以房地产业和建筑业为主的支柱产业，直接刺激了地方经济的增长，对经济增长的作用是显著的。但在经济发展方式转型的背景下，农村土地资本化或许比城镇土地资本化具有更广阔的发展空间，且对于经济发展的影响更为显著，这一点在接下来的章节中将会得到进一步解释。

4.4.2 农村土地资本化与城镇土地资本化的联系

农村土地资本化与城镇土地资本化是土地财产形态在不同时序阶段表现出的具体形态。农村土地资本化和城镇土地资本化都是土地财产表现出的具体形态，且表现为在动态性的资本化过程中各项土地权能的进一步独立化和物权化，能够以独立于所有权（使用权）的独立权利形态而存在，但归于土地所有权（使用权）是其最终的圆满状态。具体来讲，二者存在以下三个共同之处：第一，在中国特殊的产权制度环境下，主要表现为“收益权”从使用权权利束中分离并独立出来，权利人有权要求在未来约定的一段时间内对土地资本化增值收益进行再分配。第二，不论农村土地资本化还是城镇土地资本化，都有必要借助信用、货币和金融的中介和桥梁作用，使固化在土地“实物”中的市场价值和实际的使用价值得以分离，因此，金融工具和金融市场的广泛运用，对农村土地资本化和城镇土地资本化的媒介作用都是十分显著的。第三，农村土地资本化和城镇土地资本化发展的高级阶段都具有证券化的特征。农村土地资本化和城镇土地资本化在发展的初级阶段，大致表现为抵押、转让、入股等经济活动，而在发展的高级阶段，都同时具备了进一步证券化（如发行债券、基金、信托等）的可能性，使土地的市场价值不仅与使用价值，更与土地的经营价值进一步分离，使得土地权利表现的形态更为复杂、细致。

4.5 总结与评述

因中国现行土地制度的特殊性和二元性，城乡土地产权在结构、性质、对象和内容上皆有所不同，因此，在坚持社会主义土地所有制度的前提下，依据“二分法”原则，将土地资本化的客体划分为城镇土地使用权和农村土地使用权，对于前者而言，主要立足于土地财产形成的三个阶段划分，对每一阶段的土地资本化的对象、内容及形式作了相应介绍，指出现行的各种城镇土地资本化形式是城镇土地使用权有偿使用制度改革以来，在“经营城市”理念下的产物，凸显了土地要素在经济发展中的重要作用，同时，由于结构单一、不合理，是造成资源粗放、无序利用与实现城镇化工业化可持续发展矛盾的重要因素，因此，主张建立以显化和强化国有土地所有权权益为标志的政策性土地资本化（体系），建设国有土地资产运营收益的平台，以政策性土地金融工具有效参与对城镇土地市场的调节，促进城镇土地集约节约利用，维护市场的稳定、健康发展。而对于农村土地资本化，从时序上来看，是先于城镇土地财产形成三个阶段而存在的，若一部分农村土地通过征收等方式，则自动进入城镇土地财产形成的阶段，而基于耕地保护、农业可持续发展等目的，另一部分农用土地则不会发生用途改变。因此，在促进农村土地集约节约利用和建立现代农业体系的前提下，提出农村土地资本化的两个理论层次，即农村土地实物资产交易金融和农村土地权益资产交易金

融，并认为产权明晰、交易自由和保障完善是实施农村土地资本化必不可少的三大前提，并在此基础上，从理论上分析了农村土地资本化内容及机制。城镇土地资本化和农村土地资本化既具有相似性，又具有差异性。二者归根结底是土地财产形态在不同的时间范畴内表现出的具体形态，但空间演化的路径存在差异。其中，最大的差异在于城镇土地资本化和农村土地资本化对经济增长及经济发展转型的作用和影响不同。目前，城镇土地资本化对经济增长的影响可能比农村土地资本化对经济增长的影响更为显著，但在经济转型发展的视角下，农村土地资本化可能更具生存和发展的空间。尤其是对于破解二元结构难题，促进工业化、城镇化和农业现代化同步发展，农村土地资本化具有更为重要的作用。为此，以下章节将结合具体的调研、论证和分析，从分析城镇土地资本化对中国经济增长的作用入手，论证当前城镇土地资本化对经济增长的“瓶颈”作用，同时尝试构建科学、合理的实施路径，揭示农村土地资本化在实现城乡统筹发展、助推中国经济转型发展中的重要性。

第5章　土地出让对地方经济增长的贡献：基于土地出让金与GDP增长相关性的Logistic分析*

以上章节在回顾了我国自改革开放以来土地资本化的实践，并依据现行土地制度的特征，尝试提出了基于“二分法”基础上的土地资本化的内涵及形式，接下来，本章的研究任务是将进一步考察土地资本化在中国经济增长中的贡献及这种贡献对中国经济发展转型的意义和启示。

5.1　对本章研究对象和选取指标的说明

5.1.1　如何理解土地资本化与经济增长的关系

从西方经济学的理论视野来看，在不存在技术和制度创新的前提下，经济增长的内生因素取决于物质资本和人力资本的决定性作用，而土地作为物质资本中的不变固定投资部分，对经济增长的作用是中性的。但这一观点不能用于解释中国自改革开放以来经济高速增长的原因。主流的观点认为，中国经济长期持续增长的主要动力来自于资本的贡献（张军，2002），而资本积累的源泉在于居民的高储蓄。但如果仅仅依靠居民储蓄转化的投资，是不足以支撑中国年均GDP超过10%的高速增长奇迹的。投资组合的一个重要组成部分，即政府投资，被大多

*本章内容撰写过程中对外经济贸易大学国际商学院肖韵博士付出了辛勤劳动和心血，在此致以真挚感谢！

数经济学家认为是形成中国经济，尤其是自20世纪90年代以后高速增长的一个具有决定性的诱因。但是，自1994年分税制改革后，地方各级政府虽然也一直积极努力向公共财政体制转变，但地方财政资金的供给远远不能满足对城市基础设施建设资金的需求。地方政府可支配财力在全国总财政收入中的比例为45%~50%，但地方本级支出占全国财政总支出的70%~75%，在《预算法》明确规定地方政府必须保持财政收支平衡，不得赤字经营，也不准发行地方政府债券的前提下，地方政府是如何弥补这一财政赤字缺口的？秘诀就在于以国有土地所有者的身份，对土地资源进行资本化贴现，实施扩张性的"土地财政"政策，在短期内获得了土地用途转换的资本化增值收益，并用于经营城市，拉动了地方经济的高速增长。陶然等（2009）认为所谓的"土地财政"，就是地方政府以土地作为政策工具，为开拓地方预算内（制造业和服务业税收）和预算外（土地出让金）财政收入来源，在区域竞争中通过低价、过度供给工业用地以及高价、限制性出让商业、服务业用地的行动而采取的财政最大化策略。[①] 由于中央政府采取将GDP发展指标纳入对地方政府官员的绩效考核和升迁过程，这种预算外的财政激励无疑为地方提供了一条最优的发展本地经济的路径，且呈现出"地方政府竞争竞标赛"效应（周黎安，2007；徐现祥等，2007）[②]，地方政府利用"土地财政"发展本地经济的冲动越来越不可抑制。例如，Lichtenberg 和 Ding（2009）通过对中国东部沿海10省市1996~2004年的数据进行实证分析后发现，政府财政收入每增长1%，城市空间用地的扩张就增加0.15%~0.16%。[③] 因此，土地资本化与以政府投资拉动的地方经济增长有显著的关系。张良悦等（2013）进一步将地方政府的经济行为概括为"土地贴现、资本深化与经济增长"的竞争模式。[④]

这里所称的土地资本化，其本质是地方政府通过行使法定的土地所有者权利，通过规划调整、农地征用、储备和出让等手段，将大量农地资源进行流动性贴现，短期内形成了大量的储蓄并转化为投资所形成的资本积累。这使得资本存

---

① 陶然等：《地区竞争格局演变下的中国转轨：财政激励和发展模式反思》，《经济研究》，2009年第7期。

② 周黎安：《中国地方官员的晋升竞标赛模式研究》，《经济研究》，2007年第3期；徐现祥等：《地方官员与经济增长——来自中国省长、省委书记交流的证据》，《经济研究》，2007年第9期。

③ Lichtenberg Erik and Ding. Local Officials as Land Developers: Urban Spatial Expansion in China. Journal of Urban Economics, 2009 (66): 57-64.

④ 张良悦等：《土地贴现、资本深化与经济增长》，《财经科学》，2013年第3期。

量 K 在短期内大幅提高，成为推动经济增长的加速器。现有研究主要利用修正的生产函数模型和索洛增长模型，从土地要素投入与经济增长的关系的角度进行相关的实证研究（武康平、杨万利，2009；李明月、胡初枝，2005；丰雷，2008；等），但不足之处在于土地要素投入以土地市场交易价格指数和基期土地面积进行估算。但采取土地要素投入作为基础变量的不足之处可能在于：土地并没有直接作为生产要素进入生产过程，而是通过资源的资本化不断进行贴现的（张良悦，2013），且这一贴现主要体现在地方政府行使土地征用权，使农地转化为城镇建设用地所导致的巨大增值收益，而非是在房地产开发阶段形成的。因此，从这一层面上讲，研究政府土地出让收入与地方经济增长（GDP）的关系对理解土地资本化在经济增长中的作用具有直观的意义。由于土地资本化这一概念的宽泛性，土地出让收入与经济增长的相关关系，不一定能够全面代表土地资本化在中国经济增长中的贡献和影响，但出于"二分法"的抽象考虑，此处所指的土地资本化，重点指的是农地转化为建设用地时的资源价值贴现这一过程，且关于土地出让收入的数据较为清晰和完整，更重要的是，土地出让收入能够在客观上代表城镇土地资本化的一般水平，因此，接下来我们将以此为变量，重点研究它与地方经济增长的相关性。

5.1.2　指标选取

根据第 3 章的研究内容，自 20 世纪 80 年代末实施城镇土地使用权出让制度改革和 1994 年分税制改革以来，在新的税收体制内，地方的财政收入的一个重要来源是土地出让后的增值收益，且"以地生财"成为分税制后地方政府的刚性需求，这构成了近 20 年来以快速工业化和城镇化为标志的中国经济增长的重要动因（蒋省三等，2007）。[①] 从现有研究进展来看，辛波、于淑俐（2010）[②] 以土地财政性收入（土地出让收入+土地相关税收收入）、除土地相关税收外其他税收收入和其他地方收入为自变量，GDP 为因变量，选取某一省 1994~2007 年的样本数据进行实证研究，得出结论：土地财政性收入对 GDP 的影响程度最大，且土地财政性收入每变动 1 个单位，GDP 将变动 8.147 个单位。这表明土地财政性收入

① 蒋省三、刘守英、李青：《土地制度改革与国民经济成长》，《管理世界》，2007 年第 9 期。
② 辛波、于淑俐：《对土地财政和经济增长相关性的分析》，《农村经济》，2010 年第 3 期。

是引起经济增长的重要原因，且经济增长对土地财政具有很强的依赖性。这一研究结论与杜雪君、黄忠华、吴次芳（2009）[①] 选用 1998~2005 年的土地出让收入指标研究土地财政与经济增长相关性得出的结论基本一致。进一步，陈志勇、陈莉莉（2011）[②] 从一个更宏观的角度研究了土地财政与经济增长的关系。为研究 2000 年以来财税体制变迁、地方“土地财政”模式与中国经济增长的关系，用 2000~2009 年我国省级面板数据进行了计量分析：财税体制的调整使地方政府更为倚重房地产业，依赖土地出让收入进行基础设施建设，从而促进了经济增长。

目前国内相关的研究侧重于分析土地财政在地方经济增长中的作用，所以，大多数研究选取了“土地出让收入”作为分析土地财政与经济增长相关性的核心指标。“土地出让收入”是一个财政意义上的术语，是地方政府将收取的部分（分期缴付）或全部土地出让金（一次性缴纳）就地缴入地方国库的收入。而土地出让金是土地使用者通过出让方式（招、拍、挂）应缴纳的全额价款，本质上是土地所有者出让土地使用权若干年限的地租之总和，因此，它比土地出让收入更能反映土地资本化的经济学意义及丰富内涵，所以，用土地出让金这一指标更能直接地反映土地资本化在地方经济增长中的作用。在前述相关研究的基础上，本章拟用这一指标，试图从城镇土地使用权出让定价和交易的角度，分析它与地方 GDP 增长的相关性，这对于进一步深化土地资本化在经济增长中的作用及贡献具有重要意义。

5.2 变量选择与模型设定

5.2.1 变量选择

依据以上分析，土地资本化在经济增长中的作用主要体现为土地财政与宏观经济波动的关系。自城镇土地使用制度改革以来，土地出让收入成为地方政府增

① 杜雪君、黄忠华、吴次芳：《中国土地财政与经济增长——基于省级面板数据的分析》，《财贸经济》，2009 年第 1 期。

② 陈志勇、陈莉莉：《财税体制变迁、“土地财政”与经济增长》，《财贸经济》，2011 年第 12 期。

加社会投资的“第二财政”，因此，土地出让收入和地方 GDP 之间必然存在深刻的因果关系。目前由于城镇土地使用权定价及交易市场比较成熟，土地资本化路径集中表现为地方政府垄断土地一级市场以获得“土地财政收入”，将获得的土地资本化增值收益用于城市经营的过程。在前述章节中，认为城镇土地使用权出让是土地资本化第一层级中的核心内容，故研究土地出让金在拉动 GDP 增长中的贡献，实质上是对土地资本化在经济增长中贡献这一术语的直接性表述。同时，由于影响城镇经济增长的变量很多，要判断土地出让金对经济增长的影响，需结合其他因素进行综合考虑。因此本研究借助城镇经济增长模型对引起城市经济增长的多个变量同时进行回归分析，探究各变量之间的长期均衡关系以及在诸因素中土地出让金系数的显著性。

5.2.2　模型构建

根据相关理论，在经济增长过程中，固定资产投资和城市化水平是影响城市经济增长的重要因素，故本书采用城镇经济增长函数为：

Y（GDP）= f（P，K，L）

Y、P、K、L 分别代表国内生产总值（GDP 是国际公认的反映经济增长的比较有效的指标）、土地出让金、固定资产投资（从与经济增长相关的生产要素来讲，固定资产投资是形成生产能力的基础，与经济增长密切相关）和城市化水平。

5.3　土地出让金与 GDP 增长的实证研究（1990~2009 年）

在本节中，主要运用时间序列分析法分析和检验土地出让金与 GDP 增长的因果关系，并进一步结合分省数据，即 2001~2009 年全国 30 个省市自治区（除港澳台地区和西藏）（下同）的 4 个变量连续 9 年的面板数据进行分析，进一步研究土地出让金与 GDP 变化的数量关系。

5.3.1 全国总量数据的时间序列分析（1990~2009 年）

由于我国城镇土地使用权制度改革始于 20 世纪 80 年代末期，因此，本研究选择 1990 年作为分析的基准年，其使用的全部数据来自于《中国统计年鉴》、《中国土地年鉴》和《中国国土资源年鉴》，时间序列起止时间为 1990~2009 年。

5.3.1.1 样本数据说明

（1）GDP：来源于《中国统计年鉴》（1990~2009），全国以及分地区生产总值数据、全国以及分地区生产总值指数（上年为基数）。通过计算，获得以 1990 年为基数的全国生产总值指数和以 2000 年为基数的各地区生产总值指数，从而得到以 1990 年为基数的全国生产总值和以 2000 年为基数的各地区生产总值。

（2）K：来源于《中国统计年鉴》（1990~2009）中的固定资产投资金额、固定资产投资价格指数，通关换算得到以 1990 年为基数的全国固定资产投资价格指数和以 2000 年为基数的各地区固定资产投资价格指数，并计算得到以 1990 年为基数的固定资产投资金额和以 2000 年为基数的固定资产投资金额。

（3）P：通过固定资产价值指数将当期土地出让金换算成以 1990 年为基数的全国土地出让金和以 2000 年为基数的各地区土地出让金。

（4）L：城市化率的计算是用城镇人口除以总人口。

表 5–1 土地出让金在 GDP 增长中的作用描述性统计分析

年份	以 1990 年为基期的 GDP（亿元）	1990 年不变价的固定资产投资（亿元）	1990 年为基期的土地出让金（亿元）	城市化水平（%）	lnY	lnK	lnP	lnL
1990	18667.82	4449.29	10.24999992	26.41	9.834557	8.4005	2.327278	3.273743
1991	19946.43	5030.868	95.27700982	26.37	9.900805	8.523348	4.556789	3.272227
1992	21589.49	6221.594	424.8984442	27.63	9.979962	8.735781	6.05185	3.318902
1993	24854.11	7794.119	362.8132955	28.14	10.12078	8.961125	5.893888	3.337192
1994	29975.85	9277.078	203.6070256	28.62	10.30815	9.135302	5.316192	3.354106
1995	34093.46	10712.87	178.1211123	29.04	10.43686	9.279201	5.182464	3.368674
1996	36287.48	11821.2	180.8540791	29.37	10.49923	9.37765	5.197691	3.379974
1997	36836.49	12618.84	222.7971954	29.92	10.51424	9.442946	5.406262	3.398527
1998	36520.34	14400.77	253.2568882	30.4	10.50562	9.575037	5.534404	3.414443
1999	36061.99	15195.9	275.3926152	30.9	10.49299	9.628781	5.618198	3.430756
2000	36805.65	16572.67	309.395492	36.22	10.51341	9.71551	5.73462	3.589611
2001	37561.23	18660.75	668.517171	37.66	10.53373	9.834178	6.505062	3.628599

续表

年份	以 1990 年为基期的 GDP（亿元）	1990 年不变价的固定资产投资（亿元）	1990 年为基期的土地出让金（亿元）	城市化水平（%）	lnY	lnK	lnP	lnL
2002	37780.66	21769.55	1239.241201	39.09	10.53955	9.988267	7.122255	3.665867
2003	38767.32	27209.72	2654.694328	40.53	10.56533	10.21133	7.884085	3.702042
2004	41447.23	32681.07	2973.388727	41.76	10.63218	10.39455	7.997458	3.731939
2005	43076	40516.92	2256.658126	42.99	10.67072	10.60947	7.72164	3.760968
2006	44706.67	49462.03	3632.212507	43.9	10.70788	10.80896	8.197597	3.781914
2007	48105.25	59431.57	5287.198438	44.94	10.78115	10.99258	8.573044	3.805328
2008	51856.43	68684.41	6142.3092	45.68	10.85623	11.13728	8.722956	3.821661
2009	51548.74	91481.68	6997.420007	46.59	10.85028	11.42389	8.853297	3.841386

资料来源：《中国土地年鉴》和《中国国土资源年鉴》（1990~2009）。

5.3.1.2　时间序列的平稳性检验

在进行回归前先检验数据的平稳性是为了避免方程出现“伪回归”的现象，这里首先对数据取对数，对数化的目的是缩小数据的数量级，也降低了波动性，容易达到平稳。检查序列平稳性的标准方法是单位根检验，这里我们采用常见的 Augmented Dickey-Fullertest（ADF）检验方法，ADF 方法中原假设为：序列至少存在一个单位根。

应用 EViews 软件处理后，时间序列的平稳性检验结果如表 5-2 所示。根据表 5-2 的 ADF 检验统计结果，在 0.05 的显著性水平下，lnY、lnP、lnL 序列拒绝原假设，也就是说 lnY、lnP、lnL 序列均不存在单位根，都为平稳序列，而 lnK 存在单位根，是不平稳序列，我们通过差分的方法消除序列中含有的非平稳趋势，结果说明 lnK 为二阶平稳序列。

表 5-2　全国数据平稳性检验——ADF 检验统计结果

	ADF 统计量	概率 p 值 **
lnY	11.7825	0.0028
lnK	0.11084	0.9461
D（lnK）	0.87827	0.6446
DD（lnK）	8.25796	0.0161
lnP	8.17947	0.0167
lnL	16.0337	0.0003

注：** 表示显著性水平为 5%。

5.3.1.3 进行协整关系检验

由单位根的检验结果可知，在全国数据中，虽然 lnY、lnP、lnL 序列均为平稳序列，但 lnK 序列本身并不是平稳序列，为了化为平稳序列后的时间序列模型便于解释，我们对数据进行 Johansen 和 Juselius（1990）提出的 Johansen 协整检验。利用协整检验可以证明，即使每一个单独序列是非平稳的，这些时间序列的线性组合序列却可能是平稳的。因此，协整关系的存在，意味着各变量的线性组合具有稳定的均衡关系。

进行协整关系检验的检验结果见表 5-3：在 1%显著性水平下，ADF 统计量 7.802，对应的 p 值为 0.0901，所以拒绝存在单位根的结论，即残差序列是平稳的，也就是说该回归并不是伪回归。在 0.1 的显著性水平下，lnY、lnK、lnP 以及 lnL 之间存在协整关系。这就证明了 ln（GDP）、ln（R）、ln（K）确实存在长期稳定的均衡关系。也就表明固定资产投资、土地出让金和城市化程度对城镇的经济增长有显著影响。

表 5-3 全国数据协整检验统计结果

	ADF 统计量	概率 p 值*
Panel ADF-Statistic	7.802	0.0901

注：* 表示显著性水平为 1%。

5.3.1.4 格兰杰因果检验

协整关系只能说明变量之间的长期均衡关系，协整检验的结果只能说明土地出让金对城镇经济增长的影响是显著的，但是并不能说明变量之间存在必然的因果关系。土地出让金（土地资本化）和经济增长之间的因果关系可以通过格兰杰（Granger）因果关系进行分析。因此，可以对 lnY 与 lnP 作 Granger 因果检验，从结果可以看出，在 0.05 的显著性条件下，拒绝原假设“lnP 不能 Granger 引起 lnY”，lnP 是引起 lnY 的 Granger 因，而 lnY 不是 lnP 的 Granger 因。即土地出让金与 GDP 互为格兰杰因果关系，说明土地出让金增加会促进城镇 GDP 的增长，具体结果见表 5-4。

表 5-4 全国数据格兰杰因果检验统计结果

原假设	Obs	F-统计量	概率 p 值**	结论
lnP 不能 Granger 引起 lnY	18	11.0077	0.0016	拒绝
lnY 不能 Granger 引起 lnP	—	3.25754	0.0713	接受

注：* 表示显著性水平为 5%。

5.3.2　全国各省市的面板数据分析

接下来，我们采用面板数据模型，利用 EViews6.0 进行计算。因为面板数据模型结合时间序列和横截面两方面的数据进行分析，可以有效克服样本数量少的缺陷，增加估计的无偏性和有效性，并可以分析土地出让金与经济增长之间的关系。

采用的模型是：

$Y = AK\beta_1 P\beta_2 L\beta_3 U$

对该方程取对数得：

$\ln Y = \ln A + \beta_1 \ln K + \beta_2 \ln P + \beta_3 \ln L + \ln U$

设 $\ln A = \alpha$，$\ln U = u$，则用于实证检验的计量模型可以表示如下：

$$\ln(Y_{i,t}) = \alpha_i + \beta_1 \ln(K_{i,t}) + \beta_2 \ln(P_{i,t}) + \beta_3 \ln(L_{i,t}) + u_{i,t}$$

其中，i 代表各省份，t 代表计算期（2001~2009 年），α_i 代表每个省份所具有的不随时间变化且无法观测到的个体效应，$u_{i,t}$ 代表误差干扰项，$Y_{i,t}$ 代表省份 i 在 t 时期的国内生产总值。

先将 2001~2009 年全国 30 个省市自治区的 4 个变量连续 9 年的面板数据处理（类似于上述对全国总量数据的处理），再引入模型进行分析。

采用 Hausman 检验来确定模型类型。

计算步骤：

（1）对面板数据取对数；

（2）对各变量数据进行单位根检验；

（3）根据检验结果，在 0.05 的显著性水平下，无法认为模型存在随机效应，因此本书采用固定效应模型。

EViews 自动估计相应的固定效应模型，计算检验统计量，显示检验结果。模型为：

$$\ln(Y_{i,t}) = 6.340671 + 0.148696\ln(K_{i,t}) + 0.020566\ln(P_{i,t}) + 0.102236\ln(L_{i,t}) + u_{i,t}$$

T=（13.01018）（3.377762）（2.139344）

p=　0.0000　　0.0009　　0.0334

$R^2 = 0.997347$

计算结果：lnp 的回归系数是 0.020566，t 统计量对应的 p 值=0.0009，表明土地出让金增长率对经济增长有显著影响，土地出让金增长率每提高 1 个百分点，会拉动经济增长率提高大约 0.02 个百分点。R^2 为调整系数，越接近 1 说明模型越有效，该模型 $R^2=0.997347$，说明模型比较有效。具体结果见表 5–5。

表 5–5　固定效应模型建模结果

变量	Coefficient	标准差	t－统计量	概率 p 值**
C	6.340671	0.149702	42.35516	0.0000
lnK?	0.148696	0.011429	13.01018	0.0000
lnP?	0.020566	0.006089	3.377762	0.0009
lnL?	0.102236	0.047788	2.139344	0.0334

注：** 表示显著性水平为 5%。

5.4　土地出让对 GDP 增长贡献的含义：讨论及启示

5.4.1　研究的结论及含义

以上分析表明：土地出让金与 GDP 增长之间存在较显著的相关性；且土地出让金对 GDP 增长的贡献率约为 2%，即土地出让金增长率每提高 1 个百分点，会提高 GDP 大约 2 个百分点。这是基于全部 30 个省市的面板数据分析得出的一般化结论。本结论的含义是：

5.4.1.1　土地出让对地方经济增长具有直接的贡献

自 20 世纪末期实施城镇土地使用权有偿使用制度改革以来，土地的“资产”属性越来越显著，并在“分税制”的财政体制下，使地方政府能够以土地所有者的身份直接享受土地资本化带来的积累和剩余，并通过既有的制度空间，将这种积累和剩余进一步转化为发展本地经济的强劲动力。土地资本化与经济增长的关系可以直观地通过土地出让金与 GDP 增长的实证研究得到证实：土地出让金的增长将导致 GDP 一定程度的增长。

5.4.1.2　土地出让对区域经济增长的贡献程度存在差异

根据表 5–4 的数据可以看出：在不同的区域，土地出让金对 GDP 增长的拉动作用存在差异。在经济较发达的区域，土地出让金与 GDP 的相关系数较小，

而在经济欠发达的区域，土地出让金与 GDP 的相关系数较大。这一结论与张昕（2011）的结论基本一致。根据丰雷、魏丽、蒋妍（2008）对土地要素对经济增长的贡献的结论为：不同地区的经济增长源泉不同，东部地区更多地依赖于资本的贡献（87.62%），中部地区的土地要素贡献突出（17.66%），而西部地区劳动的贡献显著（14.93%）。这大致说明东部经济发达地区经济发展在很大程度上摆脱了对土地要素投入的依赖；而在中部和西部经济欠发达地区，其经济增长仍在很大程度上依赖于土地和劳动力要素的投入。

5.4.1.3　土地出让对经济长期增长的作用已逐渐逼近临界值

根据表 5-1 土地出让金在 GDP 增长中的作用描述性统计结果可以大致看出，在 1990~2009 年这一时期内，土地出让金由 1990 年基期的 10.25 亿元增长到 2009 年末期的 6997.42 亿元，其绝对值增长了约 699 倍，但自进入 2000 年以来，对经济增长的贡献大约稳定在 7%~9%左右。根据相关研究，土地要素投入对经济增长的作用在长期中保持在 11%左右（毛振强、左玉强，2007①；丰雷等，2008②），因此，这一结论的引申含义是：继续依靠“土地财政”为主的土地资本化模式来拉动经济增长，必定会遭遇其“瓶颈”，这种单一的土地资本化模式在长期中是不可持续的。

5.4.2　土地出让对经济增长的作用：启示与思考

本章主要选择了城镇土地资本化的核心指标——土地出让金作为主要的计量分析依据，以 1990~2009 年的全国总量数据和 2001~2009 年全国分省的面板数据为样本，分析了土地出让金与经济增长的相关性，得出了土地出让对拉动经济增长具有积极影响的这一结论。土地出让实质上是通过土地资源资本化贴现的方式，使地方政府在短期内获得了非正式制度的财政融资，以城市整体经营的方式拉动了经济的增长。同时，由于不存在技术创新和人力资本的积累，且对民间储蓄向实业投资产生了一定的“挤出”效应，在带动房地产经济繁荣的同时，也积累了大量的资产泡沫，从长期看，这一单一的土地资本化模式对经济增长的积极作用必将难以持续。这一结论值得深思，它引申出一个重要的理论问题：为什么

① 毛振强、左玉强：《土地投入对中国二三产业发展贡献的定量研究》，《中国土地科学》，2007 年第 3 期。

② 丰雷、魏丽、蒋妍：《论土地要素对中国经济增长的贡献》，《中国土地科学》，2008 年第 12 期。

以“土地财政”为核心的土地资本化模式在长期经济增长中不可持续？

从工业化与城镇化的关系来看，城镇土地资本化实际是改革开放以来国家实施城镇优先的经济发展战略的产物。一方面，通过城乡二元分割的经济和社会制度，国家将大量的农业剩余转化为加速工业化的资本积累；另一方面，国家通过确立城镇土地资源有偿利用的制度，将土地资本化收益转化为支撑城镇化加速扩张的又一资本积累，在此双重“资本积累”的效应下，近 30 年来中国经济以平均约 10%的速度增长，但在此表象之下，隐藏着一个深层次的问题：城镇化与工业化的发展速度不匹配，城镇化滞后于工业化发展的速度。我国目前工业化阶段大致处于“重新重工业化阶段”（简新华，2011）①，与之相对应的应该是城镇化基本实现阶段。根据发达国家在相似发展阶段的经验，这一时期的城镇化比率大致在 60%左右，而截至 2011 年年底，我国城镇化率达到 51.27%，但真正户籍意义上的城镇化率约在 40%左右（陈锡文，2011）②。土地的资本化并未对人口城镇化产生显著的、积极的影响。按照传统的土地资本化路径：土地征收—“生地”储备—“熟地”出让的规则，仅有小部分被征地农民通过“征地农转非”的形式成为城镇居民，此外，大部分进城农民的土地则无法通过这一资本化的路径来积累自己在城镇可持续发展的资本，而且，国家根本也不可能通过大规模的土地征收来提高人口的城镇化率，所以，现行的土地资本化路径虽然在促进工业化和城镇化的快速发展中起到了积极作用，但在长期中，不能有效解决工业化和城镇化发展速度不匹配的问题。

从资源利用和产业发展的关系来看，现行体制下以土地使用权出让为标志的土地资本化进程直接导致了我国房地产投资开发及相关产业的飞速发展和耕地保护的矛盾。根据国土资源部的数据显示，1998~2005 年这一中国城市化最快的时期，我国城市建成区面积由 2.14 万平方公里增加到 3.25 万平方公里，年均增长 6.18%，但相应地，在此期间全国耕地年均净减少 110.37 万公顷。一方面，在政府“土地财政”的利益驱使机制下，房地产业和建筑业成为地方的支柱产业，成为 GDP 增长中最主要的因素，拉动了经济的高速增长；但另一方面，耕地被城

① 简新华：《中国工业化和城镇化的特殊性分析》，《经济纵横》，2011 年第 7 期。

② 中央农村工作领导小组办公室主任陈锡文接受《人民日报》（北京）记者采访时表示，现有的城镇化模式不可持续，城镇化率也存在“虚高”现象，即在城镇连续居住超过 6 个月，便统计为城镇人口。但实际上，仍有 10%~12%的城镇人口是农民工及其家属，他们并没有充分享受到城镇的公共服务和社会保障。

市建设和房地产开发大量占用，使得我国的粮食安全受到威胁。随着城镇化进程加快、人口增加带来的消费压力，我国粮食消费以每年90亿斤的速度递增，粮食供求的缺口越来越大，在耕地总量不足的前提下，又由于大量农民外出务工导致耕地浪费、撂荒等问题，更使得我国在加快发展的同时如何解决好“吃饭”这个基本的命题尤为重要。因此，如果沿袭以资源（土地）高投入、高消耗和高增长的经济增长模式，这一矛盾在不久的将来将会越来越突出。

从土地资本化的利益分配与社会稳定的关系来看，土地资本化的利益分配不公可能会加速社会阶层的分化，而这一分化，很可能不利于和谐社会的建设。在城镇土地资本化的第一个环节，即征地过程中，征地的土地增值收益只有20%~30%留在乡以下，其中农民的补偿款占到5%~10%；地方政府拿走土地增值的20%~30%；开发商拿走了土地增值收益的大头，占40%~50%（李军杰，2007）[①]。而且往往由于暗箱操作、征地补偿分配混乱，乡镇、村、组、农民之间缺乏可操作的分配方法，导致了大量的上访、对抗事件（刘田，2002）。近年来，全国1/3以上的群众上访事件是因为土地问题，其中由征用农民土地而引起的高达60%以上（杨帅、温铁军，2010）。另外，据统计，每征用一亩地，就会伴随着1.5个农民失地，按照一些学者的估算，现在失地农民的数字以每年200万~300万的速度逐渐递增，在未来的20~30年里，将会增至1亿人以上，这样庞大的失地农民群体必然会成为影响社会稳定的一个重要因素。在城镇土地资本化的第二个环节，即在土地出让过程中，直接导致了政府“设租”和企业“寻租”的可能性，虽然土地使用权以较透明的市场公开方式出让，但因官僚意志、监管缺乏等因素，极易滋生腐败的温床，近10年来地方官员的腐败案件多与此有关。最后，开发商、银行及相关利益团体，通过房地产产品“按揭”销售这一途径，获得了大部分土地资本化的增值收益的折现价值，而将成本和风险转嫁给了普通的购房者，使之沦为“房奴”，导致了城市居民整体福利水平的下降和社会消费结构的失衡。如果在未来经济增长中不能通过合理资本化的路径，使土地这一稀缺的公有资源在市场化过程中得到更为公平、合理的分配，必将不利于整个社会的稳定、和谐发展。

---

① 李军杰：《土地调控应着力土地利益的再调整——兼论当前土地调控的政策效应》，《中国物价》，2007年第10期。

第 6 章　农村土地资本化：中国经济转型发展视角下土地资本化的必然选择

第 5 章主要探讨了城镇土地资本化在中国经济增长中的作用，经研究发现：城镇土地资本化对中国经济增长起到显著的拉动作用，但同时也是造成工业化和城镇化发展失调、资源粗放利用、社会分配不公等问题的深层次原因之一。这些正是中国经济由外延式增长向可持续发展方式转型时期必须解决的重要问题。目前，以城镇土地有偿使用为核心的土地资本化对经济增长的拉动作用已逐渐逼近临界值，因此，它对于中国经济稳定转型发展的作用不具备可持续性。在本章以及以下的章节中，本研究将立足于城乡统筹发展的角度，致力于研究农村土地（使用权）资本化对破解城乡二元结构、促进中国经济稳定转型发展的作用，以及这种资本化方式的可行性、关键环节和重点路径。

6.1　农村土地资本化对促进中国经济转型发展的意义

缩小城乡收入差距是统筹城乡发展的核心内容之一，是中国经济在转型发展时期追求的重要目标。发展经济学理论表明，加快农业现代化发展是经济增长的源泉（Schultz，1964）①，通过农业剩余劳动力不断向城市非农部门转移和土地资源的集约利用，能够使农业生产部门的边际生产率逐渐提高，最后和城市非农生产部门的边际生产率形成一致，从而完成工业化过程中的小农经济改造，使城乡二元经济结构消失（John C. H. Fei，Gustav Ranis，1961）②。现阶段我国农村有

① ［美］西奥多·W. 舒尔茨：《改造传统农业》，北京：商务印书馆，2007 年。

② 龚建平：《费景汉和拉尼斯对刘易斯二元经济模式的批评》，《求索》，2003 年第 3 期。

大量农民向城市部门转移，以务工（工资）收入的形式参与了工业化成果的分配，但农民的另一种资源，即土地，难以通过有效的制度安排实现资源优化配置[①]，所以，农业部门的生产率很难与城市非农部门的生产率实现协调发展，城乡二元结构越来越显著（文贯中，1999；蔡继明，2001；姚洋，2002；周其仁，2004；项继权，2011；王力，2011）。

中国改革开放30多年来的渐进式改革方式，使以家庭联产承包责任制为核心的农地产权制度得以长期“稳定”[②]。这种土地权利关系，一方面为改革开放以来农业经济增长奠定了重要基础，在20世纪80年代成功解决了中国人的吃饭问题；但另一方面也对城镇化进程中农民对土地的经济决策和行为模式产生巨大影响，使农民在向城市部门转移时，不愿意主动放弃农村的土地（保障）权利，从而造成土地配置和利用效率低下、农业生产率难以提高、农村经济发展缓慢、农民持续增收困难。为此，在坚持农村土地产权关系“稳定”的前提下，有必要对其中某些不适应经济转型发展要求的体制和环节进行重新思考和设计，通过构建可行的农民土地资本化途径，优化农村土地再配置效率，实现农业剩余劳动力向城市“充分转移”和土地经营权向农业企业“集中转移”，使工业化、城镇化和农业现代化协调发展，更好地破解城乡经济发展的二元结构难题。

6.1.1 践行农村土地资本化的紧迫性

从目前我国的经济发展阶段来看，我国正经历着工业化、城镇化的现代化进程，这一时期是我国从经济“二元结构”向“一元结构”过渡的重要历史时期，也是重要的社会转型时期。实践证明，工业化和城镇化是推动我国经济持续强劲增长的强大动力，但同时也埋下了一个深刻隐患：在工业化、城镇化快速推进的同时，我国的农业现代化进程并没有按照理论预期同步推进，农村和城市的差距越来越大，“三农”问题越来越突出。主要表现为：[③]

一是农民人均纯收入与城市居民可支配收入的差距不断扩大。1980年，城

① 蒋省三、刘守英：《土地资本化与农村工业化——广东省佛山市南海经济发展调查》，《经济学》（季刊），2004年。

② 叶剑平、丰雷、罗伊·普罗斯特曼等：《2008年中国农村土地使用权调查研究——17省份调查结果及政策建议》，《管理世界》，2010年第1期。

③ 该部分一些内容参考了吴康明：《转户进城农民土地退出的影响因素和路径研究——以重庆为例》，西南大学博士论文，2011年12月。

乡人均可支配收入比为2.5:1，而到2010年，城乡人均可支配收入比为3.22:1。从收入增幅来看，1978年到20世纪80年代中期，由于家庭联产承包责任制落实，农民收入增幅较大，城乡差距较小；90年代后，由于比较利益等原因，农业收入在农村家庭收入的占比不断下降，农民增收越来越困难。

二是农业经营兼业化现象突出，农业劳动生产率降低。大量农村劳动力进入城市务工，务工收入已成为农民家庭收入的重要来源，土地经营在农户经济中的重要性不断下降，但“离乡不离土”，土地保障功能越来越明显，所以，理论上预期的农村劳动力进入城市后，农村土地规模经营的现象并未发生，相反，却导致了农村劳动力素质下降，土地集约化、精细化程度降低，撂荒地的规模不断扩大。

三是耕地保护形势越发严峻。中国城镇化进程中一个明显的理论悖论在于：城市建设用地和农村居民点建设用地出现“双增长”态势，这就对耕地保护形成了“双重”压力。而实践证明，后者是侵占耕地更为重要的因素。这主要是基于两方面原因：一方面，农民进城务工赚钱后，回老家农村置地建房或在原住址上扩大建房规模和面积；另一方面，农民分家析户的影响，导致农村建房规模越来越大。因此，农民建房用地面积的无序增长构成了耕地保护最大的压力。

四是提高农村土地流转效率成为全国范围内十分紧迫的问题。沿海发达地区，农民主要收入来自于非农产业，因此，土地入股、租赁、反租倒包等土地流转形式很有市场；而在中西部经济欠发达地区，土地主要为农民提供了基本生存保障的功能，但由于区位、市场信息不对称等因素，土地流转的形式还有待于进一步显化和增长，这些都需要进一步的制度完善和规范。

五是进城农民的社会影响和社会冲突现象显现。这主要包括两方面：一方面，没有形成统一、科学、完善的进城农民的社会保障制度安排。在住房、就业、医疗教育等基本的社会保障问题上，还存在二元性的特点，导致农民不能真正融入城市社会，更不愿主动放弃自身土地，造成了进城农民同时拥有城市和乡村两种资源，即利用城市资源以提高家庭收入，利用乡村（土地）资源作为其基本的生存保障。另一方面，城市化、工业化的快速发展造就了庞大的失地农民群体，成为全国性的问题。据统计，目前全国失地农民已经超过了2000万，且年均增长数量超过200万，近年来全国信访事件中，涉及征地纠纷的就占到了40%以上。

那么，这些问题是值得深思的。在中国工业化和城镇化依旧高速发展的未来预期下，同样存在人多地少等农业资源禀赋差的长期性矛盾与短期内无法获得根本性改观的事实，如何既要保证耕地总量平衡和质量不降低，又要满足城镇化、工业化发展进程中对土地资源和要素的有效需求？如何寻求一条破解“三农”问题的途径，促进农村改革发展，破解城乡二元经济社会结构迷局？答案就是必须转变经济发展方式本身。经济发展方式包括资源和要素的利用方式、产业结构发展方式、区域发展方式以及收入分配方式等，其中，资源和要素的利用方式在决定当前我国经济发展方式转型中具有基础性、本质性的作用。因此，要实现经济发展方式的转变，必须首先实现资源和要素利用方式的转变，即必须提高资源和要素的质量和使用效率，实现资源和要素配置方式（空间最优布局、要素贡献比例协调、市场价值均衡）的最优组合，形成社会主义市场经济体制转轨下“帕累托最优”状态，最终实现经济社会的包容性增长和可持续发展。因此，对资源和要素，尤其是以集约化、节约化提高土地资源利用效率，是在经济方式转型发展时期实现和农业现代化协调发展的关键，这是现阶段中国城乡二元经济结构理论的核心问题，更是实现未来中国经济持续、稳定发展必须要面对和解决的重大现实问题。

6.1.2　践行农村土地资本化的必要性

总的来说，中国农村土地制度改革大致经历了三个阶段：第一阶段，1978~1984 年，由农民自下而上推行土地家庭承包制改革，后被国家所承认，农民获得了相对独立的土地承包经营权；第二阶段，1985~2003 年，在家庭承包制的基础上，各地因地制宜，尝试了如“两田制”、“反租倒包”、土地股份合作制等各种制度创新，总的方向是“大稳定、小调整”，且中央多次出台政策以稳定和保护农民的土地承包关系，农民土地承包经营权的物权化趋势进一步加强；第三阶段，2003 年至今，《农村土地承包法》和《物权法》颁布并实施后，农民的土地承包经营权作为正式的法定物权被巩固下来，标志着土地承包经营权作为一种独立财产权的形成。

同时，对于农村建设用地而言，由于我国二元土地结构的固有属性，农村乡镇企业、农民自建住宅以及集体经济组织的公共设施和公益事业所需的建设用地，可不经过国有土地征收程序，只需办理农用地专用手续即可。由于相关主体

是集体经济组织本身或内部成员，在取得农村建设用地时无须支付相应费用，故集体建设用地的流转也就受到限制（张晓山、李周，2008）[①]。然而，随着城镇化快速发展，对农村建设用地流转的需求不断增加，但在现行制度下严格限制了农村建设用地的流转，使城乡建设用地供需矛盾进一步加剧，这使得集体建设用地以转让、入股、联营、兼并、置换等形式的"隐形交易"时有发生，在利益机制驱使下，农民私下改变土地用途或占用耕地进行非农建设，甚至一些村社与开发商联营开发建设"小产权房"，造成耕地减少、土地交易市场秩序混乱、土地收益分配不公等一系列问题。集体建设用地流转受限，如农民宅基地不能像集体经济组织以外的居民或城镇居民流转，这使得农民不能通过城乡一体的土地交易市场分享工业化、城镇化发展带来的土地增值收益，且更重要的是，由于征地补偿缺少市场化交易的参照，农民的土地权益受损，加剧了社会矛盾冲突。

因此，实际上农村存在两种不同性质的土地权利：一是农用地使用权，《物权法》将之明确为具有占有、使用和收益的权能；二是建设用地使用权，其中最重要的一种是农民的宅基地使用权，《物权法》将之明确为具有占有和使用的权能。从权利内涵上讲，农民的土地承包权比以宅基地使用权为主体的农村建设用地使用权更具备较丰富的权能，但从实践来看，由于农业土地用途管制、农业经济效益低以及农业土地零碎、分散和农民"恋土情结"等因素限制，城乡居民参与农村土地规模经营的意愿相对较低。另外，由于农村建设用地总量大、市场价值明显等特点，城乡居民参与其流转的意愿较高，所以，在农村出现了一个现象是：尽管现行土地立法鼓励农民自愿流转承包地，但多数农民在进城务工后宁愿撂荒，也不愿意将土地流转出去，且一些城市资本出于利润最大化的考虑，也不愿意轻易投资农业；尽管现行土地立法限制了宅基地等农村建设用地在本集体经济组织之外的流转行为，但城市资本、集体经济组织和农民往往能以较低的成本达成一致，以各种或明或暗的形式将之进行流转。

在这种现象背后，是耕地锐减与农村土地粗放式经营并存、农业农村发展资本缺乏和农村土地市场价值难以彰显并存、农民的土地权益分配不公和农民持续增收困难并存的事实。这是中国经济在高速增长的同时城乡差距不断拉大、"三农"问题越来越显著的集中表现。从推进工业化、城镇化和农业现代化协调、同

---

① 张晓山、李周：《中国农村改革30年研究》，北京：经济管理出版社，2008年。

步发展这一点来讲，如何正确对待和解决好农村土地市场化问题，是破解经济发展中的二元结构、实现中国经济发展方式顺利转型的一项重要命题。

前述章节曾经分析到，农村土地资本化价值是土地未来收益贴现值的总和。农村土地资本化的应用价值主要体现在三个方面：

第一，土地资本化比土地征购更能维护农民的土地增值权益。在土地利用用途发生改变时，现行的征地制度依据的原则是基于农民对土地既有投资和既享各种土地综合补贴的补偿，但却未对农民在将来剩余的土地权利期限内可能发生的经济收益进行贴现。其本质是政府利用行政权力侵占了农民的土地财产权，并由用地单位按低标准代为进行“隐形产权置换”补偿，而非双方公开显性的产权交易，而农民在“隐形产权置换”补偿中遭受的损失，成为制约被征地农民生存和发展的根本问题（徐汉明，2004）①。这种“隐形产权置换”的实质是用较低的经济成本对土地为农民提供的就业、生存保障的价值进行补偿，但不承认农民土地的交换价值，而这一交换价值本身包含农民土地资本未来租金价值的折现，也即土地发展权价值（毕宝德，2004）②，它直接表现为农民无法分享到土地由农业用途变为非农建设用途时的巨大增值收益。而土地资本化通过市场交易机制的作用，对农民在整个土地权利存续期限进行收益流的总贴现和合理分配，不但能保证在土地征购时，农民能够享有市场化的投资补偿，更能使农民获得在土地征购后剩余权利存续期限内应有土地增值收益，这即是说，通过土地资本化，农民的土地使用权价值（生存权、经营权和保障权）和土地使用权的交换价值（土地发展权）能够同时得到实现，更能够体现土地作为农民的财产性权利，为农民在失去土地以后提供可持续的发展的资本积累，这有利于弥补现行征地制度侵占农民土地权益的弊端，更有利于提高农民收入、缩减城乡收入差距。

第二，土地资本化更能够提高农地流转的效率。现阶段国内农地流转的主要形式是农业企业或种养大户承包或租用农民分散、零碎的土地进行规模化经营。但农业企业或相关主体支付给农民的年租金，不是按当期收益算出来的当期收益量（张跃进，2004）③，而是大致按照农产品的平均价格对农民进行支付。而土地资本化是根据真实的市场利率（市场平均投资回报率）对单个农民从持有和经营

① 徐汉明：《中国农民土地持有产权制度研究》，北京：社会科学文献出版社，2004 年。

② 毕宝德：《土地经济学》（第四版），北京：中国人民大学出版社，2004 年。

③ 张跃进：《农村土地使用权资本化的几个问题》，《江西财经大学学报》，2004 年第 5 期。

土地取得的全部收益进行贴现，这就使农民在流转土地时，能够获得包含劳动要素、土地要素、资本要素和管理要素的全部收入。这不但将提高农民流转土地的收入，更能提升农地流转的效率。因为在家庭耕种的条件下，土地要素太少，资本要素远远不足，但劳动要素太多，这将严重制约土地的产出能力。如果通过土地适度集中和规模化经营，则会增加土地要素、扩大资本要素、减小劳动要素，这将提高土地产出量，这意味着农地使用权资本化的价值再度提高，将进一步形成农民自愿流转土地的激励机制，并加速农村劳动力转移。我们尝试作一个粗略的假设，截至 2008 年年底，全国耕地约 121715900 公顷（数据来源：2011 年《中国统计年鉴》），折合为 1825738500 亩，若按照耕地纯收益为 557 元估算[①]，则可大致估算国内耕地使用权资本化价值约为 1.02 万亿元。根据国家统计局 2012 年 2 月颁布的《2011 年经济和社会发展公报》，2011 年我国的 GDP 为 47.16 万亿元，则大致算出农村土地（农用地）资本化价值对经济增长的潜在贡献约为 2.2%，但如果将土地资本化对于提高农地规模化利用效率产生的累积和放大效应因素考虑进去，则对经济增长的影响和贡献可能远不止于此。

第三，土地资本化能够促进农村非农建设用地集约化利用。家庭经营模式下的小农经济产生的另一个重要问题是农村土地的粗放利用，尤其是宅基地等非农建设用地侵占耕地、闲置浪费的现象严重。由于农村“田宅合一”的传统观念、宅基地等建设用地行政审批制度缺陷、农户分家析户、村镇规划滞后等因素影响，农村建设用地利用存在“建新不拆旧”的特征。一方面，无序侵占耕地，是我国耕地流失的重要原因之一（严金明，2002；韩康，2008；等）；另一方面，由于农民外出务工和集体土地产权退出制度存在缺陷等因素，宅基地等占而不用，“农村空心化”的趋势日趋严重，造成宝贵土地资源的巨大浪费（孟祥仲、辛宝海，2006；于华江、王瑾，2008；等）。土地资本化的另一个重要作用是：通过市场化的价格形成和交易机制，能够运用货币、信用等金融手段，有效连接城乡建设用地市场，并通过城乡建设用地增减挂钩机制，显化农村非农建设用地的经济价值，从而形成农民自愿退出闲置宅基地等农村建设用地的激励机制（鲍

① 根据 2011 年《中国统计年鉴》，2010 年度，第一产业对 GDP 的贡献值是 40533.6 亿元，假定第一产业全是农业，以此推算每亩耕地的产值约为 2227 元，扣除农业投资成本后，假设收益率为 25%，则每亩耕地的收益大致是 557 元。当然，根据农业用地具体用途和农产品的市场价值差异，各类农用地的纯收益存在很大差异。以上仅为一个估算值，并未得到权威部门或数据的验证。

家伟、陈霄，2012)[①]。同样，我们可以尝试作一个粗略假设和估算：截至 2010 年年底，全国农村户籍人口 67113 万，农村居民每户拥有住宅（宅基地）面积为 128 平方米[②]，按一户约 3.5 口人计算，则全国宅基地占地面积约为 3689 万亩。按照目前进城务工农民约 2.4 亿人次计算[③]，则进城务工农民在农村闲置的宅基地约为 1319 万亩。根据国内各地平均宅基地退出标准，假设农民自愿退出宅基地的补偿为 10 万元/亩[④]，则农村闲置宅基地的潜在价值约为 1.32 万亿元，如果能够通过土地资本化等系列制度创新，这笔庞大的资产形成的资本积累和放大效应，不但将会形成强劲的经济增长来源，更能够为进城务工农民提供持续性的土地退出财产性收益，使他们能够除了以工资性收入之外，还能以土地财产性收入参与对工业化、城镇化发展成果的分配。

因此，农村土地资本化对中国经济增长的潜在贡献和作用不可忽视。在城镇土地资本化对经济增长作用的“瓶颈”作用越来越显著时，农村土地资本化很可能是如何发挥土地要素对中国经济转型发展的积极作用的重要内容。它对于增加农民收入、加速农村劳动力转移、建立农业现代化体系、缩小城乡二元结构具有极为重要的意义。

6.2 农村土地资本化：基于权利束剥离和收益还原法的模型

前述第 4 章曾经论述了农村土地资本化的前提、内容和机制，并从理论探讨的角度探讨了农村土地资本化的一般化概念，但当时并未对什么是农村土地资本化和农村土地如何资本化进行更为深入的理论分析。本章分析了农村土地资本化

---

① 鲍家伟、陈霄：《城乡建设用地增减挂钩的三个平衡》，《经济体制改革》，2012 年第 1 期。

② 资料来源于 2008 年第二次全国农业普查主要数据公报（第四号）。

③ 2011 年 9 月 13 日《人民日报》刊登，据国家统计局监测调查结果显示，2011 年，全国农民工总数已达到 2.4 亿人。

④ 据重庆市宅基地退出标准，能复垦产生地票的废弃闲置宅基地的补偿标准为 12 万~15 万元/亩，不能复垦产生地票但农民自愿退出废弃闲置宅基地的补偿标准约为 10 万元/亩。作保守估算，此处取最小值。

在中国经济转型发展时期的紧迫性和必要性，接下来，将利用土地权利束剥离和地租理论的分析工具，对农村土地资本化的内涵做出一个更为准确的概释。

6.2.1　什么是农村土地资本化

资本化的基础前提是必须要具备明确的产权。结合前述相关研究结论，本研究所指的农村土地资本化实质上是农村土地使用权的资本化。按照现代土地产权理论，具有占有、使用、收益和处分四项权能，在现实的中国社会主义土地公有制所决定的“两权分离”的前提下，一项完整的土地使用权也应该包括这四项权能。在不发生土地流转行为的前提下，占有和使用权能是合二为一的，它表现为个体农民经营土地并取得农业收益。此时，该项土地使用权的使用权能是单一的。在发生土地流转行为的前提下，占有和使用权能是分离的，表现为流转方让渡出土地的占有权，即受流转方占有土地，对土地进行经营和利用，但流转方仍然可以保留其余权能，其权利动态演化路径如图 6-1 所示。

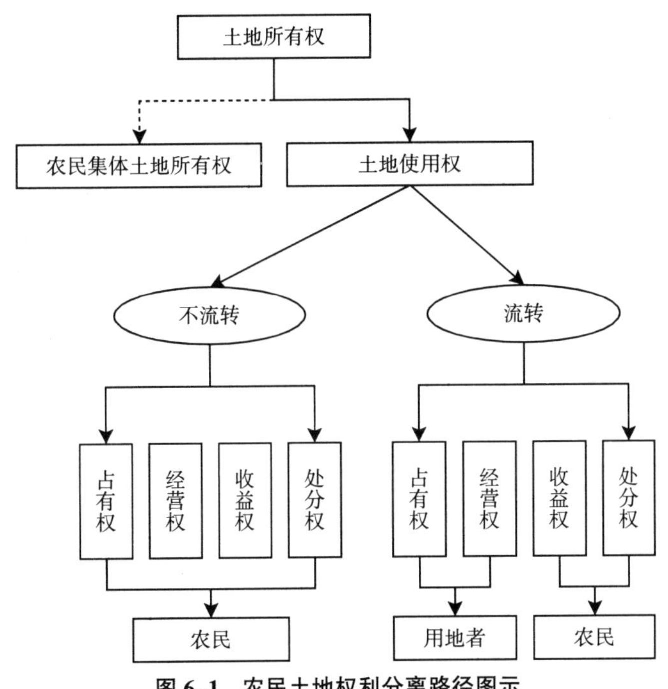

图 6-1　农民土地权利分离路径图示

在土地权利第一次分离的条件下，即土地使用权从土地所有权权利束中独立出来，并逐渐形成具备相对完整权能的物权，其现实意义是农民取得了足够维持家庭生存的承包经营权和宅基地使用权；在土地权利第二次分离的条件下，即土地经营权从土地使用权权利束中独立出来，农民能够凭借收益权和处分权享有他人对经营自己土地的收益，其现实意义是农民能够在土地使用权流转中取得财产性收益。本书所指农村土地资本化即是在土地权利第二次分离的条件下，研究土地权利重组和细分过程中农民能够通过资本化这一工具实现自己持续性财产收益的组织形式、路径和分配方式。

6.2.2 农村土地资本化的一般理论模型：基于地租理论的分析

依据 6.1.1 中的分析，农民土地使用权的具体形态与土地是否进行流转有关。当土地不发生流转时，土地使用权处于较圆满的状态，表现为农民在土地上自主经营。此时，土地对农民提供的是集自我生存保障和持续发展为一体的功能，且这一功能通过实物化的自我土地经营这一行为来实现。在土地发生流转时，一方面表现为农民对他人经营自己土地要求收益分配的权利，这一权利同样表现为农民生存保障和可持续发展的两个内容，但与土地不发生流转时不同的是，这一权利是通过动态的货币化过程实现的，具体体现为土地流转过程中农民土地保障权的货币价值和土地发展权的货币价值，所以农村土地资本化的价值应该包括这两个部分。

按照马克思的地租理论，土地资本化是未来土地资产连续收益流的还原和折现。按照周诚（2003）、毕宝德（2004）、陈霄（2008）等人的观点，农民土地权利价值等于土地征收前的补偿与土地征收后由于土地用途改变后的一部分社会增值价值之和。按照此思路，将征地行为纳入较为广义的土地流转视角，即可以理解农村土地资本化价值为土地流转前农民对投资经营土地的补偿和土地流转后农民在剩余土地使用权存续年限的资本化收入两部分①。假设 t_0 为农民土地权利的初始日，t_1 为农民土地流转的发生日，t_2 为农民土地权利的期满日，定义农民土地保障权的资本化价值为 V_o，农民土地发展权的资本化价值为 V_d，农村土地资本化价值为 V，则有：

① 此处涉及不同种类的农村土地使用权形式。例如土地承包经营权的存续时限是 30 年，但宅基地使用权是一种完全福利性的权利，现行法律并未规定其权利的时限。本处出于方便分析的目的，假设农村土地使用权在理论上存在一个时限。

$$\begin{cases} V = V_o + V_d \\ \text{其中，} V_o = n \cdot R_o, \ (t_0 < t_1) \\ \text{其中，} V_d = n \cdot \dfrac{a}{r}, \ (t_1 < t_2) \end{cases}$$

上式中，n为该土地承载的人数，R_o为该地区城乡居民最低生活保障线确定的基本生活消费费用，a为农民定期收取的土地租金，r为市场利率。

以上仅为农村土地资本化的价值提供了一个分析框架。其中，V_o表述的是农村土地资本化价值中农民生存保障权的价值，V_d表述的是农民土地发展权的价值。若是农业用地用于流转，则V_d的数值为农民剩余土地承包年限中农地经营的租金流或收益流的现值；若是非农业用地用于流转，则V_d的数值可以参照城镇土地使用权存续年限内，对该土地之上进行非农业经济活动的租金流或收益流的现值进行确定。

6.3　农村土地资本化：案例及启示

关于中国土地制度的改革，没有统一的模式，只有不同的探索和试验；没有可以影响全局的突破，只有一点一滴地前进和积累（张曙光、刘守英，2011）①。因此，研究土地问题必须要“用脚研究”（黄小虎，2011）和用心思考，更要从底层实践和创新中发掘问题和经验。以下将搜集若干重要案例，以系统回顾和总结中国自改革开放以来各地农村土地资本化的做法和实践，提炼和归纳我国农村土地资本化进程中的关键问题，以进一步为思考农村土地资本化的方向和路径提供依据和参考。

6.3.1　农用土地资本化：案例分析

自农村家庭联产承包责任制实施以来，土地承包到户，农民自发的土地流转行为开始出现。进入20世纪80年代后，由于乡镇企业发展迅速，农民开始以

① 北京天则经济研究所主编：《中国制度变迁的案例研究》（土地卷）第八集，北京：中国财政经济出版社，2011年。

“离土不离乡”的方式转入非农产业就业，1987 年国务院做出了建立农村改革试验区的决定，允许在全国的一些地方试点探索农村土地适度规模化经营，其中比较有名的是山东平度的“两田制”。进入 90 年代以后，中央关于推进农地流转和适度规模经营的基调并未发生变化，中共中央十四届四中全会《关于建立社会主义市场经济体制若干问题的决议》提出了在农民自愿的前提下，可以采取转包、入股等多种形式发展适度规模经营。1997 年 8 月，针对第一轮土地承包到期后有些地方没有及时开展延长土地承包期的工作，甚至有些地方以各种名义随意改变土地承包关系，强行收回农民土地或强行推行土地规模经营，中央提出了“大稳定、小调整”的完善农村土地承包关系的意见，明确提出不提倡实行“两田制”。2003 年《农村土地承包法》进一步规定了土地承包经营权流转应该遵循“平等、自愿、有偿”的原则，强调“任何组织和个人不得强迫或阻碍承包方进行土地承包经营权流转”。2008 年中共中央十七届三中全会通过的《关于推进农村改革发展若干重大问题的决定》对农地流转进行了更系统的表述：“允许农民以转包、出租、互换、转让、入股合作等形式流转土地承包经营权，发展多种形式的适度规模经营。”

实际上，农地流转始终是在“稳定家庭联产承包责任制”的前提下，各地自发推进各种农地流转的形式创新，并逐步推动顶层政策的认可和规范。事实上，土地资本化在这三十余年内始终与农地流转相伴，其中有成功的经验，也有失败的教训。适时对之归纳总结，对下一步继续深化和完善农地规模流转具有重要意义。

6.3.1.1　农地（使用权）抵押

（1）贵州省湄潭县：农地抵押金融试验。湄潭县地处贵州省北部，是经中央 1987 年 5 号文件批准的中国首批改革试点县。1987 年，湄潭县作为农村土地制度建设试点县，实行了在承包期内“增人不增地，减人不减地”的改革措施。这一措施切断了新增人口与现有耕地再分配的联系。同时，随着人口的不断增加，农户在挖掘现有耕地潜力的同时，还有积极性去开发耕地以外的非耕地资源（荒山、荒坡、荒丘等）。因此，为非耕地资源开发和中低产田改造融资，湄潭县形成了建立一个能为农业提供中长期信贷的金融机构的思路。

贵州省湄潭县农地金融制度试验是我国早期探索以农地使用权抵押为核心的农地金融制度建设的产物。其基本的运行模式是：在中央和地方的资金、政策扶助下，成立专门的土地金融机构即湄潭土地金融公司（后更名为湄潭土地开发投资公司），向土地经营者发放农地使用权抵押信贷，服务于县域的非耕地资源开发项目。1988年8月，土地金融公司正式成立。1997年，湄潭县土地金融机构共形成550万元不良贷款，被责令撤销，其资产负债业务并入农信社，农地金融制度失败。

从体制层面上看，该土地金融公司是在中央政府和地方政府的鼓励和支持下组建的，具有典型的强制性制度变迁特征。但中央政府、地方政府、土地金融公司这三个利益主体有着不同的利益和价值取向，土地金融公司的日常经营管理受到各种干预。结果，地方政府成为最大的短期利益攫取者，土地金融公司在各种压力下业务中心偏移，资金大量沉淀，运行十分低效，经营陷入困境。

表6-1 湄潭县土地金融公司农业开发性贷款比重表①

时 期	农业开发性贷款（万元）	贷款总额（万元）	农业开发性贷款占贷款总额比重（%）
1988.8.15~1989.2.28	55.8	73.8	71.60①
1988.8.15~1989.4.30	51.8	121.8	42.53②
1988.8.15~1990.2.28	68.6	440.2	15.58③
1991.1.1~1991.12.31	121.7	457.2	26.62
1988.8.15~1992.9.31	210.6	1354.7	15.55

注：①、②栏目数字不包括从中国农村信托公司借入的世行贷款执行的数字。③栏目为从中国农村信托公司借入的世行贷款执行的数字。其他栏目为土地金融公司与土地开发投资公司自有资金放贷及世行贷款项目数字之和。

资料来源：根据土地金融公司及土地开发投资公司（1991年由土地金融公司改建）有关汇报材料整理。

从具体操作层面上看，土地金融公司在资金实力、风险控制、竞争实力上都存在问题。资金实力上，土地金融公司自始至终可支配的资金只有819.667万元，长期以来主要依靠贷款和拆借进行运营，不仅资金稳定性差，而且成本高昂。风险控制上，地方政府往往在项目论证不充分、市场调查缺乏的情况下授意土地金融公司发放贷款。竞争实力上，土地金融公司在存款市场上受网点布局限制，难以与农信社和邮政储蓄竞争，在贷款市场上受业务品种单一、资金成本高等限制，也难以与其他金融机构相抗衡。

① 罗剑朝、聂强、张颖慧：《博弈与均衡：农地金融制度绩效分析——贵州省湄潭县农地金融制度个案研究与一般政策结论》，《中国农村观察》，2003年第3期。

最后，土地金融公司的最终经营状况日趋恶化。截至 1997 年，湄潭土地金融机构共形成 550 多万元的不良贷款，因而被勒令撤销。湄潭农地金融制度试验失败。

（2）山东省枣庄市：农村土地产权交易所。为解决建立现代农业、实现土地规模经营的资金瓶颈难题，实现农民土地使用权抵押贷款的突破，山东枣庄市山亭区徐庄镇于 2008 年 9 月成立了全国首家农村土地产权交易所，为参与徐庄土地合作社的农户颁发了 280 份农村土地使用权证，并创出了三个全国“第一”：第一次创办了获得工商注册的土地流转合作社；第一次由区政府向农民颁发具有明确使用权、流转权、转让权和收益权的农村土地使用产权证；第一次建立了农村土地使用产权交易所。这标志着在国内各地的农村土地制度改革探索案例中，增加了一种新模式，村民可使用土地使用产权证作抵押，向信用联社申请贷款，进行农业基础建设和采购。

枣庄市农村土地制度改革由三个部分组成：首先，发放土地使用产权证。持有土地使用产权证的农户可以在其有效期限内，自愿经营或者进行农村土地流转，同时亦可将土地使用产权证入股经营或者作为抵押担保物。其次，从市自上而下建立市、县（区）、乡（镇）三级有形的农村土地使用产权交易市场，解决市场缺位问题。最后，地方政府出台政策引导农户走农业合作化的道路，以土地为纽带联系农户与合作社，解除参与合作农户的后顾之忧，调动农户参与合作社的积极性，同时通过制度设计避免农户的失地风险：一是农业合作社成员的构成比例，以土地入户的农户数不得低于总成员的 80%，其他成员不得超出总成员数的 20%；同时对投票表决权的票数进行限制，通过资金入户的社员投票权不得超过投票权总票数的 20%。二是构建农业保险体系，政府出资补贴涉农保险的企业的农业保险项目。三是对土地使用权抵押的额度和年限进行限制，抵押额度最多不得超过 1/3，抵押年限不得超过 3 年。

枣庄市农村改革的主要动力来自于农民，出发点是为了农民，是“自下而上”由农民自发开始的，做到了尊重农民意愿。改革的重点放在农业地区，而不是近郊区。向农民发放“土地使用产权证”的最终目的，是为追求土地规模效益。

（3）浙江省嘉兴市：土地流转经营权抵押贷款。2008 年以来，浙江省农村地区土地经营呈现出规模化、集约化的良好势头，但由于农村经营户一般没有有效的抵押物，其融资难题成为制约农业规模经营的重要瓶颈。为切实解决这个难

题，海盐信用联社与当地政府有关部门进行了有效的探索与创新。最近，该县成立了农村土地流转和产权交易服务中心，使农民的承包土地的流通有了一个合法、规范的交易平台。通过对流转土地进行有效的价值评估，为农村经营户获得抵押贷款创造了条件。

海盐县的农地流转有四个基本特征，即规模化、长期化、规范化、参与主体实力雄厚。这四个特征为农地抵押贷款的发放提供了较好的切入点，规模化、长期化确保了借款主体的资金实力、经营实力和偿债能力，规范化确保了农地流转经营权作为抵押品的合法性，使金融机构的法律风险得到了有效控制。

海盐县开办的农村土地经营权贷款全称为"农村流转土地经营权抵押专项贷款"，是抵押人将合法取得的流转土地经营权及地上（含地下）附着物作为债务担保抵押取得的贷款，通常抵押率不超过70%，贷款利率在基准利率基础上上浮20%，贷款须用于农业生产和农业开发。由于当地政府、金融管理部门和农村合作金融机构进行了多方面的前期准备工作，为贷款发放的依法合规、抵押品的处置变现奠定了基础。截至2009年8月末，海盐县农信社已对农村经营户进行"农钻通"抵押贷款授信730万元，发放贷款500万元。

海盐县实行土地承包经营权流转抵押贷款以来，在较大程度上满足了农户扩大农业生产经营的融资需求，效果较好。据统计，海盐县现有可流转土地为33万亩左右。根据当地政府制定的目标，到2012年，其中50%要进行流转。从2012年起，海盐的金融机构每年可根据17万亩土地的价值进行贷款，为现代农业提供金融支持，这将极大程度推动新农村发展。

（4）重庆市：土地承包经营权抵押贷款。重庆市是较早在省域范围内推行农村土地承包经营权贷款试验的地区之一。据统计，截至2009年年底，重庆市涉农贷款1570亿元，仅占全市贷款总额的17.9%，低于全国平均水平3.9个百分点；而农户贷款占比仅为2%，低于全国平均水平1.7个百分点。为破解农村金融"失血"，激活农村沉睡的土地资源，重庆市利用全国统筹城乡综合改革配套试验区的政策优势，于2010年出台了《关于加快推进农村金融服务改革创新意见》，将逐渐在全市推广农村土地承包经营权、农房、林权抵押融资，即俗称的"三权"抵押融资。

其基本做法是：首先，实施土地确权登记。到2010年年底，重庆市基本完成了全域范围内农房、宅基地、承包地和林地的确权颁证工作，为下一步大规模推行土地使用权抵押奠定了基础。其次，出台了《重庆市农村土地承包经营权、农村居民房屋及林权抵押融资管理办法（试行）》，将用于抵押的土地由之前仅限于流转的土地，扩大到所有农村承包经营权的土地；用于抵押的林地不仅包括商品林，还包括一般公益林等。农村土地承包经营权、农房、林权抵押融资时，其价值可以由抵押当事人协商确定，可以由其认可的评估机构经评估确定。最后，金融机构在处置抵押物时，可以依法拍卖、变卖和流转等。

重庆市推行农村土地承包经营权抵押最主要的创新之处在于建立了一套能够有效化解土地权利抵押权实现风险的规避机制。一是建立完善农村产权抵押融资风险补偿机制。通过整合农业发展及补助资金，建立全市农村产权抵押融资风险补偿专项资金。据称，首期风险补偿专项资金规模为 5 亿元，主要用于对金融机构因开展农村产权抵押融资产生的损失进行补偿，补偿比例最高不超过损失额 30%。二是建立农村金融风险分担机制，即实施了涉农保险和涉农信贷牵手合作机制。深入推进农业保险业务，重点扩大种植业、养殖业等农业生产项目的保险覆盖面，将涉农保险投保情况，作为银行授信要素，鼓励借款人对贷款抵押物进行投保，提升农业保险的渗透度。

截至 2011 年 12 月底，重庆市已累计发放“三权”抵押贷款 180 亿元，农业银行重庆市分行的林权抵押贷款余额达到 4.6 亿元；农房抵押贷款余额达 1700 万元；农村土地承包经营权抵押贷款余额近 700 万元。重庆农业担保公司开创了“政府 + 担保 + 银行 + 农户”的“三权”抵押融资模式。2011 年全年，涉及“三权”抵押的融资担保已达 7 亿元。

6.3.1.2　农地使用权信托

（1）陕西省杨凌区：土地银行。2008 年以来，陕西杨凌农业高新技术产业示范区为发展设施农业、精品苗木、经济林果、名优花卉、生猪养殖、奶肉牛、食用菌和小麦良种八类产业，在坚持家庭联产承包责任制的前提下，按照“依法、自愿、有偿”的原则，组建“土地银行”，将农户分散的土地承包经营权集中起来，推动土地经营权向种养大户、龙头企业和专业合作组织集中流转，实现了农地的集约化利用和农业产业的规模化经营。

该土地银行的性质是村两委会领导下的农民专业合作组织。其运作模式是：首先，在统一群众思想认识的基础上，由村两委会推荐威信高、能力强的人选，农户选举产生土地银行理事会、监事会及理事长和监事长，并报所在乡镇人民政

府审批；其次，吸纳农户会员入会。农户与土地银行签订《农村土地承包经营权委托流转协议书》，将土地使用权交付给土地银行，成为土地银行会员，即“存地”；再次，土地银行和专业合作社、入园企业签订《农村土地承包经营权租赁合同》，将土地对外转包和租赁，即“贷地”；最后，土地银行按照合同约定定期收取地租并兑现到户。

另外，在土地银行组建和运转中，政府实行区、乡、村三级服务管理体系：杨凌区政府负责制定园区规划，扶持引导农户发展农业产业，为土地流转提供政策保障；乡镇政府具体组织土地流转工作，成立专门的土地流转办公室，具体指导土地银行的业务工作；村两委会负责对该村的土地银行的实际运行情况进行监管，协调处理土地银行、专业合作社和入园企业的矛盾纠纷。

从杨凌土地银行的实施效果来看，一是优化农地资源配置效率，实现了农地的规模化经营。截至2009年年底，园区范围内共成立土地银行36家，涉及3个乡镇36个行政村共计1万多户农民，累计流转土地3.5万亩。通过土地集中流转，壮大了一批农业专业合作社，使粗放耕作的土地、闲置或半闲置的土地向专业大户集中，推广了农业生产技术，大幅度提升了农地的价值。二是促进了农村劳动力的转移，加速了城乡统筹发展进程。将农户零散土地连接成片实行专业化生产和规模化经营，使土地对劳动力的需求直接减少，促使了剩余劳动力向城镇非农产业部门和农业产业化部门转移。三是拓宽了农民增收渠道。农户通过土地银行流转土地，一方面，可获得固定土地租金收入，另一方面，既可通过外出务工获得工资性收入，也可选择到土地受让大户和农业企业中务工获得工资性收入。据统计，截至2009年年底，全区农民人均纯收入5744元/月，较上年增长了21.3%，增幅位居全省第一。

（2）四川省彭州市：农业资源经营合作社。2008年“5·12”汶川地震后，为适应灾后重建和农民生产方式的变化，加快农业现代化和资本化进程，实现农业规模化经营，12月底，彭州市首家农业资源经营合作社（土地银行）——磁峰镇皇城农业资源经营专业合作社正式挂牌营运。该皇城农业资源经营专业合作社采取村民自治、政府扶持、市场运作、合作经营的方式运行。

该合作社的运作模式是：第一，承包地经营权实行“银行”方式合作经营。农户将零散、小块、界线明晰的承包地经营权流转给农业资源经营专业合作社，合作社按照一定的价格给付农民租金（土地存款利息），再根据产业规划和种植大户对土地经营规模的需要，将土地成片划块转包给种植大户，种植大户付给合作社土地租金（土地贷款利息），合作社通过利息差获得收益。第二，种植大户和企业经营。农业资源经营专业合作社与龙头企业签订种植面积、产品要求和最低保护价的总协议；同时又与种植大户签订土地借贷协议和种植订单协议，由种植大户进行适度规模经营，并将产品卖给龙头企业；龙头企业在品种、技术、农资等方面通过农业资源经营专业合作社为种植大户提供服务，确保产品质量安全。第三，政府扶持。一是帮助农业资源经营专业合作社寻找龙头企业，并与种植大户进行对接，确保种植大户产品的价值实现最大化；二是帮助争取项目改善农业基础设施条件；三是开展田间农技培训；四是以低于市场价组织好质量安全的农资供应；五是对种植大户实施农机具购置补贴；六是组织好农民转岗就业培训，促进农民外出务工。第四，农业资源经营专业合作社的管理和监督。农民通过民主选举产生农业资源经营专业合作社管理委员会和监督委员会，对合作社进行管理和监督。

从彭州市土地银行的实施效果来看，一定程度上促进了灾后重建过程中农业生产方式的转变，同时促进了农地资源的集约化利用，并增加了农民的收入，即农民除了可以获得“存地”的利息收入外，还能够成为土地承包方的员工，获得额外的劳务性收入。目前，这一土地流转的模式正趋于不断完善。

6.3.2 非农用土地资本化：案例分析

农村建设用地资本化流转是农村土地资本化的重要内容。一方面，农村建设用地是指乡（镇）村建设用地，乡（镇）村建设用地是指乡（镇）村集体经济组织和农村个人投资或集资，进行各项非农业建设所使用的土地。主要包括：乡（镇）村公益事业用地和公共设施用地，以及农村居民住宅用地。其中，村居民住宅用地（宅基地）是农村建设用地中的核心部分。《物权法》规定：农民宅基地使用权具有占有和使用的权能。相对于土地承包经营权，宅基地使用权更被看作是一种保障农民基本生活的权利，因而，国家对宅基地流转的政策总体而言是更保守的。但另一方面，随着城市化的快速发展，一些城郊的宅基地具有极大的市场价值。这为各地在既有的政策和法律空间内进行适度的制度创新提供了激励。实际上，各地进行农村集体建设用地流转创新试验都体现了一个主要内容：“农村集体建设用地如何入市？”研究好农村建设用地资本化这一问题，将对于建立

"同权、同价、同市"的城乡建设用地使用权市场，进而对突破城乡统筹发展的关键性难题具有极为重要的启示意义。

6.3.2.1 广东南海：土地入股

20 世纪 90 年代初期，为配合农村工业化的推进，保障农户分享农村土地增值收益，满足城市化、工业化建设用地的需求，广东南海（现广东佛山市南海区）在经济联社和经济社的基础上做出了土地股份制的安排。1993 年 8 月，南海政府出台了《关于推行农村股份合作制的意见》，推行了"一制三区"的改革方案。"一制"是农民以土地承包经营权入股，管理区把土地集中起来，统一规划、统一经营、统一管理，建立管理区一级的社区股份合作制。"三区"归纳为两条：一是进行"三区"规划，把土地功能划分为农田保护区、经济发展区和商住区。二是将土地折股量化，即将农村土地、农户的土地承包经营权及村集体经济组织集体财产折价入股，制定股份公司章程，股东权利的范围、股东红利的分配及股东权利管理严格按照公司章程规定办理。该模式创新遵循的共同原则有以下几条：第一，只有村集体经济组织内部的成员才有权参与土地股份公司的土地分红，"人人参与，个个有份"的制度设计与安排使成员权益得到了切实的考虑；第二，年龄成为集体组织成员股份分配差异的依据；第三，在股权变动与调整时会充分体现人口变动、村集体经济组织成员变化的情况；第四，为了便于村社管理，特别是为了执行有关计划生育和治安管理等，额外设置了一些村集体经济组织成员获得股东权利或者参与股份分配的附加规定；第五，村集体经济组织的农户分享的股份数额具有较强的福利性，只能自己享受，没有继承权，不得赠送、转让与抵押。

"南海模式"的特征在于：一是对集体所有的土地进行结构性重组，通过土地股权化和资本化这一方式，实现了土地的"三权分离"，即村集体通过再造村集体经济组织——农村股份合作社，获得了对土地的支配权（占有权），农民则能够以集体经济组织成员的身份获得土地股权（收益权），而开办企业的投资者则可以通过市场化的交易，获得土地经营权（使用权）。二是这种土地资本化的方式是以社区成员权为基础的，具有不完全性和封闭性的特征。从严格意义上讲，南海推行的农村股份合作制实质上是社区股份合作制，具有"认知产权"的性质（折晓叶，2000），这就决定了其产权流动性差，且增加了其内部产权不稳定性的风险。

根据国务院发展中心土地制度研究课题组的相关研究，认为南海土地资本化实践的绩效主要在于集体建设用地以“入股”这种形式进入了市场交易，其成功之处在于①：

一是以集体土地资本化启动工业化进程，降低了工业化的门槛。正是这种灵活的土地使用方式，使民营企业和乡镇企业在珠江三角洲一带蓬勃发展，成为了20世纪90年代初期珠三角地区经济强劲增长的动力。

二是将土地非农化的级差地租保留在集体内部。集体将一块土地租给企业使用，一般年租金为6000元，企业至少要先交3~5年的租金。这样，集体和农民不仅可以一次性获得地租收益每亩1.8万~3万元，而且由于土地的集体所有制性质未变，他们还可以不断分享土地的级差收益。据南海统计局2000年对农村典型户的抽样调查，调查户中，人均总收入为9823元，其中集体分红的收入达到4429元，占总收入的45.1%。集体分红的收入主要来源于土地收益。到2008年，全南海村组两级股份分红人均水平达到2347元/人。

三是将农民的土地承包权变成可以永久享有的股份分红权，既保留了家庭承包制的合理内核，又将农民的土地收益权延伸到了土地非农化过程。

四是大量增加政府税收，弱化了政府“土地财政”发展本地经济的行为。推行新型农村工业化后，地方政府不再扮演投资者和经营者的角色，而是靠税收的增加来提供公共服务。2002年，南海地方财政收入达27亿元之多，其中民营企业对税收的贡献高达85%以上。

进入2000年以后，由于南海“撤市设区”并入佛山市，区位条件的改善、以劳动密集型为主的加工型企业向服务外包出口型企业转变的产业结构调整、《土地管理法》出台后中央政府开始实行严格的土地用途管制政策等因素，南海的工业化和城镇化模式发生了根本性的改变。“南海模式”造成了一系列问题：土地利用分散化和碎片化、低门槛招商导致大量高污染企业进入、土地利用和投资效率低下、公共基础设施投入不足。这些问题的产生，使政府和村集体之间争夺土地资源的矛盾日趋突出，政府开始越来越倾向通过规划和征收土地来实现对农村土地直接和间接的控制，这实际上是政府利用土地征收和土地财政这一土地资本化

① 蒋省三、刘守英：《土地资本化与农村工业化——广东佛山市南海经济发展调查》，《经济学》（季刊），第四卷第一期，2004年第10期。

的方式，替代了自下而上的农村土地资本化和工业化模式，这也预示着“南海模式”的终结。

6.3.2.2 江苏昆山：富民合作社的制度创新

20世纪80年代以来，位于江苏苏南的昆山乡镇企业得到飞速发展。一方面，进入20世纪90年代以后，由于自身规模小、内在竞争力不足、技术含量低等内在因素以及政策环境、规模企业进入等外部因素制约，乡镇企业日趋式微，造成大量农村集体建设用地闲置。但另一方面，随着昆山经济发展，外来务工人员租住当地农民房屋的需求旺盛，但受制于国家非农建设用地政策限制，农民无法自主地扩大住房供给。因此，如何高效利用土地资源和农民资金以实现经济增长与农民增收的双赢目标成为亟待解决的现实问题。因此，2003年左右，苏州市政府出台相关政策，允许农民以资金入股组成合作社租赁集体建设用地，建造标准厂房对外出租，年终按股分红。同年11月，昆山成为全省集体土地使用制度改革试点单位，允许农民集体直接以土地或将土地开发为标准厂房等出让出租，且与国有土地一样，可以出让、转让、出租、抵押和作价入股。供地方式主要以租赁为主，租赁价格由企业和合作社共同协商确定，3~5年适当调整一次，租金全部归农民集体所有。截至2008年，全市入社农户21347户，入社股金48961.9万元。其中，农户入股42905.46万元，集体参股6056.44万元，平均每户入股2.01万元。合作社主要从事标准厂房、打工楼、农贸市场及店面房出租经营等配套服务。①

其用地流程大致如下：将村集体通过土地复垦、整理获得建设用地指标“额度”，由本集体经济组织农户组成富民合作社租赁；在达到50户以上规模后，在符合集体建设用地规划的前提下，向国土部门申请建设用地指标，与农村集体经济组织签订土地租赁协议。土地租期一般在20年以上，租金5~20元/平方米左右，并规定每3年调整一次土地租金，每次调高幅度为30%，一年一交。同时，富民合作社向政府缴纳税收，并与用地单位签订厂房或不动产租赁合同，租期一般为3~5年，租金为100~120元/平方米。到期后，再次调整合同期限或租金，或寻找新的用地单位。

① 北京天则经济研究所主编：《中国制度变迁的案例研究》（土地卷）第八集，北京：中国财政经济出版社，2011年。

从富民合作社的绩效来看，农民在这一制度创新中获得了更多的土地增值收益，具体如表 6-2 所示。

表 6-2 昆山富民合作社收入、支出表（2004~2007 年）

单位：万元

年份	收入				支出			
	土地租金收入	其他经营收入	奖励返还	红利奖励	农户红利	集体红利	总提留	上缴税金
2004	—	4455.93	613.83	117.62	1176.35	381.54	357.15	424.21
2005	1583.41	4493.20	1271.94	237.45	2374.47	1006.85	805.23	902.65
2006	1926.14	5601.71	1096.11	332.13	3321.38	1400.48	501.63	1095.88
2007	2690.65	9317.96	1922.92	394.88	4080.27	1448.16	2015.34	1861.27

资料来源：北京天则经济研究所主编：《中国制度变迁的案例研究》（土地卷）第八集，北京：中国财政经济出版社，2011 年，第 190 页。

从这一土地资本化的制度创新绩效来看，具有以下特征：

一是以集体土地年租制代替土地出让制，能够降低企业的用地成本。在征地制度下，企业要获得城镇土地使用权，必须一次性缴纳土地出让金，会加重企业财务负担。而在集体土地年租制下，企业能够分期交付土地租金，有利于中小企业低成本快速发展。

二是节约了交易成本。用地单位租赁合作社的厂房或配套设施，使得企业与农民能够直接对话和谈判，减少了政府介入的中间环节，避免了行政操纵和交易费用。

三是发挥了企业集群优势。由于集体土地年租制下的企业低成本用地模式，富民合作社灵活地吸引了一大批中小企业和民营企业，促进了相关产业产业链的形成，凸显了企业集群优势。在 2004 年，昆山市新增私营企业 3300 家，个体工商户 6700 户，新增注册资本 50 亿元。到 2008 年，昆山市新增私营企业 4297 家，个体工商户 12668 户，新增注册资本达到 126.88 亿元。

6.3.2.3 北京市郑各庄：宅基地商品化

20 世纪 90 年代末，北京市郑各庄集体经济组织明确了利用本村集体建设用地资本化发展本地经济的思路。为此，郑各庄设立了村办企业（宏富集团），决定进行旧村改造，盘活农民宅基地，让农民搬迁上楼，据估计，每一户农户大致可获得 3~4 套公寓楼房。另外，节约出来的土地用于建造企业产业配套住房和商品房。这一举措不但为该村办企业创造了巨额资金，更改善了村民的居住环境，使郑各庄从一个传统农村成为现代城市社区。进而，宏福集团在农村集体建设用

地资本化上进一步做文章，自主推进村庄的工业化和城市化进程。其操作方式是：首先，通过自主规划、宅基地审批和土地用途转变申请，宏福集团逐渐盘活了宅基地节约的 800 亩集体建设用地和整理调整出的 1600 亩土地，拥有了共计 2400 亩农村集体建设用地的开发经营权；其次，宏福集团与郑各庄集体经济组织签订租地合约，以定期支付该农民集体 5000 元/亩的土地租金，获得了村域所有建设用地的规划权、开发权和经营权；最后，该集团对土地采用自用、入股、土地出租和厂房出租的方式，以自办子企业和以参股或合作方式引进企业，推进了村庄的工业化进程。

郑各庄土地资本化的特征在于：在土地集约节约利用的前提下，不是通过传统的征地资本化方式，而是推行宅基地等农村建设用地资本化和商品化，通过土地增值收益留存村庄内部，完成了自我发展形态下的村庄工业化和城市化的内部改造。这也许是郑各庄土地资本化最大的创新之处，“使历史遗留下的城乡二元结构的裂痕，正在被农民自己弥合；城乡二元结构所造成的城乡差距，正在被农民自己消除”。①

但是，郑各庄土地资本化面临着巨大的风险。第一，通过宅基地整理并开发出来的商品房，是典型的“小产权房”，不受法律保护；第二，郑各庄完成内部工业化和城市化的改造，是以牺牲大量耕地为代价的，据了解，郑各庄原有的 4000 多亩地中，至少有 1869 亩农地，但目前只剩下了 70 亩，一个村庄 96%的耕地变成建设用地，显然与国家严格保护耕地的政策背道而驰，如果将这种经验推广，则无疑是灾难性的（蔡继明，2011）；第三，郑各庄这种反传统的农民自主城市化模式，尽管已经投资了数十亿的基础设施投资和房地产业，但并不能形成合法性的财产——他们甚至不能以此为抵押获得银行贷款，这就引入了一个更令人深思的问题：在中国单一城市化路径的背景下，农民这种自主城市化的模式是否能够被承认？

6.3.2.4 重庆市：地票交易试验

“地票”试验是重庆市自成立全国统筹城乡综合改革配套试验区以来，在促

① 刘守英：《集体土地资本化与农村城市化——北京市郑各庄村调查》，《北京大学学报》（哲学社会科学版），2008 年第 6 期。

进农村建设用地流转方面实施的新做法。[①] 依据《重庆市农村土地交易所管理暂行办法》（渝府发［2008］127号文），所谓"地票"是指包括农村宅基地及其附属设施用地、乡镇企业用地、农村公共设施和农村公益事业用地等农村集体建设用地，经过复垦并经土地管理部门严格验收后产生的指标。它分为四个环节：①复垦。农村土地整治机构将闲置、废弃的宅基地及其他农村非农建设用地复垦为耕地。②验收。土地管理部门验收合格后，依照土地利用总体规划，腾出相应的建设用地指标，由市国土局向土地使用权人发给相应面积的"地票"。③在农村土地交易所开展"地票"交易（拍卖方式），其交易总量原则上不超过当年给重庆新增建设用地指标的10%。④"地票"在城镇使用时，纳入该年度新增建设用地计划，增加等量城镇建设用地，并在落地时冲抵新增建设用地土地有偿使用费和耕地开垦费，但前提在于必须通过"招、拍、挂"等城镇土地使用权出让程序，且办理好土地征收转用手续，完成对农民的安置。[②] 从运行的情况看，截至2011年7月26日，在土地交易所总计共组织成交"地票"194宗，实现收入103.3亿元。

一种观点认为，农民自愿退出宅基地，可以获得高于宅基地平均流转收益的收入、复垦为耕地的收入以及复垦务工收入。[③] 同时，也存在关于对"地票"质疑的观点。典型的如贺雪峰（2010）就认为，重庆进行"地票"的动机在于规避国家对新增建设用地指标的控制，指标突破是因，农民退地是果。后者只能够依据前者的规划被动退地。[④] 但对于这种指责，重庆政府给予了尝试解决的方法，重庆市将拿出50亿元周转金为土地流转托底，农民的宅基地退出补偿由农村土

---

① 地票试验的直接动机是源于弹性增加城镇建设用地指标，同时增加有效耕地面积。据测算，目前重庆农村人均生活用地在250米以上，而城市人均用地只有80多平方米，一家农户退出宅基地，就可节约170平方米的建设用地。若重庆市2300万农村户籍人口中有1000万人退出宅基地，并转户进城，按"地票"模式，则将节约17亿平方米建设用地，等于相应增加250万亩耕地。资料来源：田文生：《第三次土地改革——重庆模式破冰》，《政府法制》，2009年第2期。

② 邓力：《黄奇帆："地票"的含义及运行程序》，《农民日报》，2009年4月23日。

③ 重庆市国土局局长张定宇认为农民退出宅基地可以实现三种收入：一是"地票"价款收入，即财产变现的收入，"地票"交易发展到现在，按目前交易看，农民最低可获得每亩9.6万元，比在传统模式下宅基地使用权流转获得的收益或零收益多出数倍。二是复垦形成的耕地仍交由农户或农村集体经济组织耕种，直接增加了其土地耕种收入，按市场价核算，每亩每年可增加收入640~900元。三是农民参与农村建设用地复垦得到的务工性收入，一般每亩可获2000~3000元。

④ 贺雪峰：《地权的逻辑：中国农村土地制度向何处去》，北京：中国政法大学出版社，2010年，第308页。

地交易所平衡，只要农民愿意退出，就可形成“地票”，并通过重庆农村土地交易所实现“流转”。[①]但在农民自愿退出宅基地前提下实施“地票”，最大的创新意义可能在于这一试验显化了远郊区农村非农建设用地的市场价值，从而使远郊区或经济欠发达地区自愿退出宅基地的农户获得了超过本地平均水平的超额货币化补偿。[②]从“地票”收益反哺退地农民的补偿结构来看，15%的“地票”收益留给农民集体经济组织，85%的“地票”收益划归退地农户所有。应该说，这种分配方式，既尊重了土地所有权的价值补偿，又使土地使用权主体——农民得到了切实的实惠，是值得肯定的。

在“地票”试验的过程中，主要存在操作不透明、农民不了解政策、补偿过低、政策不完善等诸多问题。以重庆市江津区为例，依据《重庆市江津区人民政府关于实施集体建设用地复垦切实保护耕地全力推进城乡统筹的意见（试行）》（江津府发〔2010〕58号），统一复垦农户补助具体标准：①原房补偿，农户整户自愿放弃宅基地后，对其拥有合法房地产权证书并且结构完好的原有房屋，按照江津区先行征地拆迁的房屋基本补偿标准支付原房补偿；对其拥有合法房地产权证书但房屋已破损、不完整的废弃宅基地按房屋建筑占地80元/平方米的标准给予补偿。②宅基地补助，一是按照6000元/亩的标准给予农户构筑物、附着物补偿；二是按照6600元/亩的标准向集体经济组织支付所有权人收益，专项用于本集体经济组织基础设施以及社会保障体系的建设等。③住房补贴，自愿放弃宅基地使用权的农户，其本人及父母、子女到城市、集镇国有土地及巴渝新居购房或居住的，每证给予一次住房补贴，标准为3万元。但根据中国经济时报记者曾到“中国地票第一村”——重庆市江津区孔目村调研，接受采访的多位农民都表示，按照政府公开的补偿标准，他们根本没有达到该得的补偿水平。由于实施城乡建设用地增减挂钩项目与“地票”交易的内在矛盾，使区县政府缺乏“地票”生产的内在激励机制。由于2010年后全国试点推行城乡建设用地增减挂钩项目

① 重庆市市长黄奇帆在2011年3月举行的重庆市2011年户籍制度改革工作推进会议上的讲话内容。

② 重庆市市长黄奇帆认为：“地票”交易只有在整市范围内远距离置换才有意义，即在远郊区进行宅基地复垦整治、形成“地票”，并在农村土地交易所交易，获得“地票”的土地使用者实际上就获得了在主城规划区内征地的期权，因主城规划区范围内的土地使用权出让价格比远郊区城镇要高得多，这样，就形成了发达地区资金反哺欠发达地区农村、农民的渠道，因此，他反对区县在本地范围内也搞类似的小规模“地票”试验，认为这样毫无意义。以上观点来源于黄奇帆为全市宣传文化系统干部宣讲三届九次全委会精神的专题报告，2011年7月23日。

的政策，一些区县本身的建设用地指标吃紧，宁愿把指标留在本地，也不愿意将指标拿到土地交易所进行市场化交易，去"为他人作嫁衣裳"。如果这种现象在各区县普遍存在，那么自愿退出宅基地的农民最可能就是获得按照本地经济发展水平制定的退地补偿，而不能获得按照"地票"交易而形成的那85%的发达地区级差地租收益。因此，就必须完善"地票"生产、交易和利益分配中的若干环节，以保证经济欠发达地区农民在退出宅基地时能够最大化实现其货币化补偿价值。

6.4 结论及启示

本章在论述农村土地资本化对中国经济转型发展意义的基础上，根据土地用途分类的基本原则，对改革开放以来，我国在农地资本化和非农用地资本化两个领域内的实践做出了分析。主要结论有：

6.4.1 以农地使用权抵押为核心的农地资本化体系正趋于完善

改革开放以来，在坚持家庭联产承包责任制的基本前提下，农地资本化进程一直隐藏于农地流转的过程中。其中，是否允许农地抵押一直是学术界和政策制定者最关注的焦点。从各地的实践来看，农地抵押应该是农村土地制度改革的方向，同时也是农地资本化的核心内容。从贵州湄潭的农地抵押金融实践到重庆的"三权"抵押，农地承包经营权的抵押方式、主体、风险规避机制和抵押物处置方式都在不断完善，且从各地实施的效果来看，并未引起如某些学者担忧的由于农户无力还债而处置土地的社会风险（孟勤国，2000），而是在很大程度上盘活了农地资产，为农民扩大生产经营进行债权性融资提供了可靠保障。另外，近年来在某些地方的农地规模化流转和经营过程中，出现了一种新的土地资本化方式——"土地银行"，例如陕西杨凌和四川彭州市，通过土地集中出租的方式交付种养大户或农业企业使用，其实质是集"存地"和"贷地"职能为一体的土地流转中介机构——所谓的"土地银行"，承担了土地实物信托的功能，虽然这种模式目前还不成熟，还存在很多问题，例如农民、土地银行和企业虽然在短期利益

上已达成一致，但随着 CPI 不断攀升和农民租金购买力不断下降，长期利益的冲突可能是未来土地银行能否持续发展的重要隐患。另外，这种土地流转中介是否具有西方“土地银行”（例如德国、美国等）的功能，还得在实践中进一步完善和发展。但总的来说，这种以信托制的方式促进农地集约化和规模化流转和经营，对建立农业现代化体系具有十分重要的意义。

6.4.2 以宅基地使用权资本化为核心的农村建设用地流转体系正逐渐形成，且可能是未来农村土地资本化改革的方向和突破口

农村建设用地“入市”一直是国内当前土地领域研究的敏感问题。现实情况是：放开和规范农村建设用地“入市”已经迫在眉睫。《中共中央关于推进农村改革和发展若干重大问题的决定》以城乡一体化为目标，以消除城乡二元体制为重点，以形成城乡统一的土地市场为突破口，为农村建设用地改革提供了政策和制度空间。从各地的实践来看，其制度创新的目的都是为增加农民收入，促进农村建设用地集约化。但不管是上述案例涉及的集体建设用地土地入股、出租、置换或指标交易，都在一定程度上存在隐忧：在农村建设用地和农业用地巨大收益差的激励下，农民和村集体对将农业用地转为建设用地有着巨大的渴求，而一旦放开农村建设用地市场，中国的基本农田保护制度将面临最大的挑战。所以，农村建设用地资本化的前提是必须更加坚持、更加落实和保护基本农田制度，在坚持农民“自愿、有偿”的前提下，因地制宜、因时制宜，有计划、分步骤地推进农民退出闲置、分散宅基地等农村建设用地，促进农民集中居住，并切实保障农民退出宅基地等建设用地的资本化权益，同时对现行征地制度进行必要改革，消除地方政府“土地财政”的根源，这是建立城乡建设用地使用权“同权、同价、同市”、真正实现城乡统筹发展的切实可行路径。

第 7 章　农村土地资本化：关键环节、重点路径和保障

根据前述章节的研究结果：以“土地财政”为核心的土地资本化对中国经济增长的“瓶颈”作用将越来越显著，而以农村建设用地资本化为突破口，建立农村土地资本化体系，是促进工业化、城镇化和农业现代化同步发展的必要前提。因此，本章的研究任务是：在坚持农村家庭联产承包责任制的基础上，找准实施农村土地资本化的关键环节及相应的影响因素，并尝试提出可行的路径实施方案以及能够最大化保护农民土地产权权益的保障措施。

7.1　农村土地资本化的关键环节：农民土地退出

从前述的案例研究来看，农村土地资本化（信托、入股、出租等）得以实施的一个共同特征是：通过土地使用权和土地收益权的“二次分离”，已经脱离了实际的土地耕作，从而使土地能够向更有经营效率的大户、合作组织和企业集中。这实际上隐含一个事实：农民自愿退出土地，是农村土地资本化得以实施的重要前提[①]。农民这一土地退出的行为与土地征收方式的土地退出行为截然不同。前者是农民的自愿性行为，而后者是政府对农民的强制性行为。根据产权经济学理论，契约型的权利交易谈判比非契约型的权利交易谈判更具有经济绩效，更能够优化资源的配置。因此，农民自愿退出土地的行为是符合市场交易前提特征

① 如果是单独的农户以扩大生产经营为目的，以土地使用权为抵押向银行贷款，则不存在土地退出行为。

的，接下来，将进一步研究农民是否具有这种“自愿退出土地”的潜在意愿以及相关的影响因素。

7.1.1 农民土地退出的内涵

农民土地退出，是指在农民土地使用权主体不发生根本改变的前提下，农民保留土地收益权能，同时退出土地占有权能和土地使用权能的行为。进一步，需要界定的问题有：什么样（何种类型）的农民需要退出土地？农民退出的是什么样的土地？农民向谁退出土地？这些土地在性质上属于何种权利？当然，讨论这几个问题，必须要建立在两个基本原则之上，即农户自愿、有偿的原则。如果是通过强制性的政治安排，使农民非自愿性地退出土地，且土地的补偿价值得不到合理的市场化体现，那么，这种所谓的土地退出，是不符合本书讨论对象要求的。

7.1.1.1 基本原则

（1）自愿原则。自愿原则是指，对于土地退出的决策而言，在一个比较合理的政策安排制度中，农民立足于自身的基本条件（认知能力、家庭条件、就业状况、收入结构、土地数量等），对退出土地的成本—收益进行理性的比较和判断，进而做出自主决策的行为。

（2）有偿原则。有偿原则是指，农民退地的行为必须符合市场交易的基本规律，如果从抽象的角度把农民退地的行为理解成为一种商品，该商品的购买方就必须支付与之等量价值的货币。这里面包含两个含义：一是农民土地退出有价。理解这一点是相对容易的；二是农民土地退出的价格合理。理解好这一点十分重要。价格合理至少应该包括两个层面：一是对该土地的即时价格作出货币补贴；二是基于土地资源的稀缺性、土地价值自然增值性以及长期货币预期贬值性，还应该对农民丧失的依靠该土地在法定剩余未来年限进行生存和发展的这部分“未来机会成本”进行合理的定价和补贴。

7.1.1.2 农民土地退出的内涵界定

（1）主体。从广义的角度讲，包括在自愿前提下愿意退出土地的一切农民。

（2）客体。农民的“土地”是一个较广泛的概念。从土地类型上来说，农民主要具备三种类型的土地：承包地、宅基地和林地。从土地权属性质的角度来讲，农民实质上是具备这三种土地的“使用权”，它在法律上表现为两大用益物

权形式：一是土地承包经营权，包括承包地使用权和林地使用权；二是宅基地使用权，专指农民对宅基地的使用权。因此，结合现行法的规定，农民退出“土地”的客体可理解为“两权地”。

（3）对象。如果农民采取退出土地的决策—行为方式，一个重要的问题是：向谁退出土地？这涉及一个问题：农民是将土地退给国家还是将土地退给集体？本书认为，农民土地退出的对象是该农村集体经济组织，即法定的土地所有权主体。理由在于：一是符合土地所有权分离出的权利束在特定条件下归一以回复所有权圆满状态的法理原则；二是有利于建设农村土地集体所有权的实体地位，使这一权利主体显性化和强化。如果说农民退地的对象是国家而非农民集体，在现行的城乡地权制度的框架下，这必将与只能够通过以政府征地的形式，通过土地所有权权属主体的变更实现农民土地退出的这一原则相违背，因此，农民退出土地，在理论层面上应界定的对象为该农户所在的农村集体经济组织。

（4）内容。农民可以以多种形式实现土地退出，其内容大致分为两部分。一是土地使用权的完全退出。例如通过“征地农转非”、“农转城”、土地抵押权处分等形式，一旦农民采取这种形式，其过程是不可逆的，且伴随着农民身份彻底的改变，农民将永久地退出土地使用权。二是土地使用权的部分退出。例如通过土地入股等流转方式，采取这种方式实质上是退出了土地经营权，但同时保留了土地收益权。在此过程中，农民的身份比较灵活，可以从事非农产业，也可以作为农业产业工人从事农业产业（现代农业）。从狭义上讲，农民的土地退出仅指向于农民土地使用权的完全退出，且农民的身份完全改变为城镇居民（王力，2011）。从广义上讲，农民土地退出还应该包括上述第二个层次，即农民在保留部分收益权的同时对土地占有、经营权的退出，但不要求农民身份一定发生改变。

7.1.2　农民土地退出与土地资本化的关系

在上述 7.1.1 一节中，我们主要分析了农民土地退出的内涵，其结论是：在自愿的前提下，农民主动退出对土地这一“实物”资源的占有，但同时保留对土地的“收益”权利。但为什么说农民土地退出是实现土地资本化的关键环节，这还需要从隐藏在“土地退出”名义下农民土地权利的分离和变更，结合农村土地资本化过程的内在特征这一更深层次的范畴加以理解。

7.1.2.1 “债权化”土地资本化和“股权化”土地资本化

如前述章节所述，农村土地资本化的实质是对某一时点的土地权利在其剩余期限内的收益贴现。我国现行农村土地权利体系主要表现为农村土地使用权从农村土地所有权中分离出来的“用益物权”状态，在形式上依据用途不同，分为农用土地使用权体系和非农用土地使用权体系。对于前者而言，《土地承包法》对其存续的具体时限做出了明确的规定，一般为 30 年，但对于非农用土地使用权体系（除“四荒地”外），对于其存续的具体时限并未做出规定。其中，宅基地使用权可视为一种无期限限制的典型“保障性物权”。但不管是农用土地使用权或非农用土地使用权，都可以以债权化或股权化的资本化方式，进一步实现土地使用权权利束中土地经营权和土地收益权的分离，用于权利人特定的目的（见 6.3 农村土地资本化：案例及启示）。债权化的土地资本化方式（例如土地抵押），其特征是在不移转占有的前提下，土地使用权人将其“占有物”的使用价值和市场价值分离，且这一分离出的“占有物”市场价值外化为权利人的债务资本，用于权利人农业扩大再经营等行为。股权化的土地资本化方式（例如信托、土地入股等），其特征是在移转占有的前提下，土地使用权人将其“占有物”的使用价值和市场价值分离，其中，“占有物”的使用价值被移转到其他主体用于经营等行为，而“占有物”的市场价值则外化为土地使用权人的股权资本，用于权利人从事农业生产经营目的之外的一系列经济活动。

对于以土地抵押为主要特征的债权化土地资本化方式而言，受制于目前的法律制度、金融环境和被抵押物是否具有市场价值等因素，农村土地抵押（尤其是土地承包经营权抵押）正面临很大的现实困境。在前述 6.3.1 一节中，贵州湄潭施行的以土地抵押为业务核心的土地金融制度试验以失败而告终，山东枣庄和浙江嘉兴等地的土地承包经营权抵押贷款的债务风险正逐渐形成，土地抵押权的实现正成为难以避免的问题，且相比于其他的土地流转方式，土地抵押的风险更大。而重庆的“三权抵押”（土地承包权抵押、农房抵押和林权抵押）的进展不平衡，覆盖农户少。从实践情况来看，林权抵押贷款的比例远远高于房屋所有权和土地承包经营权贷款（土地承包经营权贷款主要见于江津、开县等地，而农房抵押主要见于石柱），且除农房抵押直接到户外，林权抵押和承包经营权抵押主要集中在农业企业和专业合作社，直接到户的比例极小。郭继（2010）[①] 进一步将土地承包经营权贷款困境归结为土地抵押有违金融机构“安全性”、“盈利性”和“流动性”的经营原则，这说明，土地抵押“间接”融资的市场环境不容乐观。

而对于以土地收益股权化为主的土地资本化方式而言，则比单一的土地抵押方式的情形更为复杂。我们来看广东南海“土地入股”的现实情况。2007 年，农村经济总收入达 3333.3 亿元，比 1992 年增长 26.7 倍；农村人均纯收入为 10359 元，比 1992 年增长 4.17 倍；农村集体资产总额为 208.4 亿元，比 1992 年增长 2 倍；可支配收入为 38.19 亿元，比 1992 年增长 3.29 倍。但大幅的经济收入增长却没有带来大幅的农民收入增加。2007 年农村经济总收入比 1992 年增加了 26.7 倍，而人均纯收入却比 1992 年只增长了 4.17 倍，股红分配额比 1992 年增长了 9.91 倍。进入 2008 年以后，越来越多的入股农民要求分田退股，曾经在 20 世纪 90 年代主宰珠三角区域工业化和城市化发展水平突飞猛进的“土地入股”现正触及农民权利的底线，制度发育不成熟所引致的利益矛盾日益升级、扩大，可能会威胁到农村的稳定。而作为全国百强县的江苏昆山县，进入 21 世纪后，“富民合作社”被政府定为“家家有物业”的载体，开始大规模推广。依靠配套完善的富民合作社建房，解决了昆山一部分外来务工人员的居住问题。但在租金分配过程中，土地租金收益的大部分被大股东和村集体拿走了，私营化倾向严重。老百姓尤其是当地农民感到自己并未因此受益并真正富裕起来。特别是在快速工业化和城市化中失地的农民，不断酿出群体性事件，地方政府治理难题凸显。北京郑各庄土地（宅基地）资本化的进程则更多呈现出政府与村集体企业博弈的色彩。据报道，2012 年 2 月，国土资源部称要试点清理小产权房，9 月，北京市国土局公布了初步清理出的 79 个在建、在售的小产权名单，宏福苑（郑各庄宏福集团开发的小产权房小区）赫然在列。但同时，尽管中央清理整顿小产权之风一直在刮，但宏福集团另辟蹊径，找到了一种多快好省又安全的销售方式——整栋出售，周边一些政府部门、大型企事业单位都曾整栋批量团购过，比如航天工业部、北京邮电大学、福田汽车等。2010 年郑各庄村农民收入统计显示：村民在集团工作月工资为 1998 元，上一年各项福利人均 7325 元，房租收入

① 郭继：《土地承包经营权抵押的实践困境与现实出路——基于法社会学的分析》，《法商研究》，2010 年第 5 期。

人均7149元，再加上股权分红等，郑各庄农民人均年收入是44566元。目前来看，郑各庄农民通过宅基地资本化的收益是显而易见的，这种“农村自主城市化”进程将城市化带来的土地红利留在了村里，使得村民和村办企业成为主要受益者，且在这个过程中，村办企业（宏福集团）采取各种手段绕开、突破了很多政策、制度层面的规定与限制。但在目前的法律和政策环境下，这种模式最终还是难以避开“集体土地”的先天不足。①

7.1.2.2　农村土地资本化面临的问题

不管是以债权化为特征的土地资本化还是以股权化为特征的土地资本化，目前正面临一系列问题。农村土地权利残缺是造成这些问题的根本原因。首先，农村土地集体所有权“虚置”，并未取得与国有土地所有权对等的地位，这集中表现为，按现行《宪法》规定，农村集体土地所有权只有经政府征收并转化为国有土地所有权后，才能取得合法的土地及房屋开发资格，因此，除非修改《宪法》，才能解决“集体建设用地”直接入市的难题。其次，按照“两权分离”的原则，农民获得了物权化的从土地所有权束中分离出来的土地使用权（土地承包经营权和宅基地使用权），但这种物权体系是残缺的，缺乏处分权能，这导致了包括农地抵押在内的一系列土地债权化融资行为缺乏法律依据。我国现行农村土地制度，之所以与城镇土地制度迥异的一个原因是：在传统小农生产方式并未发生根本性转变的前提下，农民只有通过“土地保障”，才能维持大部分人的基本生存问题，因此，任何以“土地流转”或其他方式剥夺农民的这种基本生存权的做法都是不能容忍的。但是，为解决地方经济建设的财政资金问题，地方政府又不得不滥用土地征收权，以低廉的价格获得农民的土地，造成大量失地农民，近年来因征地问题造成的失地农民上访事件不断增多，已经影响了社会的和谐。因此，土地资本化面临艰难的现实选择。

7.1.2.3　农民土地退出是中国经济转型发展时期农村土地资本化“破题”的前提

农民是否退出土地，与农村土地资本化的具体形式有密切关系。如果是以土地抵押为特征的“债权化”土地资本化方式，由于土地经营权并未随之分离出

---

① 北京昌平区郑各庄的“城市化”，http：//www.chinacity.org.cn/cspp/csal/100541.html，2013年1月22日。

去，抵押土地的农民仍然是土地的实际占有者和经营者，农民并未退出对土地实物的“占有”。另外，在土地抵押约定的期限内，农民因经营土地产生的孳息和收益也并未由抵押权人享有，而是由抵押人单独享有，农民并未退出对土地“收益”的占有。如果是以入股、信托等为特征的“股权化”土地资本化方式，首先，土地经营权与土地承包权进一步分离，农民在实际上退出了对土地实物的“占有”，但同时，在约定的期限内，因他人经营农民退出的土地而产生的一部分孳息和增值收益，由退出农民行使收益权享有。因此，从一般意义来讲，农村土地资本化并不必然要求农民退出土地，农民是否退出土地，只是在各种土地资本化具体形式中的特定现象。

但问题在于，正如本书开篇提到，随着大量农民转移进城，我国的二元结构不是逐渐消失，而是逐步在加深，且农村土地利用方式也不适应工业化、城镇化和农业现代化同步发展的要求。这集中体现为极端小规模的农业经营与工业化、城镇化加快发展中对农产品需求日益增加的矛盾和农村剩余劳动力难以“完全”转移与农村土地经营粗放、低效的矛盾。因此，如何通过“进城农民完全市民化”，使这部分农民能够自愿放弃对土地的占有权，从而以农村土地资本化经营的方式推动农村土地集约化进程，实现传统小农经济向现代农业的转变，是当前中国经济转型发展时期解决城乡二元结构问题的重要途径。因此，从这个意义上来讲，在中国经济转型发展这一特定的历史视角下，农民是否退出土地，又与农村土地资本化的效率密切相关。

基于此，本研究认为农村土地资本化并不必然以农民土地退出为前提，农民土地退出只是土地资本化过程中特定形式（“股权化”土地资本化方式）的具体表征。但在中国经济转型发展的前提下，农民土地退出又对于农村土地资本化“破题”具有重要意义。因此，本研究聚焦于“农民土地退出”这一较为狭义的层面，试图对农村土地资本化的路径作出分析。而接下来研究的重心是：①农民土地退出的影响因素有哪些？②如何在坚持自愿、有偿前提下，构建农村土地资本化的实施路径和保障机制？本研究将继续运用规范分析和实证分析相结合的方法，尝试对以上问题作出解答。

7.1.3 农民土地退出的影响因素：以宅基地为例①

在本节中，我们的研究任务是研究农民土地退出的影响因素。从农民土地退出的内容来看，应该包括承包地退出和宅基地退出，由于在实践中，农民外出务工后，即使撂荒，也没有退出承包地，因此，很难获取农民退出承包地的实际资料。重庆近几年来，进行了“地票”交易试验，并于2010年10月启动了城乡户籍制度改革，其中一项内容是鼓励有条件的转户农民自愿退出宅基地。相比农民承包地退出意愿的实地调研，对农民宅基地退出意愿的调研更有针对性和现实性。尽管仅仅调研和分析农民宅基地退出的影响因素并不能够从整体上准确反映农民土地退出影响因素的全貌，但对于从理论角度研究农民土地退出这一较前沿的课题和对政府在下一步制定更为合理、科学的相关退地政策具有积极意义。为系统考察农民土地退出的意愿，以宅基地为例，课题组于2011年6~8月对重庆市“两翼”地区1012户农户进行了宅基地退出意愿及其影响因素的实地调查。调查及实证过程如下：

7.1.3.1 研究假说与理论分析框架

农民是否愿意退出宅基地，取决于他们对宅基地退出的预期收益和成本的比较（王兆林等，2011），如果农民预期宅基地退出的收益大于其成本，则他们具有宅基地退出意愿，反之，则不具有。农民的这一预期在不同的环境和条件下会存在偏差，进而会影响到他们退出宅基地的实际选择行为和结果。因此，本书在认为农民是“有限理性经济人”的前提下，建立相关的研究假说和理论分析框架。

（1）研究假说。纽曼认为，传统经济学通常将“经济人”理解为一种工具主义意义上的理性者，他们具有有序偏好、完备信息和无懈可击的计算能力，会选择最能满足自己偏好的行为，“理性行为”一般被解释为行为主体的内在一致性和追求自身利益最大化（伊特韦尔等，1996）。“完全理性”的“经济人”假设成为新古典经济学阐述一切经济现象的起点。而新制度经济学则重视与新古典经济学在分析前提上的区别，他们否定了完全理性和信息对称的基本假设，认为要使理论符合实际，必须以有限理性和信息不对称作为分析前提。在Coase（1984）

① 该节内容主要来自项目组在《中国农村观察》2012年第3期发表的阶段性成果。

提出“交易成本”的基础上，Simon（1982）最早将“有限理性”概念引入经济学，他认为，人们只能在决策过程中寻求满意解而难以寻求最优解。就本书的研究对象而言，农民是否愿意退出宅基地，是“有限理性”选择机制的结果，即农民如何在特定的外部约束条件下，结合自己对宅基地退出前后收益—成本比较的预期，寻求一个满意解的过程。为了更好地进行分析，本文建立以下有关假说：

假说1：政府对宅基地“趋于理性”的决策能够为农民自愿退出宅基地形成有效激励。政府对宅基地的决策是指在现行法律的约束下，政府对农民宅基地采取的处分意愿和行为方式，主要包括“偏离理性”和“趋于理性”两种决策方式。如果政府无序征用农民土地（包括宅基地）或在无视农民土地权益的前提下肆意压低农民土地征收价格以获取土地用途转换后巨大的增值收益，进而为本地实施工业化和城镇化积累资金，则这种对待农民土地（宅基地）的决策是“偏离理性”的；如果政府在合理保护农民土地（宅基地）权益的基础上，谨慎使用土地征收权利，更加重视农民土地资本积累对促进农村经济发展和农民增收的积极作用，则这种对待农民土地（宅基地）的决策是“趋于理性”的。结合本书的研究对象，一项“趋于理性”的对待农民宅基地的政府决策大致包括以下三个方面的要求：一是要对本地农民宅基地的产权进行积极保护。在实践中，这可以通过对农民宅基地使用权进行登记确权并赋予其充足的物权权能来实现。重新赋予本地农民对宅基地及房屋的可处分权利（包括可抵押权利）尤为重要，这能够显化农民宅基地使用权的资产属性，从而提高农民认为宅基地是“财产”的主观认知水平。二是应为农民宅基地的有序流转提供必要的公共服务。例如，加大对农村基础设施建设的财政投入力度，提高宅基地的外部市场价值；积极开展宅基地复垦，适时引导农民集中居住，促进非农用地集约化利用。三是要适度进行宅基地流转收益的资本化。通过指标交易，例如重庆的“地票”交易，使欠发达地区的农民宅基地像发达地区一样具有土地级差收益，并使欠发达地区自愿退出宅基地的农民能够分享到这一收益，从而保障并强化农民的土地权益，为农民做出自愿退出宅基地的决策提供有效激励。

假说2：农民对自愿退出宅基地能够形成“趋于理性”的潜在需求。农民自愿退出宅基地的决策是指农民在追求利益最大化的目标下对自有宅基地的处分意愿和行为方式。受农业比较利益偏低、农民“恋地情结”较重等因素的影响，农民退出宅基地的决策同样包括“偏离理性”和“趋于理性”两类。影响农民退出宅基地决策理性程度的因素主要是农民的城镇就业预期、住房获得预期与征地预期（吴康明、陈霄，2011）。如果满足以下三个条件，在理性权衡退出宅基地净收益和不退出宅基地净收益差异的基础上，农民自愿退出宅基地的决策将具有潜在的“趋于理性”特点。这三个条件是：第一，农民认为容易在城镇获得就业的机会，且认为从事非农经济活动的经济收入能够超过继续从事农业生产的收入及各种土地补贴（种粮补贴、耕地保护补贴等）；第二，农民能够以较小的成本获得城镇住房；第三，宅基地地处偏远，农民难以通过等待被征地的方式获取更多经济补偿。如果不同时具备以上三个条件，农民自愿退出宅基地的决策将是“偏离理性”的。

（2）理论模型。根据“有限理性经济人”假设，农民是否愿意退出宅基地取决于政府对农民宅基地决策的理性程度和农民对退出宅基地的理性程度。定义政府对宅基地的决策 D_1 包括“趋于理性”、“偏离理性”和介于两者之间三种形式，并将政府对宅基地“趋于理性”决策的上限值定义为 1，将政府对宅基地“偏离理性”决策的下限值定义为 0，将介于二者之间的决策取值为（0，1）。农民自愿退出宅基地的决策，可理解为在政府对宅基地决策 D_1 的约束下，农民根据自身特征、家庭特征、宅基地特征和对宅基地退出补偿及保障状况的预期等因素对是否退出宅基地进行决策。农民自愿退出宅基地的决策 D_2 会受到政府对宅基地决策 D_1 理性程度的影响。

如果政府执行最大程度“趋于理性”的宅基地决策，即最严格地保护耕地、最严格地节制征地、对农民土地产权进行最积极的保护等（其代码分别为 x_1^1，x_2^1，…，x_n^1），则农民宅基地退出的意愿程度最高。在这种情况下，农民宅基地退出意愿程度的函数可表述为：

$$F^1(D_2) = ax_1^1 + bx_2^1 + cx_3^1 + \cdots + nx_n^1 \tag{1}$$

如果政府执行最大程度“偏离理性”的宅基地决策，即最消极地推行耕地保护及用途管制制度、肆意征地、极度依赖土地财政（其代码分别为 x_1^0，x_2^0，…，x_n^0），则农民宅基地退出的意愿程度最低。在这种情况下，农民宅基地退出意愿程度的函数可以表述为：

$$F^0(D_2) = ax_1^0 + bx_2^0 + cx_3^0 + \cdots + nx_n^0 \tag{2}$$

在现实中，这两种极端情况一般都不会出现，农民退出宅基地的实际意愿程度往往处于这两种极端情况之间，即：

$$F^0(D_2) \leqslant F(D_2) \leqslant F^1(D_2) \quad (3)$$

式（3）表明，函数值 $F^0(D_2)$和 $F^1(D_2)$大体上可以分别表示在“有限理性”的前提下，农民退出宅基地的实际意愿程度的下限值和上限值。式（3）的含义可进一步表述为：①政府对宅基地的决策是影响农民做出宅基地退出决策的重要外部因素。与宅基地退出相关的制度供给越有利，农民宅基地退出的意愿程度就会越高；反之，其意愿程度就会越低。②农民对宅基地退出的综合预期是影响其做出宅基地退出决策的内生变量。即使与宅基地退出相关的制度供给较充分，农民最终是否愿意退出宅基地，可能还受到农民年龄等个体特征、家庭收入状况等家庭特征、宅基地（房屋）状况以及农民对宅基地退出补偿及保障状况的预期等因素的综合影响（张怡然等，2011；王兆林等，2011）。因此，本书将重点从这些方面分析影响农民宅基地退出意愿的内生因素。

7.1.3.2 数据来源和样本基本特征

（1）数据来源。本书研究数据来源于课题组对重庆市农户的调查。重庆市自启动户籍制度改革以来，至今已有超过 330 万农民转户进城，但退出宅基地的农民很少。因此，课题组于 2011 年 6 月对重庆市“两翼”（渝东北翼和渝东南翼）地区农民进行了实地调查，以了解影响农民宅基地退出意愿的因素。选择“两翼”地区作为调查区域的原因是：“两翼”地区位于偏远山区，受主城区经济辐射的影响相对偏弱，且都属于劳务输出大县（区），农民外出务工、农业兼业化经营的现象普遍存在；同时，农民宅基地占用耕地、宅基地面积超标、一户占有多处宅基地、宅基地空余和闲置等现象较常见。调查内容包括农民个体特征、农民家庭特征、农民宅基地（房屋）状况和对宅基地退出补偿及生存保障状况的预期四个方面。

为保证样本的典型性和代表性，调查采取多阶段重点调查与随机抽样调查相结合的方式展开。首先，在重庆市“两翼”地区随机选取 6 个区（县），其中，在“渝东北翼”地区选取了城口县、巫山县和万州区，在“渝东南翼”地区选取了黔江区、酉阳县和秀山县。然后，在所选取的每个区（县）中随机选取一个乡镇，再在所选取的每个乡镇中随机选取一个村。接着，以每个村发放的问卷数量不少于 150 份但不超过 200 份为原则，随机选取该村的 1~2 个村民小组，将整个样本村民小组的所有农户作为重点调查对象。同时，按照距离中心镇（或距离主要公路）远、中、近的原则，在每一个乡镇中，随机选取其他 1~3 个村作为辅助调查样本村，在每一个辅助调查样本村中发放的问卷数量原则上不超过 100 份。并且，无论是重点调查样本村还是辅助调查样本村，都必须不在当地城镇发展规划范围内①。调查采用入户访问的方式，由调查人员在不事先通知、村干部不在场的情况下对每一户的一位农民进行调查。调查人员向被调查农民根据问卷提问，随时解答农民的疑惑，并填写问卷。调查共计发放问卷 1200 份，收回问卷 1109 份，其中，有效问卷 1012 份，无效问卷 97 份，问卷有效率为 91.3%。其中，来自重庆市渝东北翼地区 3 个县（区）的样本量为 524 个，占有效样本总数的 51.8%；来自重庆市渝东南翼地区 3 个县（区）的样本量为 488 个，占有效样本总数的 48.2%。

（2）样本基本特征。从样本的基本特征（见表 7–1）来看，大多数被调查农民的年龄在 50 岁以下（占 76.9%），受教育程度为初中以上（占 62%），2010 年家庭毛收入为 2 万元及以下（占 85.6%），家庭需赡养的老人数量为 2 人及以上（占 67.3%），家庭需抚养的子女数量为 2 人及以上（占 70.4%）；41.6%的农民从事非农经济活动；大部分农民仅将宅基地用于居住，且其家庭宅基地面积在 150 平方米及以下；只有不足 1/3 的农民具有宅基地退出意愿。总体上看，被调查农民及其所在家庭具有一定的代表性。

表 7–1 样本的基本特征

类型	选项	人数	比例（%）	类型	选项	人数	比例（%）
年龄	30 岁以下	184	18.2	主要经济活动类型	农业生产	591	58.4
	30~40 岁	237	23.4		非农经济活动	421	41.6
	40~50 岁	357	35.3	2010 年家庭毛收入	10000 元以下	398	39.3
	50 岁以上	234	23.1		10000~20000 元	469	46.3
受教育程度	文盲	25	2.5		20000~30000 元	110	10.9
	小学	359	35.5		30000 元以上	35	3.5
	初中	313	30.9	宅基地（房屋）利用现状	闲置	276	27.3
	高中及以上	315	31.1		自住	665	65.7
需赡养的老人数量	1 人及以下	331	32.7		出租等形式流转	71	7.0
	2 人	590	58.3	宅基地面积	100 平方米内	357	35.3

① 样本村必须不在当地城镇发展规划范围内的理由是：如果样本村处于当地城镇发展规划范围内，农民可能会存在“等待被征地”的心理预期，从而对宅基地退出持完全消极的态度，这将对农民宅基地退出意愿的分析造成干扰。

续表

类型	选项	人数	比例（%）	类型	选项	人数	比例（%）
需赡养的老人数量	3 人	76	7.5	宅基地面积	100~150 平方米	439	43.4
	4 人及以上	15	1.5		150~200 平方米	127	12.5
需抚养的子女数量	1 人及以下	300	29.6		200 平方米以上	89	8.8
	2 人	337	33.3	宅基地退出意愿	愿意	320	31.6
	3 人	323	31.9		不愿意	692	68.4
	4 人及以上	52	5.2				

7.1.3.3　模型构建和变量选取

（1）模型构建。本书研究所考察的是农民宅基地退出意愿，且假定其选择只有两种：愿意退出宅基地与不愿意退出宅基地。对于此类二元选择问题，在综合考虑自变量类型的情况下，本书通过建立 Probit 模型对其影响因素进行量化分析。

二元选择模型的矩阵定义式为：

$$y = X\beta + \mu \tag{4}$$

在式（4）中，因 y 为离散量，不能直接采用简单线性回归。由此，引入一个与 X 有关的潜在变量 y^*，有 $y^* = X\beta + \mu^*$。其中，农民宅基地退出意愿 y 为二元离散变量，将农民愿意退出宅基地赋值为 1，将农民不愿意退出宅基地赋值为 0；自变量 X 为农民宅基地退出意愿的影响因素；β 为待估系数；μ^* 是相互独立且服从正态分布的残差项。y 与 y^* 的对应关系表达式为：

$$y = \begin{cases} 0，若\ y^* \leqslant 0 \\ 1，若\ y^* > 0 \end{cases} \tag{5}$$

进而 y 的概率模型为：

$$\begin{aligned} &P(y=1) = P(y^*>0) = P(\mu^* > -X\beta) = 1 - F(-X\beta) \\ &P(y=0) = P(y^* \leqslant 0) = P(\mu^* \leqslant -X\beta) = F(-X\beta) \end{aligned} \tag{6}$$

（2）变量选取及描述性统计分析。根据前文给出的有关研究假说和相关研究成果，本书将影响农民宅基地退出意愿的因素分为农民个人特征、农民家庭特征、宅基地（房屋）资产状况和农民对宅基地退出补偿及保障状况的预期 4 组变量，相关变量的含义、赋值及描述性统计分析结果见表 7-2。

表 7-2　变量定义与描述性统计分析结果

变量名称	变量含义及赋值	平均值	标准差	预期方向
1. 农民个体特征				
年龄	≤30 岁 = 1，30~40 岁 = 2，40~50 岁 = 3，≥50 岁 = 4	3.015	0.895	+
受教育程度	文盲 = 1，小学 = 2，初中 = 3，高中（或大专）及以上 = 4	2.584	0.732	+
主要经济活动类型	农业生产活动 = 0，非农经济活动 = 1	0.537	0.499	+
2. 农民家庭特征				
家庭收入状况	2010 年家庭毛收入水平：≤1 万元 = 1，1 万~2 万元 = 2，2 万~3 万元 = 3，≥3 万元 = 4	2.110	0.941	+
家庭成员务工工作变换频率	3 年以上未变换 = 1，3 年内变换 1 次 = 2，2 年内变换 1 次 = 3，1 年内变换 1 次及以上 = 4	2.108	1.261	-
外出务工人数	≤1 人 = 1，2 人 = 2，3 人 = 3，≥4 人 = 4	1.477	0.752	+
家庭需赡养的老人数量	≤1 人 = 1，2 人 = 2，3 人 = 3，≥4 人 = 4	1.392	0.639	?
家庭需抚养的子女数量	≤1 人 = 1，2 人 = 2，3 人 = 3，≥4 人 = 4	2.154	0.859	?
3. 农民宅基地（房屋）状况				
宅基地（房屋）利用现状	闲置 = 1，自住 = 2，以出租等方式流转 = 3	1.541	0.743	-
现有住房面积①	≤100 平方米 = 1，100~200 平方米 = 2，200~300 平方米 = 3，≥300 平方米 = 4	1.698	1.028	-
宅基地面积	≤100 平方米 = 1，100~150 平方米 = 2，150~200 平方米 = 3，≥200 平方米 = 4	1.895	0.871	-
在城镇购房情况	未买房 = 0，已买房 = 1	0.095	0.294	+
4. 农民对宅基地退出补偿及生存保障状况的预期				
宅基地退出补偿方式的多样性选择	现金补偿 = 1，现金 + 社保组合补偿 = 2，现金 + 社保 + 住房安置组合补偿 = 3	1.268	0.560	+
宅基地退出后的住房意愿	以低价租住廉租房、公租房 = 1，购买自有产权房 = 2，其他 = 3	1.593	0.537	+
因变量				
宅基地退出意愿	愿意 = 1，不愿意 = 0	0.296	0.302	-

本书主要选取年龄、受教育程度、主要经济活动类型来反映农民的个人特征②。一般而言，农民年龄越大，在城镇获得工作的机会就越少，且思想越趋于保守，其宅基地退出意愿可能会越弱。农民受教育程度越高，从事非农经济活动

① 在调查过程中，由于在南方，农村主要以山地、丘陵地貌为主，农民在宅基地上修建二层楼房的现象比较常见，所以一般房屋的建筑面积大于宅基地的使用面积。

② 在问卷设计时，由于遵循了严格控制问题个数的原则，所以，没有调查农民的婚姻状况和性别情况，调查数据可能会存在一些瑕疵。

的机会就越多，其宅基地退出意愿可能会越强。农民主要从事非农经济活动时，宅基地对他的“住房保障”作用就越弱，其宅基地退出意愿可能会越强。

本书主要选取家庭收入状况、家庭成员务工工作变换频率、外出务工人数、家庭需赡养的老人数量和家庭需抚养的子女数量来反映农民的家庭特征。从理论上说，家庭收入状况越好的农民，可能越具有更高层次的住房需求和购买力，因而其宅基地退出意愿可能越强。家庭成员务工工作变换频率越低，意味着农民非农就业的稳定性越强，其宅基地退出意愿可能会越强。外出务工人数越多，说明家庭的收入来源可能越具有多样性，整个家庭脱离农村传统社会的意识可能越强，也越具有搬迁到城镇生活的条件，因而其宅基地退出意愿可能越强。一般来说，家庭需赡养的老人数量和需抚养的子女数量越多，农民家庭的经济负担就越重，如果农民预期退出宅基地后的经济补偿能大大减轻家庭的经济负担，则其宅基地退出意愿就会越强；反之，若预期不能有效减轻家庭的经济负担，而在去城镇生活的成本更高的情况下，其宅基地退出意愿就会越弱。因此，家庭需赡养的老人数量和需抚养的子女数量对农民宅基地退出意愿的影响具有不确定性。

本书主要选取宅基地（房屋）利用现状、现有住房面积、宅基地面积和在城镇购房情况来反映农民的宅基地（房屋）状况。一般而言，当宅基地（房屋）处于闲置状态时，农民的宅基地退出意愿会更强。现有住房面积和宅基地面积越小，农民改善现有住房状况的愿望会越强，因而其宅基地退出意愿可能也越强。如果农民已经在城镇购置了住房，宅基地对他提供的“住房保障”功能就很弱，其宅基地退出意愿可能更强。

本书主要选取宅基地退出补偿方式的多样性选择和宅基地退出后的住房意愿来反映农民对宅基地退出补偿及生存保障状况的预期。这两个变量可能是影响农民宅基地退出意愿的关键因素。如果农民能够通过退出宅基地得到更多的经济补偿或获得更好的住房保障，甚至更好的生存和发展资源，那么，其宅基地退出意愿会更强。

7.1.3.4　农民退出宅基地的主要影响因素：结果与分析

本书利用 EViews5.0 统计分析软件，对调查数据进行 Probit 回归，估计结果见表 7-3。估计结果显示，模型的 LR 统计量符合显著性要求；其他统计量也表明，所建立的模型整体拟合效果比较好。

表 7-3　农民宅基地退出意愿影响因素的 Probit 模型估计结果

自变量	估计系数	标准差	(Exp (β))
1. 农民个人特征因素			
年龄	0.5461***	0.1361	0.0006
受教育程度	0.4676***	0.1568	0.0071
主要经济活动类型	0.4032**	0.2605	0.0218
2. 农民家庭特征因素			
家庭收入状况	0.1758*	0.1437	0.0645
家庭成员务工工作变换频率	−0.0434**	0.0917	0.0260
外出务工人数	−0.0905	0.1769	0.6087
家庭需赡养的老人数量	0.1221*	0.1831	0.0655
家庭需抚养的子女数量	−0.2189*	0.1273	0.0854
3. 宅基地（房屋）状况因素			
宅基地利用现状	−0.1558**	0.1640	0.0422
现有住房面积	−0.1532**	0.1114	0.0490
宅基地面积	−0.1631*	0.1313	0.0843
在城镇购房情况①	7.2266	1623588	1.0000
4. 对宅基地退出补偿及保障状况的预期因素			
宅基地退出补偿方式的多样性选择	0.6404***	0.1633	0.0021
宅基地退出后的住房意愿	0.5450**	0.2097	0.0194
对数似然值	−27.9419		
伪 R^2	0.4496		
LR 统计量	50.3983		
LR 统计量显著性水平	0.0000		

（1）农民个体特征因素的影响。

第一，年龄对农民宅基地退出意愿有显著的正向影响。即农民年龄越大，越具有宅基地退出意愿。这一结果与王兆林等（2011）的研究结论一致。调查结果也显示，年龄在 30 岁以下的农民中，具有宅基地退出意愿的人仅占 14.3%；而在年龄为 30~40 岁、40~50 岁和 50 岁以上的农民中，具有宅基地退出意愿的人分别占 26.2%、33.2%和 58.1%，所占比重持续上升。这一结果与前文的预期并不一致。其原因可能是，年龄越大，农民从事农业生产的能力越弱，希望进城投靠务工子女或获取城镇养老保障的愿望越强，因此，他们的宅基地退出意愿就越强。

第二，受教育程度对农民宅基地退出意愿有显著的正向影响。即农民受教育

① 运用 EViews5.0 软件测算出该指标的数据失真，可能与有效样本的绝对量太低有关。

程度越高，越具有宅基地退出意愿。这一结果验证了前文的预期。调查结果也显示，在文化程度为初中以下的农民中，仅15.4%的人具有宅基地退出意愿；而在文化程度为初中及以上的农民中，具有宅基地退出意愿的人占到了41.6%，比前者约高出26个百分点。出现这一结果的原因可能是，受教育程度越高，农民的思想可能越开放，从事非农经济活动的机会也越多，因而越能从心理上摆脱“宅基地保障”的束缚。

第三，主要经济活动类型对农民宅基地退出意愿有显著的正向影响。即农民越是从事非农经济活动，越具有宅基地退出意愿。调查结果显示，在主要从事农业生产活动的农民中，仅有7%的人具有宅基地退出意愿；而在主要从事非农经济活动的农民中，具有宅基地退出意愿的人占到了49.0%，所占比例是前者的7倍。其原因可能是，相比于主要从事农业生产的农民，主要从事非农经济活动的部分农民，可能已经具有了购买城镇住房的经济能力或已经获得了城镇住房，在物质上已脱离了“宅基地保障”的束缚。

（2）农民家庭特征因素的影响。

第一，家庭收入状况对农民宅基地退出意愿有显著的正向影响。即家庭收入状况越好，农民越具有宅基地退出意愿。调查结果显示，在2010年家庭毛收入为10000元以下的农民中，仅17.6%的人具有宅基地退出意愿；在2010年家庭毛收入为10000~20000元、20000~30000元的农民中，具有宅基地退出意愿的人所占比例分别上升到37.6%、43.8%；而在2010年家庭毛收入为30000元以上的农民中，这一比例上升到75.6%。由此可以看出，随着家庭收入水平的上升，具有宅基地退出意愿的人所占比例也持续上升，这与张怡然等（2011）的研究结论基本一致。出现这一结果的原因可能是，家庭收入状况越好，农民越有能力获得其他生存和发展的资源和机会，宅基地对他们提供的“生存保障”力度越弱，因而他们越具有宅基地退出意愿。

第二，家庭成员务工工作变换频率对农民宅基地退出意愿有显著的负向影响。即家庭成员务工工作变换频率越高，农民越不具有宅基地退出意愿。调查结果显示，在3年以上未变换工作的农民家庭成员中，有47.1%的人具有宅基地退出意愿；而在3年内变换工作1次、2年内变换工作1次和1年内变换工作1次及以上的农民家庭成员中，具有宅基地退出意愿的农民所占比例分别下降到28.5%、16.9%和2.7%。其原因可能与调查区域农民的务工状态有关。在重庆市

“两翼”地区，农村城市化水平较低，就近或就地的非农就业机会不多，因此，调查中近一半的被调查农户家中有成员（约 49%）过去或现在在省外务工，变换工作的频率高，其非农工作不稳定，多属“短工”性质，且他们外出务工呈“候鸟型迁徙”状态，在经济不景气、省外务工机会较少时，他们就回流到农村，于是，他们自然地将宅基地作为退守农村的保障。因此，他们的宅基地退出意愿不强。

第三，家庭需赡养的老人数量对农民宅基地退出意愿有显著的正向影响。即家庭需赡养的老人越多，农民越具有宅基地退出意愿。调查结果显示，在家庭需赡养的老人数量为 1 人及以下的农民中，仅 14.6%的人具有宅基地退出意愿；而在家庭需赡养的老人数量为 2 人及以上的农民中，具有宅基地退出意愿的人占到了 39.5%，比前者要高出约 25 个百分点。根据张怡然等（2011）的研究结论，家中有需赡养的老人，会使进城农民在城镇落户的概率降低 9.3%，并增加他们对退出宅基地的顾虑。这与本书调查和分析结果有一定的偏差。其原因可能是，家庭需赡养的老人越多，家庭的经济负担可能越重，农民退出宅基地如果能够获得更多经济补偿和生活保障，则有助于缓解其家庭的经济压力。

第四，家庭需抚养的子女数量对农民宅基地退出意愿有显著的负向影响。即家庭需抚养的子女越多，农民越不具有宅基地退出意愿。调查结果显示，在家庭需抚养的子女数量为 1 个及以下的农民中，具有宅基地退出意愿的人占 41.3%；而在家庭需抚养的子女数量为 2 个及以上的农民中，仅 27.5%的人具有宅基地退出意愿，比前者低了约 14 个百分点。产生这一结果的原因可能是，由于家庭需抚养的子女较多，农民预期其子女成年后可能存在不确定的、多样化的生存方式，因此，他们希望继续持有宅基地（房屋）这一重要资产，以应付其子女未来发展中可能存在的风险。

第五，外出务工人数没有通过显著性检验，对农民宅基地退出意愿影响不显著。调查结果显示，家庭外出务工人数为 1 人及以下、2 人、3 人和 4 人及以上的 4 个农民群体中，具有宅基地退出意愿的人所占比例分别为 30.8%、29.4%、35.6%和 27.5%。由此可以看出，随着家庭外出务工人数的增加，具有宅基地退出意愿的农民所占比例的变化并没有规律。其原因可能与本书将反映外出务工状况的变量设定为绝对指标有关。家庭外出务工人数的多寡既难以反映家庭成员在家或外出的情况，也不能有效反映农民从事非农经济活动的收入状况和稳定状况。

（3）宅基地（房屋）状况因素的影响。

第一，宅基地（房屋）利用状况对农民宅基地退出意愿有显著的负向影响。当宅基地用于出租等非自住用途时，农民可能更不具有宅基地退出意愿。调查结果显示，在宅基地（房屋）闲置的农民中，具有宅基地退出意愿的人占40.2%；而在宅基地（房屋）用于自住的农民中，仅有21.5%的人具有宅基地退出意愿；在将宅基地（房屋）用于出租的农民中，这一比例下降到仅为6.6%。其原因可能是，如果宅基地（房屋）以出租等方式流转能为农民带来持续的资产性收益，农民就不愿意退出宅基地来获取一次性的经济补偿；反之，若宅基地（房屋）不能用于能够有效增加农民经济收益的其他用途或处于闲置状态，农民则较多地具有宅基地退出意愿。

第二，现有住房面积和宅基地面积对农民宅基地退出意愿有显著的负向影响。即农民现有住房和宅基地面积越大，越不具有宅基地退出意愿。调查结果显示，在现有住房面积分别为100平方米、100~200平方米和200~300平方米的农民中，有宅基地退出意愿的人分别占35.6%、28.8%和5.3%，所占比例呈持续下降的态势；而在现有住房面积为300平方米以上的农民中，已经没有人有宅基地退出意愿。在宅基地面积分别为100平方米、100~150平方米、150~200平方米以上和200平方米的农民中，有宅基地退出意愿的人分别占40.5%、31.9%、19.1%和12.6%，所占比例同样呈持续下降的态势。调查结果较好地佐证了回归结果。出现这一负向影响的原因可能是，现有住房和宅基地面积较大的农民，可能是农村中相对富裕的群体，他们退出宅基地的机会成本较高，即使退出宅基地能获得丰厚的经济补偿，但只要他们预期退出宅基地后的生活水平低于退出前的生活水平，他们就不会愿意退出宅基地。

第三，在城镇购房情况没有通过显著性检验，对农民宅基地退出意愿影响不显著。根据调查数据，在1012个调查样本中，只有28个农民（占3.7%）已经在城镇购房，且其中仅7个农民有宅基地退出意愿。这一结果与王兆林等（2011）的观点不一致。其原因可能是，在本次调查中，在城镇购房的样本农民太少，所占比例太低。

（4）对宅基地退出补偿及生存保障状况的预期因素的影响。

第一，宅基地退出补偿方式的多样性选择对农民宅基地退出意愿有显著的正向影响。即农民认为宅基地退出补偿方式越具有多样性、越合理，就越具有宅基地退出意愿。从调查结果看，在选择“一次性现金补偿”方式的农民中，仅17.8%的人具有宅基地退出意愿；而在选择“现金+社保组合补偿”和“现金+社保+住房安置组合补偿”方式的农民中，具有宅基地退出意愿的人所占比例分别上升到32.6%和43.2%。其原因可能是，如果在退出宅基地后能够得到更多的资源，农民就更有可能摆脱“宅基地保障”心理。

第二，宅基地退出后的住房意愿对农民宅基地退出意愿有显著的正向影响。即农民退出宅基地后住房越有保障，他们越具有宅基地退出意愿。调查显示，在选择“以低价租住廉租房、公租房”的农民中，仅5.4%的人具有宅基地退出意愿；而在选择“购买自有产权房”的农民中，具有宅基地退出意愿的人占到了75.5%。出现这一结果的原因可能是，“退有所居”是农民退出宅基地要解决的核心问题，这关系到农民退出宅基地后如何获得住房资源这一关键利益，只有农民认为退出宅基地后其居住水平至少不低于退出之前的水平，他们才可能具有宅基地退出意愿。

7.1.3.5　结论

本书基于对重庆市“两翼”地区1012户农户的实地调查数据，运用Probit模型分析了影响农民宅基地退出意愿的因素。结果表明：对农民宅基地退出意愿有正向影响的因素包括农民年龄、受教育程度、主要经济活动类型、家庭收入状况、家庭需赡养的老人数量、宅基地退出补偿方式的多样性选择、宅基地退出后的住房意愿，即年龄较大、受教育程度越高、主要从事非农经济活动、家庭收入状况越好、家庭需赡养的老人越多、选择越具有多样性的宅基地退出补偿方式、宅基地退出后住房越有保障的农民，越具有宅基地退出意愿；对农民宅基地退出意愿有负向影响的因素包括务工工作变换频率、家庭需抚养的子女数量、宅基地（房屋）利用状况、现有住房面积和宅基地面积，即在外务工工作变换频率越高、家庭需抚养的子女越多、将宅基地用于出租等经营性用途、现有住房和宅基地面积越大的农民，越不具有宅基地退出意愿；而家庭务工人数和在城镇购房情况两个因素对农民宅基地退出意愿影响不显著。

7.2　农村土地资本化的重点路径：推行农村土地金融①

以上研究表明：在农民自愿、有偿退出土地的基础上，进行土地资本化的机制体制创新，是解决中国经济转型发展过程中二元结构问题的可行路径。而以何种方式进行农村土地资本化的路径创新，既能够最大化保护农民的合法土地权益，又能够实现土地资源利用时空布局的优化，是本节尝试要解决的理论问题。前述第 4 章对农村土地资本化的一般性内容做出了相应研究，认为实施农村土地资本化必须要具备三个前提，即权利完整与交易自由、具有产权自由交易的平台和失地农民综合保障制度的完善。在此基础上，提出了农村土地资本化一般性体系的构建设想，包括分为土地使用权存贷、典当、信托等土地实物交易资本化体系和包括土地使用权权益资产抵押、土地使用权权益资产抵押证券化的土地权益交易资本化体系。在此基础上，本节将尝试引入“农村土地金融”这一工具，来系统分析它在推进农村土地资本化进程中的作用。

7.2.1　为什么说推行农村土地金融是农村土地资本化的重点路径

7.2.1.1　现行的农村土地产权制度决定了发展以抵押为核心的农村土地金融具有先天缺陷

首先，现行农村土地产权制度的特征是基于农民最低生存权的一种社会福利。它本质上具有自足性、排他性和非流动性。从当前实施的农地抵押来看，推进比较顺利的是林权抵押，而非承包地抵押和宅基地及房屋抵押。林权抵押实施比较顺利的一个重要原因在于其地上附着物——林木具有市场价值，更重要的是，它能够与土地分离，成为可流动的、比较理想的抵押物资产。而承包地抵押，则可能会涉及深层次的社会问题。如果抵押权实现，一种可能性是造成农民社区成员的分化或农民社区成员身份权的不稳定，进而可能造成现存村社制度的

① 本节部分内容来自于项目组发表的阶段性成果：《经济纵横》，2010 年第 8 期；《经济体制改革》，2011 年第 6 期；《西部论坛》，2012 年第 3 期。

瓦解（黄海波，2012），从而引发政治、经济上的动荡。而对于宅基地抵押，一是宅基地的区位特征制约了宅基地抵押的可行性，一般而言，只有位于城郊附近的宅基地及房屋才具备抵押的价值，而更多位于偏远地区的宅基地及房屋不具备抵押的市场价值，发放抵押贷款的金融机构对此类资产也不感兴趣；二是宅基地是农民基于村社集体成员的身份而取得的，如果抵押权实现，会造成农民无房可居的局面，同样不利于社会稳定。因此，在现行农村土地产权制度的客观环境中，实施单一的农村土地抵押的资本化路径，可能无助于在工业化、城镇化和农业现代化同步发展进程中解决好“三农”问题。

7.2.1.2　实施农村土地金融是提高农村土地资本化效率的必要载体

现实的悖论是：既定的农村土地产权制度限制了农民以地权抵押进行融资的可行性，进而使农业经营扩大化生产和农村经济发展缺乏足够的外部资金支撑，而一旦农村土地不能有效结合货币、信贷等金融资源，则资本化的进程就会受到阻碍，而另一方面，由于农业本身的比较利益低下，多数适龄农业劳动力都外出务工，并将家里的口粮地作为务工风险的补贴，不愿意主动退出或用于流转，这对于以土地适度规模经营和集约化利用为前提的农业现代化进程是不利的，因此，探索除土地抵押之外的其他资本化形式，使农民既能够享受到土地适度规模经营和集约化利用带来的资本化收益，又能够以务工收入参与工业化、城镇化发展成果的共享，是城乡统筹下同权土地市场建设的必然要求，这就使构建多层次、立体化的农村土地金融体系在促进农村土地“适度”资本化发展中显得尤其重要。

7.2.1.3　建立以“信托”为核心的农村土地金融体系是实现农村土地资本化“适度”发展的关键

从海外地区农村土地资本化的进程来看，信托作为一种有效连接土地实物和金融资源及市场的桥梁其作用十分明显。与抵押相比，信托最大的一个优点在于实现了土地实物“使用”和土地实物“收益”的分离，能够在转移占有的前提下，促进土地规模化利用和集约化经营，且转移占有人同时能够享受到其带来的资本化增值收益。与此类似，我国历史上的土地“典”也具备这种特征，农民只是在约定的一定期限内让渡土地的占有权和使用权，但保留最终处分权，只要在约定的时限赎回，则又可恢复土地所有权和土地使用权相统一的圆满状态。所不同的是，土地信托期限内，农民可以享受他人经营自己土地的一部分资本化收益，而在土地“典”期限内，典当人无权享受典权人耕作土地的资本化收益。土

地“信托”对农地适度规模利用和集约化经营的作用更为明显。农民继续持有土地的“收益”权利，且这种权利能够以资本化的方式转化为持续、稳定的权益性资产，且在一定制度安排下，这种“资产”可以灵活地与住房、医疗、教育、社保等城镇公共福利挂钩，可以有效减轻政府用于对大规模新增城镇人口社会保障的公共财政负担。进一步，土地“信托”对促进工业化、城镇化和农业现代化同步发展的作用也是显而易见的。农民自愿“转户”可以促进农村劳动力向城镇非农部门转移，为工业化提供了必要的人力资本积累。更重要的是，通过土地“占有权”和“收益权”相分离，将多数农民从土地上解放出来，使土地向少数农业大户、龙头企业等集中，促进土地规模化、专业化、集约化经营，这能为建立农业现代化体系奠定良好基础。因此，建立以“信托”为核心的农村土地金融体系是实现农村土地资本化“适度”发展的关键。

7.2.2 农村土地金融的内涵

近两个世纪以来，西方国家为解决普遍面临的农业效率低下、农村土地资源利用效率低下等问题，通过建立土地金融制度，取得良好效果。例如德国土地抵押信用合作社（1770 年），美国联邦土地银行（1916 年），中国台湾地区土地银行（1946 年）等。这类土地制度有三个特征：一是服务标的物主要是农村土地。二是主要为农业、农民服务。为农民提供长期信用，帮助农民购买耕地、改良土地或兴建农业设施等（美国联邦土地银行）。协助当局推行土地政策，进行农地改革，发展农林渔牧等事业（中国台湾地区土地银行）。三是从事与土地有关的长期信用业务。发行农地抵押债券并负责还本付息，贷放以农地作第一抵押品的长期贷款。发行农地债券和发放长期低利息贷款。因此，从国内一般关于农地金融制度的讨论来讲，都认为农村土地金融应该是以农地使用权为抵押而推行的农业中长期信贷及信用活动。从本书对“农村土地”资本化的研究的客体定位来看，农村土地资本化应该包括农用地资本化和非农用地资本化两个层面，对应地，作为实现土地资本化路径的工具和手段，农村土地金融也应该包括农地金融和非农建设用地金融两个方面，因此，本书所称的农村土地金融是指：基于促进农业土地规模化利用和非农建设用地集约化利用目的，在土地经营权和土地收益权“分离”的基础上，农村土地权利人（农民）自愿退出土地（承包地、宅基地、林地）的经营权，并通过抵押、存贷、信托、入股等多种土地与金融相结合的具体方式，将自己的土地收益权切实转化为能够保障自我可持续发展的货币化财产性收入。

7.2.3 农村土地金融的实施机制

7.2.3.1 政策机制

从海外农村土地金融的实践来看，政府在扶持土地金融方面起至关重要的作用。结合我国具体国情，可尝试构建“制度供给”导向的政策性土地金融体系：一是形成农民自愿、有偿退出土地使用权的激励政策体系创新；二是进行农村宅基地使用权、承包地使用权和林权抵押融资政策体系创新，主要包括完善土地权益评估、风险补偿、资产流转、增加金融机构基层抵押业务网点等配套政策，以及制定政策性担保、财政贴息政策；三是农村土地集体资产量化确股政策体系创新，鼓励农民按自愿原则以承包经营权入股建立土地股份合作社，发展农业规模经营，以提高农民的工资性收入和财产性收入。

在土地权益资产化方面，可重点对农村建设用地的资本化进行政策设计。在农户自愿退出宅基地使用权的基础之上，尝试城乡建设用地指标挂钩流转的新机制，以盘活农村非农用土地的集约利用。现有政策体系框架下，土地资产与金融市场及金融工具结合的深度和广度还不够，尤其是如何利用金融资源保障农户的持续土地收益权，还有待继续研究。具体来说，必须在严格农村土地用途管制基础上，制定农地金融扶持政策体系和农村非农地金融开发政策体系。农地金融扶持体系应侧重于土地实物交易金融，为形成各种能够有效促进农用地流转效率、提高农业现代化水平的土地金融产品提供政策支撑；农村非农地金融开发体系可以在城乡建设用地挂钩流转的前提下，适时制定鼓励土地权益交易金融产品创新的政策，使农民得以在“土地使用权和土地收益权剥离”的条件下，自由选择土地使用权退出的方式，有效保证农民的合法土地权益不但不会受到侵害，能够实现长久有保障的收益。

7.2.3.2 运行机制

若实施农村土地金融，其运行将涉及三个主要的运营实体，即农村土地金融机构、农村土地整治储备机构和土地交易所。农村土地金融机构，包括农户土地信用合作社、商业银行开设的土地金融业务部门甚至专门的农村土地银行；农村土地整治储备机构是形成统一、均质的土地实物资产或权益资产的具体实施机构；土地交易所是土地实物资产或权益资产交易的有形平台。

农村土地整治储备机构是实施农村土地金融的首要部门。农村土地整治机构的主要作用是对农民自愿退出的土地（承包地或宅基地）进行整理和复垦。一是对农民退出分散、闲置的承包地进行整理，使之具备适度规模经营的条件；二是对农民退出分散、闲置的宅基地进行复垦，在有效增加耕地面积的前提下，节约出一部分农村建设用地指标，用于市场交易。

农村土地金融机构是实施农村土地金融的核心部门。由于土地区位、质量、产权差异等具体特征，建立全国单一的政策性土地金融机构是不切合实际的，因此，可由农民土地信用合作社、商业银行开设的土地金融业务部门或者区域性的政策性农村土地银行来充当将农民土地资源转化为土地资本的桥梁。其作用主要是：一是将农民交付的土地使用权集中租赁给种养大户、龙头企业等土地使用者；二是为农业规模经营和农村发展提供融资服务。

农村土地交易所是实施农村土地金融的中介部门。农村土地交易所的作用主要是通过现代化的交易平台，及时发布农村土地市场信息，使各类土地金融机构和需使用土地的潜在租赁者能够以较小的成本形成交易的意向。其运行机制如图 7–1 所示：

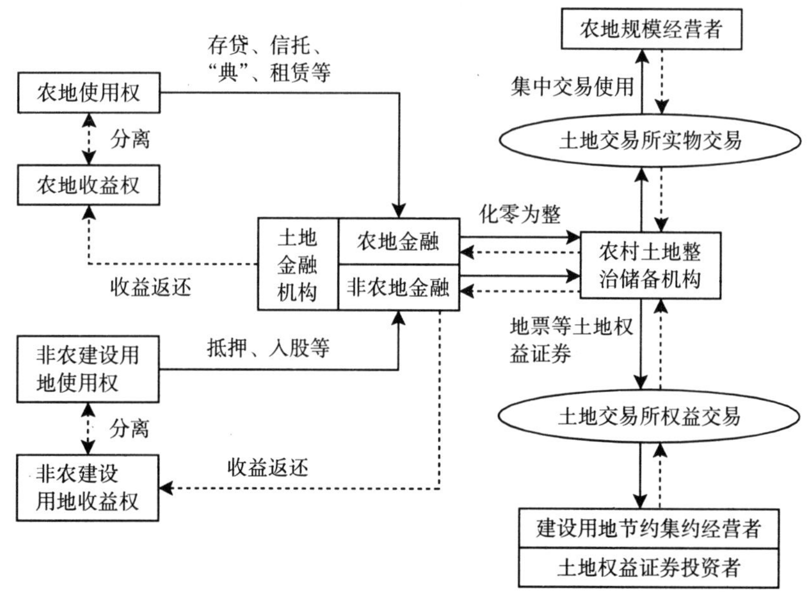

图 7–1　农村土地金融运行机制示意图

注：图中实线箭头表示土地权利流动方向，虚线代表资金流动方向。

7.2.3.3 调节机制

建立农村土地金融的调节机制致力于解决实施农村土地金融中可能引致的社会风险。主要包括：①土地兼并抑制机制。主要针对土地实物交易金融而言的。根据各地具体实际情况，合理确定土地规模经营的区间，且严厉杜绝任何以规模经营为名实际进行土地倒卖的投机行为。②土地收益分配调节机制。以“涨价归公”和“涨价归农”为原则，建立政府在地方土地开发金融中的收益共享和合理分配机制，并逐渐形成政府土地金融留存基金，调节各地（区、县）间的土地金融开发，利用基金的跨区域转移，稳定经济较发达地区农村土地金融开发进程，同时加大对经济欠发达地区农村土地金融的资金、信贷的支持。③土地权利处分保障机制。对于因处分土地权利或土地收益不充分而导致实际生活有困难的部分农民，必须建立起强有力的政府保障机制，使之不因处分土地而降低原来的生活水平。

7.2.4 农村土地金融实施的重点：自愿退地农民土地信托

进一步探讨土地资本化实施路径的目的在于如何使进城务工农民自愿退出土地，即将进城务工农民对土地的“占有权”变为对土地增值收益的“分配权”，从而增加进城务工农民“完全市民化”的激励，更好地推动工业化、城镇化和农业现代化协调发展。进城务工农民如何在退出承包地后继续享有土地规模经营的增值收益分配这一问题是接下来我们探讨的重点内容。

7.2.4.1 形成以“土地退出信托”为核心的资本化思路

土地退出信托是指：作为土地权利人的进城务工农民，自愿以土地承包经营权剩余期限内的权利，以契约方式，转移或设定负担于受托人，使受托人依照信托行为所定的宗旨或目的，为土地信托财产的孳息受益权利或孳息以外本金的受益权利，基于保障和维护受益人的利益，管理或处分该项土地信托财产。这即是说，进城务工农民如果自愿退出土地使用权的使用或占有权能后，仍在土地承包剩余年限内享有土地收益权。其中，不变的是土地承包权，变化的是土地经营权，且土地收益权能够与土地经营权进一步分离，并量化为农民在脱离农业生产后足以保障自身可持续发展的股权，这就坚持和落实了农村土地承包制度在动态意义上的“长久不变”。

7.2.4.2 组建农村土地托管中心

根据土地集约节约利用原则和最大化保护转户农民的土地权益的原则，可尝试建立省、市级层面上的农村土地托管中心，集中对进城务工农民在土地承包剩余期限内的权利进行统一托管，并对之进行统一经营，使转户农民能够在土地承包剩余期限内享有固定、稳定的收益。

第一，依据自愿原则，农民在转户的同时或未来约定的一定时期内，将承包地剩余年限的使用权以信托的形式交付农村土地托管中心，在扣除必要管理费用和成本后，对转户农民定期支付委托人信托收益。第二，农村土地托管中心依照各种地块的区位、丰沃、用途等条件，委托农村土地整治机构进行集中整治，使之具备可适度集中进行农业经营的条件，形成“农业土地资产池”。第三，在不改变农业土地性质及用途的前提下，将集中整理后可适度进行农业规模再经营和生产的农业土地向农业企业、农民专业合作社、种养大户和家庭农场进行招标出租，并定期收取土地集中出租的租金。第四，为筹集农业土地整治资金，农村土地托管中心可根据对“农业土地资产池”中各种不同年限、结构的农业地块的土地未来租赁收益进行合理测算，面向市内特定金融机构、机构投资者和社会公开发行农业土地信托受益计划，以信托募集的资金，支持对农业土地适度规模化整治，同时承诺以约定比例的收益率，以支付信托计划投资人的投资收益。第五，农村土地托管中心必须将自身资产与土地信托资产分割运行、单独管理，且指定专门的商业性银行作为土地信托财产的托管人，后者适时提供必要的现金流便利和结算服务。

农村土地托管中心运行农业土地资产的过程中涉及两个主要的信托关系：一是农村土地托管中心与转户农民的信托关系。转户农民将土地的占有、经营权以信托的方式移交给土地托管中心，且本身享有对土地的最终处置权，这使得转户农民在农业土地规模化经营的增值收益分配中享有优先受益的权利。二是农村土地托管中心与土地信托计划持有者之间的信托关系。由于农村土地托管中心将转户农民退出的土地集中变为“基础资产池”，并在此基础上发行信托计划，由此，土地信托计划的投资者享有了该“基础资产池”未来增值收益的受益权，在农业土地规模化经营的增值收益分配中处于第二受益的地位。

7.2.4.3 建立“涨价归农”和“涨价归公”的土地资本化增值分配机制

如何对农业土地规模化经营的增值收益进行分配是关系到转户农民是否愿意退出土地的重要因素。农村土地托管中心实际上起到了“涨价归农”的桥梁作用，即如果农民能够将土地的占有权和经营权移交给农村土地托管中心，且后者进一步将经营权从占有权中剥离，让更具备条件的企业、组织和个体从事适度规模化的农业经营，转户农民就能够以持续的收益权参与对农业土地规模经营增值收益的分配。这使农民不但能够以工资性收入参与对工业化、城镇化发展成果的共享，而且能够使这一群体通过财产性收入的方式，积极参与农业现代化进程并能够有效分享其成果。因此，这一土地资本化的形式能够为进城务工农民自愿退出闲置的农村土地资源，加速“完全市民化”进程提供足够的内在激励。同时，由于农村土地托管中心承担为政府筹集资金的功能，本身不以盈利为目标，土地资本化的增值收益除用于支付农民、信托计划投资者和除本身维护自身运营的必要成本外，剩余部分将作为滚动、持续的留存基金，全额用于政府对新增城镇人口各项社会福利的开支，这又使农村土地托管中心起到了“涨价归公”的桥梁作用。构建以“农村土地托管中心”为核心的土地资本化路径在户籍制度改革中的作用如图 7–2 所示：

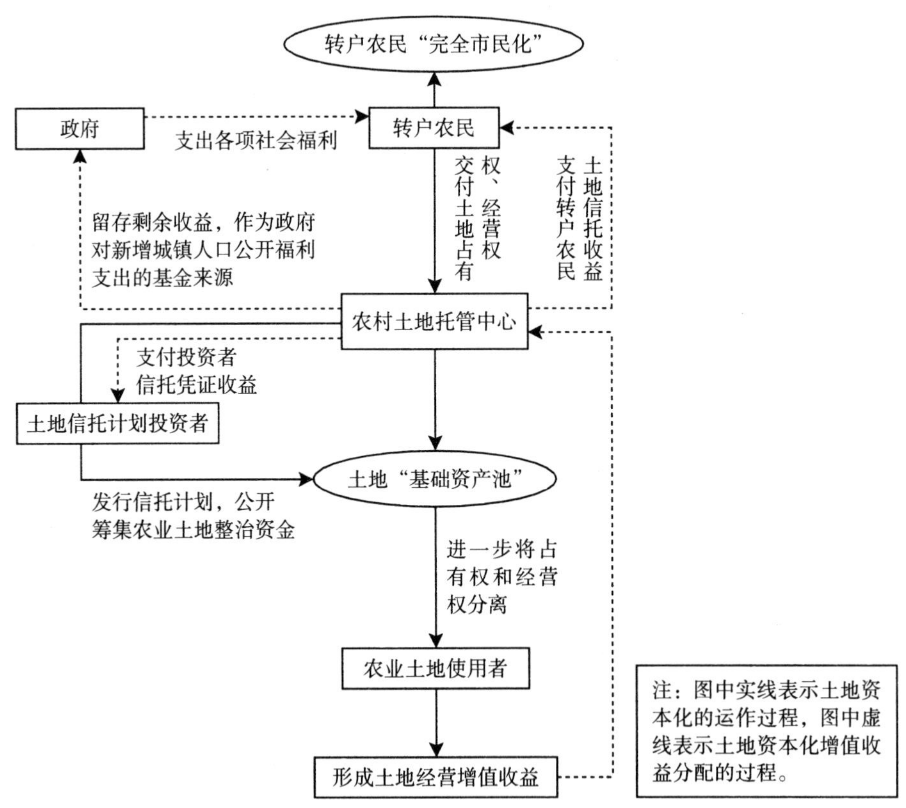

图 7–2　自愿退地农民土地信托资本化示意图

7.2.5　区域性土地银行：创新农村土地金融的拓展性设想

7.2.5.1　区域性土地银行的组织

根据土地集约节约利用和切实保护农民合法的土地权益原则，在农村土地分类、分用途管理的指导原则下，可尝试建立省级政府推动下的农村土地银行，其业务主要包括经营农村土地实物资产业务和农村土地权益资产业务。

（1）由省级农村商业银行、省级主要土地储备机构和其他合法的金融机构作为共同发起人，设立股份制×××省（直辖市、自治区）农村土地银行。

（2）组建农村土地银行监督管理委员会，委员由国资委、国土房管局、城乡建委、农委、林业局等相关部门人员构成。委员会下设办公室，负责日常工作，办公室设在国资委。农村土地银行是直属于省（直辖市、自治区）领导的政策性土地金融机构。其资本金主要部分由省级财政拨付，另对省级主要土地储备机构和金融机构进行股权投资。收益来源主要是农村土地使用权存贷利差、土地租赁、信托等收益及发行土地债券收入。

对于具体的组织机构设置形式，可按照"1+N"原则，设立一个总行和三个分行，即×××省农村土地银行总行，以及若干个次级农村土地银行直属分行。农村土地银行总行主要统筹全省范围内的土地信贷业务的综合平衡管理、制定重大发展战略规划、制订土地银行债券发行计划。N 个分行主要负责各自区域范围内土地使用权存贷、（质）抵押、租赁、信托等业务。另外，可按照"就近申请、统一审核、委托办理"原则，建立与农村商业银行的合作机制。委托本区域内乡镇的农村商业银行网点接受农村土地使用权存贷、（质）抵押、租赁、信托等申请业务；分行统一审核本区域内农村土地使用权存贷、（质）抵押、租赁、信托等申请，对符合条件的给予批准，并委托农村商业银行办理相关事宜。

7.2.5.2　内容

一是经营农村土地使用权存贷业务。农村土地使用权存贷是指申请人以法定一定年限的土地承包经营权存入土地银行，土地银行统一组织土地使用权的借贷，定期收取借贷利息，同时给付申请人存地利息的行为。①申请人向农村土地银行申请存地业务的，相关土地权属证明一并移转，土地银行发放统一制作的存地证明，存地人以此定期收取存地利息。②参照同期银行存款利率水平，土地银行根据土地实际存入年限，从各区（县）经济社会发展实际水平出发，具体研究制定存地利息政策。③存地人成功申请土地使用权存地业务的，不得再将之用于抵押、入股、租赁、托管等流转用途。④农村集体经济组织、农村种养大户、农业龙头企业、农业专业合作社等，向土地银行申请承包经营权贷地业务的，土地银行按照“零存整贷”的原则，向合格的申请人发放统一制作的贷地证，并向贷地人定期收取贷地利息。⑤参照同期银行贷款利率水平，根据各区（县）经济社会发展实际水平，具体研究制定贷地利息政策。⑥贷地人必须规模经营土地，扩大农业产出，对于承包经营权存贷，严禁将土地用于农业生产以外的用途。

二是经营农村土地使用权抵押业务。土地使用权抵押是指申请人将法定存续年限的土地使用权抵押给土地银行，获取融资的行为。①抵押人指包括未转户农民、国有土地储备机构和农村土地整治机构以及其他合法的土地权利主体。②明确资金用途，加强贷后管理。首先，按照“提高土地经营集约节约利用水平、提高土地产出”的原则，抵押贷款必须用于农业生产或农村基础设施建设，严禁用于一切非农性质的领域。其次，土地银行要对贷款实施积极的跟踪管理，要求贷款人要定期报告贷款使用的情况、效益等，同时建立健全农村征信体系，探索建立行之有效的抵押贷款风险规避机制。③建立科学、合理、因地制宜的抵押物处置制度。首先，逾期不能清偿债务的，参照《担保法》及相关法律法规规定，进入抵押物处置程序。其次，坚持“土地利用用途不改变”的原则，土地银行对抵押物面积、质量、区位进行重新评估，以贷地、租赁经营的方式，交付其他土地经营者使用，在对持续、稳定的贷地收益或租金收益折现后，土地银行有权对抵押贷款本息部分优先受偿，若有剩余，为土地抵押人或其他权利人所有。最后，抵押人为未转户农民的，若因无力偿还债务而处置土地，土地银行会同有关部门，研究将之纳入“农转城”体系，享受除承包地自愿退出外的其他相关户籍制度配套政策。

三是经营土地使用权信托业务。指土地权利人（委托人）为有效利用土地，提高农村土地的开发与经营效率，而将土地剩余年限的使用权信托予受托人（土地银行），由受托人管理、运营，将开发经营的利润作为信托收益分配金交付给受益人。①权利主体。若土地权利人为未转户农民的，可以自愿将剩余年限的土地承包经营权以委托转包或委托租赁的形式交付给土地银行，土地银行在扣除其合理报酬和其他费用后，支付委托人对等转包价金或定期给付委托人信托收益。以委托转包方式流转的，参照参加户籍制度改革农民农村土地退出补偿办法，研

究制定转包价金基准价格；以委托租赁方式流转的，按照折现后租金总量与转包价金总体平衡的原则，研究制定土地信托收益。另外，若土地权利人为农村土地整治机构或国有土地储备机构的，可以自愿将剩余年限的土地使用权以实物信托的方式交付给土地银行，土地银行在扣除其合理报酬和其他费用后，定期给付委托人信托收益。②发行土地长期信托计划。土地银行对委托人的土地资产进行集中经营。可采用租赁和发行土地信托计划并举的方式，合理促进土地适度规模经营，提高土地经营和流转效益。土地经营者要定期向土地银行支付土地租金。另外，土地银行可按照土地租赁年限，对不同期限结构的土地租赁收益进行合理测算，面向金融机构、机构投资者等，发行基于土地未来经营收益之上的土地信托计划，以信托募集的资金，积极推进田、水、路、林、村的综合整治或支付委托人的信托收益，同时以增值的土地规模或流转收益，支付信托计划投资人的投资收益。③土地银行务必要将自身资产与土地信托资产分割运行、单独管理，且由农村商业银行作为土地信托资产的实际托管人，并适时提供必要的现金流和结算服务。

四是研究开展发行土地银行债券业务。遵循自愿、互利、有偿的原则，土地银行可以以自有主营业务收入作为担保，发行企业债券，发行企业债券的主体、程序、内容、管理适用相关法律法规规定。①主营业务收入构成。其一是土地使用权存贷利差。主要指各类土地承包经营权、林地使用权及其他土地实物资产的存贷利差。其二是土地使用权抵押贷款收益及处置收益。主要指承包经营权、宅基地使用权和林地使用权抵押贷款的利息收入，或因无力清偿贷款而处置上述各类土地权利后土地银行优先受偿的收益。其三是土地使用权信托的管理者收益。主要指土地银行以受托人的身份收取的一定的承包经营权、林地使用权信托管理费用。其四是其他合法的业务收入来源。②发行方式。其一是制定债券发行章程。章程应详细说明债券发行的对象、时间和期限，明确债券的种类、利率和还本付息方式。其二是建议组成土地银行债券承销团，采取银团委托销售的方式，主要面向公众发行各种利率期限结构的土地银行债券，若有剩余，由各主要证券承销机构负责收购。③资金用途。土地银行债券发行募集的资金必须用于土地银行自身业务经营。即为各类土地使用权存贷、抵押、信托、农村基础设施建设、土地整治复垦提供资金来源，另外，可适当投资部分比例用于购买国债。

7.3 农村土地资本化的保障：建立户籍制度、土地制度与财税制度改革的联动机制

实施农民自由处置（退出）土地前提下的土地资本化，其核心内容无外乎是实现土地使用权权利束中土地经营权和土地收益权的分离，使土地经营权能够集中于比较高效率的农业经营主体，产生农业生产和再生产的增值收益，且借助信用、市场，使一部分增值收益能够量化为足额的货币现值或未来约定一定时期内持续、稳定的收益流，为土地收益权利人所有。实现这一过程不仅仅是微观意义上土地权利的重组，更需要从宏观上对现行农村土地产权制度、城乡户籍制度和财税制度进行联动改革，才能有效保障其实施的效率。其中，城乡户籍制度改革是连接农村土地制度改革和财税制度改革的桥梁，对农村土地资本化的顺利实施具有重要的影响作用。

“只有减少农民，才能富裕农民。”因此，只有将更多剩余的农民从土地上解放出去，才能在土地资本化过程中更好地实现农业人力资本与农业土地的优化配置，不断提高农业生产部门的边际生产率。而将农民从土地解放出去的唯一方法就是加速农村劳动力的转移和农民市民化进程。但目前的实际情况是，由于农民在向城镇转移就业的同时并没有退出农村土地，使得农村劳动力转移和农民市民化进程均呈现“不完全”的特征。中国独有的户籍制度成为制约农村劳动力“完全转移”的障碍，使进城农民在就业方式上呈现“钟摆式迁徙”或“季节性迁徙”的特征，为这种现象提供了一种可能的经济学解释（De Brauw Alan 和 Rozelle，2001；[①] Whalley J. 和 Shuming Zhang[②]，2004；蔡昉，2005[③]），因此，主张对现行的户籍制度进行改革，破除农村劳动力转移的永久性障碍，是消除中国

① De Brauw Alan. Rozelle. Why is Income Inequality so Slow in China：Compared to Other Countries? The Effects of Household Survey Method. Economics Letters，2001（71）.

② Whalley J.，Shuming Zhang. Inequality change in China and（Hukou）Labour Mobility Restrictions. NBER Working Paper10683，2004.

③ 蔡昉：《城乡收入差距与制度变革的临界点》，《中国社会科学》，2003 年第 5 期。

城乡二元结构的必由途径（陆益龙，2002①；蔡昉，2005；刘传江、程建林，2009②）。但同时一些学者认为，户籍制度改革的目的并不在于户籍制度本身，而是在一个更深的领域对隐藏在户籍制度表象之下的农民土地产权制度进行改革，以农民“市民化”过程中的土地增值收益来降低农民进城的门槛，同时为政府形成均质化的公共服务提供足够的财政支撑（陶然、徐志刚，2005③；陶然、汪晖，2011④）。因此，从这一层面讲，户籍制度与土地资本化具有尤其深刻的内在联系。只有通过户籍制度改革，且通过农民“市民化”过程中的土地资本化增值收益再分配，为进城农民提供足够的公共福利，才能促进农民工向市民转变，才能让农民真正退出土地（占有、使用），而只有农民真正从土地上退出，才能使土地资本化成为可能。

7.3.1 案例分析：重庆户籍制度改革阶段性评价

重庆市自 2010 年 8 月启动户籍制度改革以来，计划在两年内解决 338 万农民的城镇户籍问题，十年内使 1000 万农民“变身”，这是几十年来中国户籍制度改革规模最大、影响较深远的一次实践。迄今为止，重庆市已转户农民在 330 万以上，初步完成了既定的短期目标。为进一步了解重庆市户籍制度改革中的现状及问题，课题组于 2012 年 4~6 月对全市“一圈”及“两翼”地区的 8 个区县的乡镇（北碚区金刀峡镇、南岸区迎龙镇、永川区双石镇、大足区宝兴镇、忠县石黄镇、奉节县红土乡、黔江区濯水镇、石柱石家乡）进行了综合调查。调查分为两个阶段：一是通过乡镇领导干部座谈、乡镇基层政府相关工作人员访谈，初步了解了乡镇在推进户籍制度改革的情况及存在的困难；二是采取随机抽样、整群抽取和典型抽样相结合的方法，对以上 8 个乡镇的共计 294 个已转户农民进行了问卷调查，初步了解了他们的生活、就业现状。

7.3.1.1 户籍制度改革的现状

从对 294 户转户农民的抽样调查结果来看，有四个比较显著的现象：

---

① 陆益龙：《1949 年以后的中国户籍制度：结构与变迁》，《北京大学学报》（哲学社会科学版），2002 年第 2 期。

② 刘传江、程建林：《双重“户籍墙”对农民工市民化的影响》，《经济学家》，2009 年第 10 期。

③ 陶然、徐志刚：《城市化、农地制度与迁移人口社会保障》，《经济研究》，2005 年第 1 期。

④ 陶然、汪晖：《“刘易斯拐点悖论”与中国户籍—土地—财税制度联动改革》，《国际经济评论》，2011 年第 10 期。

一是“转户进城少”现象。大多数转户农民的户籍转入地为当地乡镇（73.47%），且大多数转户农民的实际居住地仍然为转户前户籍所在地（79.93%），即仍然居住在农村，没有进入城镇。

二是“转户退地少”现象。目前转户农民对是否退地持观望态度，7.82%的转户农民退出了承包地（可能由于土地保留过渡期政策），44.52%的转户农民退出了宅基地（可能与地票交易有关）。

三是“转户务农多”现象。据调查结果，74.49%的转户农民具有在城镇从事非农职业的需求，但总的来看，现真正从事非农职业的仅占调查总数的29.93%，仍然从事农业耕作的占55.1%，无任何职业的占14.97%。

四是“转户参保少”现象。根据调查结果，大部分转户农民仍然参加原来的农村合作医疗保险（86.39%），且大部分转户农民未参加城镇养老保险（66.67%）。

另外，根据被调查乡镇政府提供的数据来看，转户农民共计144420人，已转户进城定居农民共计3087人，占已转户农民总比例的21.7%；已转户未进城定居农民共计11123人，占已转户农民总比例的78.3%。因此，被调查区域在推进户籍制度改革工作的总体现状是：大部分农民虽然已经转户，但仍旧居住在农村，仍然以从事农业为主，没有享受到城镇的就业、医疗、教育、住房、养老等公共服务。这使重庆市在推进户籍制度改革现阶段呈现“半市民化”的特征。

表 7–4　调查区域转户农民生活现状描述性统计结果

类型	选项	比例（%）
农民户籍转入地	当地乡镇	73.47
	当地区（县）	13.61
	重庆市主城	2.04
	其他	10.88
（转户）农民实际居住地	转户前户籍所在地	79.93
	转户后户籍所在地	14.63
	其他	5.44
转户农民土地退出情况	同时退出承包地、宅基地	5.44
转户农民实际就业状况	依旧务农	55.1
	从事非农经济活动	29.93
	无职业	14.97
转户农民职业教育情况	没接受任何职业教育或培训	69.05
	接受过职业教育或培训	30.95
转户农民子女教育情况	就读农村学校	50.68
	就读城镇农民工子弟学校	2.72
	就读城镇公立学校	12.24
	其他	34.45
转户农民城镇养老保险参保	已参加	33.33
	未参加	66.67

续表

类型	选项	比例（%）	类型	选项	比例（%）
转户农民土地退出情况	保留承包地、退出宅基地	39.8	转户农民医疗保险参保	未参加任何医疗保险	3.74
	保留宅基地、退出承包地	2.38		参加了原来的农村合作医疗保险	86.39
	同时保留承包地和宅基地	52.38			
转户农民城镇购房情况	没有在城镇购房	82.65		参加了城镇的医疗保险	9.86
	已在城镇购房	17.35	转户农民参与户籍制度满意度评价	没转户前的生活好	5.1
				比转户前的生活好	24.83
				差不多	70.07

资料来源：根据实地调查结果整理。

7.3.1.2　户籍制度改革中存在的问题及成因

根据抽样调查，转户农民对参与户籍制度改革的评价是：5.1%的转户农民认为“没转户之前的生活好”，24.83%的转户农民认为“比转户之前的生活好”，70.07%的转户农民认为“跟以前差不多”。因此，大部分农民对参与户籍制度改革的满意程度不高。这根源于目前户籍制度改革中存在的三个问题：

（1）强势的行政指令性计划导致部分农民非自愿转户，是造成户籍制度改革“半市民化”现象的首要原因。户籍制度改革政策的初衷是鼓励进城务工农民工、开发区居民、城镇所在地居民转户，但由于区县在户改初期对相关政策宣传不到位，甚至误读，在推进这项工作时采取了较为激进的指令性方式，使部分不具备转户条件的农业户籍人口转了户。

（2）“五件衣服”落实程度不够使转户农民缺乏可持续发展保障，是当前大部分转户农民不愿意进城的直接原因。农村居民转户后，虽然在户籍身份上发生了变化，但在城镇住房、养老、教育、就业、医疗、低保等方面均有相应的政策条件（比如城镇职工养老保险和城镇职工医疗保险参保的缴费水平高、要求有依托单位），转户居民如不符合现行相应的政策规定，仍难以将其纳入相应的保障范围内。

（3）转户与退出土地脱钩使部分农民可能同时占有农村和城镇“两份资源”，是目前区县政府推行户籍制度改革工作后续乏力的根本原因。由于当前户籍制度改革推行过程中农民转户与退出土地脱钩，这意味着转户农民可能会同时占有“农村土地”和“城镇公共服务”两份资源，而在现行财税体制约束下，势必会加重户改的经济成本，并将在很大程度上稀释既有的城镇公共福利。

7.3.2 建立户籍制度改革与土地及财税制度改革的联动机制

7.3.2.1 建立户籍制度改革与土地及财税制度改革联动机制的必要性

建立户籍制度改革与土地及财税制度改革的联动机制，是近年来国内在城镇化研究领域中的一个前沿命题。杨重光（2000）[①]最早注意到了户籍制度改革与农村土地制度改革的联动作用，提出了农民由农村户口转为城镇户口，可相应地收回其农村的土地承包权，但仍可保留宅基地使用权的观点。陆铭、陈钊（2009）[②]基于劳动力跨区域自由流动以实现区域均衡发展的假设，提出了建设用地指标的跨地区再配置的观点：获得更多建设用地指标的沿海城市应更多吸纳非户籍常住人口为本地城镇户籍人口。进一步，陶然、汪晖（2011）[③]立足于对深圳城中村改造的调查，提出了以集体建设用地入市为核心的土地改革和配套财税体制改革以推动户籍改革，最终推动地方财政、城市化乃至整个发展模式的转型发展的观点。

根据以上对重庆市户籍制度改革阶段性现状的分析，一个基本的观点是：虽然重庆市户籍制度改革过程中并不要求转户农民退出土地，但农民是否愿意退出土地，却是决定户籍制度改革效率的重要因素之一。在户籍制度改革推进的过程中，由于地方政府，尤其是区县、乡镇政府无力筹集大规模农民转户后用于新增城镇人口的公共福利开支，农民仍然无法脱离“土地保障”，而如果按照现行过渡期政策，农民既享有城镇福利，又占有农村土地资源，这必将降低城镇整体公共福利的水平，同时又不利于以农村土地适度规模经营和集约化利用为特征的土地资本化进程。因此，土地资本化得以顺利推进的基本保障是：农民在市民化的过程中能够自愿退出对土地的占有。而农民自愿退出对土地的占有又取决于退出土地的综合收益不得低于持有土地的综合收益。设农民退出土地的综合收益为 R_a，农民持有土地的综合收益为 R_b，农民退出土地占有后在土地使用权剩余存续

---

① 杨重光：《城市化过程中土地政策调整与人口户籍变更》，《中国土地科学》，2000 年第 6 期。

② 陆铭、陈钊：《为什么土地和户籍制度需要联动改革——基于中国城市和区域发展的理论和实证研究》，《学术月刊》，2009 年第 9 期。

③ 陶然、汪晖：《“刘易斯拐点悖论”与中国户籍—土地—财税制度联动改革》，《国际经济评论》，2011 年第 10 期。

年限的预期收益为 R_1，农民集体经济组织对农民退地的综合补贴为 R_2，政府对农民成为市民后提供的社会福利补贴（包括就业、医疗、社保、教育、住房等）为 W，则农民退出土地的保障收益 R_a 可进一步表达为：$R_a = R_1 + R_2 + W$。假设外出务工的农民对土地采用撂荒或采取将之流转的方式，并且撂荒的收益为 0，对土地流转的综合收益的最大值可近似理解为农民退出土地占有后在土地使用权剩余存续年限的预期收益 R_1 与农民集体经济组织对农民退地的综合补贴 R_2 之和，则要使农民自愿退出土地，即要使 $R_a > R_b$，关键取决于 W 的大小。而 W 的大小则受到户籍制度改革效率的影响。

如果在现行的农村土地产权制度环境内，农民外出务工但“离土不离乡”，仍然将土地作为退守农村的最后一道保险，宁愿撂荒也不愿意主动进行流转，则 $R_1 + R_2$ 的数值可近似理解为 0，另外，在不发生户籍制度改革的前提下，进城农民无法享受和城镇居民同等的社会福利待遇，在城市生活却游离于城市体系之外，则 W 的数值也可近似理解为 0。此时，农民持有土地的保障收益 R_b 可理解为农民在未来一定时期内选择回到农村务农的期权，且该期权为农民提供了至少能够保障其基本生存的价值，因此，$R_a < R_b$。

如果对现行的农村土地产权制度进行改革，在坚持家庭经营的基础上促进土地占有权、经营权和收益权的彻底分离，进城农民能够自由地凭借土地收益权参与对农业集约化经营的增值收益分配，则 $R_1 + R_2$ 的数值为正；而由于进城农民选择将土地交付更具效率的农业主体进行经营而不是撂荒或被动地流转土地（例如代耕等），则农民持有土地的保障收益 R_b 为 0，此时，从理论上讲，$R_1 + R_2 > R_b$。

因此，在实施农村土地产权制度改革的前提下，能够在一定程度上实现进城农民土地的集约化经营。但前面提到，土地资本化得以顺利推进的基本保障是：农民在市民化的过程中能够自愿退出对土地的占有。仅仅是推进农村土地产权制度改革，并不一定能够增加农民自愿退出的激励。接下来我们再结合户籍制度改革来进一步观察。假设在不存在户籍制度改革的情况下，进城农民同样享受不到地城镇居民同等的社会福利待遇，甚至会遭到某些歧视性的待遇，这将极大程度地降低农民对城市生活的满意度、信心和生活水平，使 W 的数值为 0 甚至为负，这也意味着农民持有土地的保障收益 R_b 的期权价值进一步显化，即进城农民可能因城市生活不如意而在未来某一时间选择继续回家务农，这使得 R_b 的数值为正。因此，综合来讲，R_a 与 R_b 的关系呈现不确定状态，在不存在户籍制度改革的环境中，农民不一定会选择自愿退出土地。反之，假设存在户籍制度改革的情形，进城农民能够享受与城镇居民同等的社会福利待遇，通过农民市民化进程使农民成为完全的市民，则 W 的数值为正，又由于进城转户农民同时能够享受到土地“权益”资产带来的持续性财产收益，此时 $R_a > R_b$。从理论上讲，农民具备了退出土地的正向意愿。

但是，如 7.3.1 节重庆市的案例分析所示，一部分农民一方面参与了户籍制度改革，但另一方面并未自愿退出农村土地。这种悖论似乎与前述的分析相矛盾。原因在于，重庆市目前实施的户籍制度改革是不完全的，这种不完全性主要体现在政府无力支付大规模“农转城”新增城镇人口公共社会福利的各项开支。因此，W 的数值并未如同预期，其增长的空间有限。同时，由于转户农民又并未自愿退出土地，使保障性土地期权的价值进一步强化。所以，仅仅依靠农村土地产权制度改革和户籍制度改革不足以能够为以农民自愿退出土地为特征的土地资本化提供足够多的保障，还需要从更深层次上对现行财税体制进行改革，有效解决新增城镇人口公共社会福利财政支出与需求的缺口问题，才能提高户籍制度改革的效率，更好实现农民“市民化”，提高农民自愿退出土地的激励。

7.3.2.2 建立户籍制度与土地及财税制度联动机制

第一，积极推进农民土地财产权制度改革。现行农村土地产权制度侧重于对农民基本生存的资源性保障，而对农民财产权的保护不足。尤其在工业化、城镇化加速发展过程中，进城农民不能充分利用土地财产权参与对工业化、城镇化发展成果的共享，这使土地对农民“资源性保障”的作用随着二元结构深化而逐渐强化。在坚持农村家庭联产承包责任制和保证农民土地承包关系长久、稳定的前提下，积极、稳妥地推动农村土地使用权制度改革，其要点有三：①农民土地“收益权”物权化。进一步促进农民土地收益权从土地使用权束中分离出来，使农民能够在占有土地的情况下也能够参与对土地经营收益的分配。②赋予农民可自由行使土地使用权处置的权力。一是应允许农民根据实际需要，灵活、自由地抵押土地，但同时必须建立完善的抵押风险规避机制和抵押权实现后失地农民的保障机制；二是应建立健全农民自愿退出土地的相关制度建设。在土地用途不发生改变的情况下，农民自愿退出土地的对象是本人所在的集体经济组织，且退出的方式可以灵活多样，例如完全退出土地使用权（由集体经济组织完全购买该户农民在土地使用权剩余年限的所有权利）、部分退出土地使用权（农民仅退出土

地的占有权和经营权，但可以保留收益权和社员资格）等。③明确农村土地使用权和城镇土地使用权"同权"的性质。强化农村集体土地所有权的法律地位。在土地用途即将发生转变的情况下，农村集体经济组织能够独立行使土地所有权人的权利，与国家土地所有权对抗。即在土地征收的环节中，建立政府和农村集体经济组织平等的协商和议价机制，确保土地转用后一部分土地资本化增值收益能够用于对被征地农民可持续发展的保障，同时抑制工业化、城镇化进程中"土地城镇化"现象的恶化，为实现"人的城镇化"创造积极条件。

第二，建立户籍制度改革中农民自愿退出土地的长效机制。从表面上看，户籍制度改革是通过一系列的制度安排使农民成为"市民"，与农民是否退出土地（承包地和宅基地）没有直接的关系。但从深层次来看，决定户籍制度改革绩效的核心问题恰恰正是农民的土地（权益）在市民化的过程中如何退出、保留或转化的问题。如果农民在市民化以后仍旧保留土地，尤其是保留土地的占有，一方面享受城镇的社会保障资源，另一方面享受农村的土地保障资源，则这对于其他既有市民是不公平的，而且也丝毫无助于农村土地撂荒、粗放经营现象的减少，更重要的是，土地"资源"不能在农民市民化过程中有效通过资本化的路径转化为"资本"，不利于工业化、城镇化和农业现代化的同步发展。因此，有必要在户籍制度改革中建立农民自愿退出土地的机制。这包括以下要点：①达到大城市落户标准的，农民可自愿转为该地城镇居民，但必须完全退出农村土地的使用权。据统计，2011 年全国外出农民工中，流向直辖市、省会城市和地级市的占 64.7%，这些城市绝大部分为大城市。但大城市本身承载能力有限，市民化成本高，"城市病"现象明显。由于交通、宜居环境恶化和房价不断上涨等外部性因素，大城市吸纳外来人口的能力十分有限。进城农民如果自愿转为大城市户口的，说明其本身就有在大城市生活和就业的资历、经验、资金和知识技能积累，这部分人期望获得和其他城镇居民同等的社会福利的动机是强烈的，尤其看重下一代子女在城镇接受公平教育的机会，因此，农村老家土地对他们的社会保障作用已不明显。对这部分人群，可制定城镇户籍取得与土地完全退出挂钩的政策，即完全退出对土地（承包地、宅基地）的占有和经营，并依照相关规定获得退出土地的补偿。②重点推动农村人口向中小城市，尤其是小城镇转移。由于农村劳动力转移过程中大城市对中小城市及小城镇的"挤压效应"，在大城市规模迅速扩张的态势下，小城市数量和人口比重都在不断下降，中等城市人口比重也逐年呈下降趋势，城市人口规模分布有向“倒金字塔型”转变的危险（魏后凯，2013）。而往往这些区域拥有劳动力、土地、农业及矿产等资源优势，却得不到有效的利用，因此，以现有县城和有条件的建制镇为基础，以农业现代化企业为引擎，着力在基础设施、公共服务方面加速推进城乡一体化进程，大力促进农村人口向小城镇转移，是推进户籍制度改革的重点。对自愿转入该类区域的农民而言，可完全放开其落户的门槛。例如可承诺其在转户的同时，承诺保留农村土地剩余年限的土地收益权（自转户之日起开始计算），但应该退出土地的占有权，同时，结合当地的资源特色和农业现代化下游产业的需求，在小城镇建立实现“转户农民充分就业”为特征的农业产业化体系，保证落户农民能够以工资性收入和财产性收入共同参与“人的城镇化”过程中资源利用、产业发展和社会进步的红利分配。

第三，实施财税制度改革，建立农民市民化过程中多元化的财政成本分担机制。据预测，2020 年我国城镇化率将达到 60%左右，到 2030 年将达到 68%左右。据魏后凯（2013）估计，在 2030 年以前，全国约有 3.8 亿农业转移人口需要市民化。若市民化成本平均每人为 10 万元左右，则要将这些进城农民全部实现市民化，需要支付近 40 万亿元的成本。① 显然，如果按照这一估算，依靠现行财税体制是不可能实现的。一般认为，要解决转户农民大规模进城的社会福利支出问题，可采取政府、用工企业和转户农民自身共同负担的方式，但即使按各自取 1/3 计算，政府用于支付农民“市民化”的成本也是十分巨大的，在现行财税体制内筹集这笔庞大的资金基本不现实。因此，对现行财税体制进行改革，显得尤为必要。①逐步减少“土地财政”的依赖，建议“以税代租”，建立健全土地交易税制。现行的土地使用权出让制度实质上是土地租金贴现，从理论上讲，不属于税收范畴。可尝试对城镇规划区内新增城镇建设用地不采用“征地—储备—出让”的方式，而采取在需地方和供地方自由协商、谈判并成交后，政府开征例如土地交易契税、土地用途转用税以及经营性土地增值税等税种，并逐渐纳入地方税收系统，以避免土地出让收入这一非税收入在统一支出时的各种问题。②调整中央与地方土地出让收益分成比例。根据区域经济社会发展的程度，制定差异化和梯级的出让收益上缴中央的政策。经济发展程度越高的区域，向中央缴纳土

① 魏后凯：《加快户籍制度改革的思路和措施》，《中国发展观察》，2013 年第 3 期。

地资本化增值收益的比例就越高，反之，则越低。执行该政策的目的在于进一步规范经济发达地区土地出让收益的收支范围，缩小其自主支配土地出让收益的空间，尽快减小该类地区对“土地财政”的依赖程度，并向探索“以税代租”的新型土地财政转变，同时，通过建立全国土地出让收益公共基金，主要用于加大对欠发达地区城镇化进程，尤其是“人的城镇化”的投入和扶持。③以实施房产税为试点，促进现行税制由“流转”环节征税向“保有”环节征税转变。进一步完善并确立全国房产税征收试点城市范围，依据区域房地产市场价格的实际情况，制定差异化的房产税起征政策，房价越高的城市，房产税起征的基数越高，反之，则越低。同时，尽量减小居民在房产交易过程中的各种税收成本。总之，通过减少“土地财政”，开辟“以税代租”、积极调整中央与地方土地出让收益分成比例、实施以“房产税”为主要内容的一系列保有税制改革，增强现行财税体制与城镇化发展程度的适应性，以更好解决大规模农村人口“市民化”过程中政府用于支付各项社会公共福利的财政问题。

7.4　结语

本章主要对农村土地资本化的关键环节、重点路径和保障做出了相应研究。通过研究认为：在土地使用权和土地收益权“两权”分离的基础上，农村土地资本化的关键环节是农民自愿、有偿地退出土地使用权的占有和使用权能，以保留的土地收益权要求对土地规模经营或土地用途转换导致过程中的增值收益进行货币化的分配，并以宅基地为例，重点研究了农民自愿退出土地的影响因素。进一步，在假设农民自愿退出土地使用权的基础上，研究了农村土地资本化的重点途径：通过土地与金融“两极”结合，即推行土地金融，有效将土地实物经营利用和土地资本化权益再分配结合起来，并尝试提出了创设农村土地银行的设想；最后，研究了土地资本化的保障，即建立土地制度、户籍制度和财税制度改革的联动机制。以重庆市户籍制度改革为例，分析了其现状和成因，指出政府无力支付新增城镇人口的社会福利而导致农民缺乏自愿退出土地的内在激励是导致当前“半市民化”的主要问题。针对这一问题，主要提出了以下观点：①通过农民土地“收益权”物权化、赋予农民可自由行使土地使用权处置的权利、明确农村土地使用权和城镇土地使用权“同权”的性质这三个方面以加速农村土地产权制度改革；②建立农民土地退出与农村人口向城镇空间转移的协调机制以提高户籍制度改革效率；③逐步减少“土地财政”的依赖，建议“以税代租”、建立健全土地交易税制，调整中央与地方土地出让收益分成比例，以实施房产税为试点促进现行税制由“流转”环节征税向“保有”环节征税转变。只有积极实施农村土地财产制度改革、户籍制度改革和财税体制改革，才能有效解决进城农民的后顾之忧，使之尽早脱离“土地资源保障”的情结，为实现以土地适度经营和集约化利用为主要内容的土地资本化提供必要的保障。当然，对于土地资本化进程中的农民社会保障问题，是一个新的理论问题，在未来还有深入研究的必要。

第 8 章　新型农村土地资本化对经济转型发展的作用、实施方式及风险防范

前述的分析大致可以表述为：在“二分法”原则下，城镇土地资本化对中国经济增长的作用主要是通过“土地财政”的方式，在短时期内依靠土地资源贴现（资本化）的方式加速了资本的积累，成为推动地区经济强劲增长的动力。但基于这一土地资本化发生作用机制的路径依赖于外生性的土地资源价值贴现，而土地本身作为一种不可再生（或曰不可逆）的生产要素，在长期发展过程中以资源换取增长是不明智的，更是不可持续的。但工业化和城镇化的高速发展同时又必然要求物质资本的进一步积累，并能够转化为连续性的投资。因此，中共十八大提出：“推进经济结构战略性调整，必须以改善需求结构、优化产业结构、促进区域协调发展、推进城镇化为重点，着力解决制约经济持续健康发展的重大结构性问题。要牢牢把握扩大内需这一战略基点，加快建立扩大消费需求长效机制。”由投资拉动变为需求推动，成为经济增长方式转型的必然选择。在“土地财政”的发展路径下，地区经济增长的主要动力来自于政府主导下的土地资本化，直接通过土地资源的贴现转化为拉动地区经济增长的投资，但同时，居民的储蓄主要用于购房或投资于股市，并未有效地被转化为生产性的投资。另外，由于二元结构的存在，农民收入增加幅度缓慢且农村地区无法像城镇地区一样，可以通过土地用途转变后的“资源贴现”效应，在短时期内积累起促进农村经济发展的资本，因此，“三农”问题在工业化、城镇化高速发展的同时，越来越显著。从目前来看，农村土地资本化体现于农民自发的土地流转过程中，但因土地流转本身的多样性、分散性和低效益性，无法在村、社内部形成快速的土地资本化增值收益积累，也无法形成农村居民的有效储蓄，进而无法成长为足够大的能够拉动农村经济发展的投资。在经济发展方式转型的背景下，如何形成以农村内生型资本积累为特征的土地资本化，以全面提高农民财产性收入在储蓄中的比例，并增加

将这部分非生活性储蓄积累转化为投资的激励，可能是实现中国经济由“政府投资”拉动向需求推动转型的重要环节。前述第 7 章主要论述了农民自愿处分土地前提下土地资本化的实施路径，进一步，为区别已有的农村土地资本化，我们将这种建立在农民自愿行使土地处置权（退出权）这一基础上的农村土地资本进行自我积累的过程称为“新型农村土地资本化”，并重点分析它对我国经济发展方式转型的作用机制、实施方式，同时，对这一过程中可能出现的风险作出预测性的描述，并对其防范和应对机制进行适度、前瞻性的探讨。

8.1 新型农村土地资本化对经济转型的作用及机制

8.1.1 新型农村土地资本化对经济转型的作用

前面主要对农村土地资本化的实施路径进行了必要分析，认为农民在自愿行使土地处分权（尤其是退出权）的基础上，推进农村土地信托、土地银行等方面的建设，是实现农村土地资本内生性积累的必要路径。但这一论述是从微观层面上讨论了农村土地资本化的形成、运行机制，还需要从更宏观的层面，即基于如何推动工业化、城镇化和农业现代化同步发展的视角，研究这种新型的土地资本化对促进中国经济转型发展的作用。

8.1.1.1 新型农村土地资本化与提升工业化内在质量的关系

在快速工业化的过程中，我国形成了以劳动密集型和资本密集型为主要形态的工业化集聚方式，这种方式在较短的几十年间快速提高了工业化发展的进程，但由于这种工业化发展方式内在的创新能力不足、结构单一、要素使用粗放等固有缺陷，其增长的空间必定会面临“瓶颈”，因此，转换和优化产业结构，加快传统产业转型升级，推动服务业特别是现代服务业发展壮大，成为工业化发展方式转型的当务之急。在传统的“土地财政”资本化发展路径下，土地被廉价或低价出让给工业企业，尤其是效能低、污染重的制造业，且被征地农民被强制性或半强制性地进入工厂，大部分被征地农民除了一笔土地征用补偿外，却一无所有。这使传统工业能够在以极低的土地和劳动力成本基础上，在短时间内实现利

润和规模扩张。事实证明，这种工业发展方式已越来越不适应经济和社会发展的现实需要。而根据我们前面章节的分析，以农民自愿行使土地处置权为前提的“新型”农村土地资本化却有着“土地财政”资本化无可比拟的优势，它更适应经济和社会发展转型的需求。第一，“新型”农村土地资本化可以提高工业用地的门槛，从而引导工业积极进行产业结构调整和产业结构区域布局。与“土地财政”资本化不同，“新型”农村土地资本化强调农民集体经济组织、农户和用地企业在平等的基础上进行自由谈判、协商，而非在“土地征收”的环境下由政府发展本地经济的动机，以低价进行招商引资竞赛，引进特定的工业企业。因此，在“理性人”的前提下，各方都出于自身利益最大化的目的进行博弈或合作，能够保证土地交易的最优价格和土地转用后的最优用途或产业发展方向（当然，这是以国家的土地利用规划和用途管制政策为前提）。而一旦用地企业以正常的市场交易价格获得了土地，则必定优化企业经营的方向和结构，以最大程度提高单位土地产出值，以获得企业经营的正常利润，这就为工业企业如何提高自我的产出效益、经营水平、管理等提供了外部激励。第二，“新型”农村土地资本化可以促进“劳动密集型”工业化发展向“人力资本主导型”工业化发展转变。在“土地财政”资本化发展路径下，一部分被征地农民只是单纯地实现了由农民向产业工人身份的转换。而由于从业环境和自身素质的局限，只能从事固化、重复性的劳动，而这又会反过来造成企业经营内在创新能力的不足。而可以预测的是，在“新型农村土地资本化”的发展路径下，如果农民能够获得除工资性收入以外的一部分财产性收入，这笔收入可为农民自愿争取教育资源和提升自身素质提供坚实的基础，而一旦农民的教育结构和综合素质得到改善，其就业的流动性、广度和深度就会加强，这对逐渐形成以“人力资本主导型”的工业化发展路径提供了内生性的基础。

8.1.1.2　新型农村土地资本化与推进城镇化发展的关系

就目前我国城镇化发展的现状来看，呈现两个特征：一是城镇化发展水平滞后于工业化发展水平。城镇化发展在空间形态上体现为在“土地财政”资本化的激励机制下，农村土地被随意转化为城镇建设用地，造成城镇用地规模的无序扩张，但同时，受制于城乡二元分割的户籍制度，农村劳动力尽管大量涌入城市，但遭遇城市就业、教育、社保等门槛限制，无法完成“市民化”进程，这使得我国在推进城镇化进程中出现了土地城镇化水平远远大于人口城镇化水平的现象，进而使得城镇化发展进程呈现出大多数发展中国家面临的“城市病”：一方面，农村人口大规模涌入大城市，使大城市的城市生态进一步恶化，负外部性加剧；另一方面，尽管中小城市不乏对农村转移人口落户出台优惠政策，但效果不明显，这就形成了我国城镇化发展进程的第二个特征，即城镇化发展过程中大城市“过度城市化”与中小城镇发展水平滞后的现象并存。而新型的农村土地资本化可以有效解决我国城镇化发展过程中这一阶段性难题。如果政府、农民集体经济组织、农民和用地者能够以平等的身份参与土地资本化过程（例如：在土地利用规划制度、土地用途管制制度的前提下，农民集体经济组织、农民可以以土地所有者和使用者的身份独立地与需要用地的企业进行自由谈判，而国家可以利用税收制度对交易双方进行调节），由于各方都能够在市场交易规则下理性衡量自身的最大化经济利益，则会对于农村土地无序、随意转为城镇建设用地的现象有显著的抑制作用。更为重要的是，农民在自由行使对土地的处分权（退出权）后，能够以收益权参与对土地资本化增值收益的分配，从而在进城务工工资性收入之外，还具有了财产性收益，这将进一步提高农民自愿参与城镇户籍制度改革的内在激励。同时，退出土地并不意味着农民完全放弃土地的最终权利，相反，大多数转户农民宁愿就地或就近从事或参与与土地相关的经济活动，这就提高了农民在离自己土地最近的中心集镇或小城市定居和落户的积极性。事实上，大力发展小城镇是我国新型城镇化发展战略中的核心内容，而适度推进新型农村土地资本化，将会有助于实现农村劳动力由大城市转移、向小城镇转移的转变。

8.1.1.3 新型农村土地资本化与推动农业现代化体系建立的关系

新型农村土地资本化另外一个重要范畴是：在农民自愿退出对土地的占有后，可以使土地进一步向更具有农业规模经营意愿和能力的主体转移（种养大户、家庭农场、专业合作社以及龙头企业等）。这在客观上有利于土地的适度规模化利用和集约经营，而这恰恰是建立现代农业的必要前提。一方面，退地农民在退出土地占有和经营权后，如果仍然具有务农的意愿，则可以以农业工人的身份继续从事农业经济活动；另一方面，能够凭借保留的土地收益权参与对农业规模经营或集约化利用的农业增值收益分配，这就使得农民同时享有了工资性收入和财产性收入。与前述第二点不同的是，此处不涉及土地用途的变更，即使农民自愿退出土地，用地者仍然能从事农业经济活动。但不管是土地用途变更或不变更，农民在选择自愿退出土地后都能够享有到两份收入：工资性收入和财产性收

入。更重要的是，通过土地“占有权”和“收益权”相分离，将多数农民从土地上解放出来，使土地向少数农业大户、龙头企业等集中，促进土地规模化、专业化、集约化经营，这就为建立农业现代化体系奠定了良好基础。

8.1.2　新型农村土地资本化促进“三化”同步发展的机制

实现经济发展方式转变的现实路径实质上是走新型工业化、城镇化和农业现代化道路。如上述分析，新型农村土地资本化对推动工业化、城镇化和农业现代化同步发展具有积极作用，概括起来，新型农村土地资本化促进“三化”同步发展的作用可以表述为以下三个方面：第一，新型农村土地资本化为推进城镇化，尤其是激励农民在小城镇定居落户提供了激励，并通过户籍制度改革这一机制，以较小的成本实现了“市民化”；第二，新型农村土地资本化为提升工业化内在质量准备了必要条件，农民自我发展资本的积累，有助于提高农民自愿提升内在素质的意愿和机会；第三，新型农村土地资本化为助推农业现代化奠定了基础。通过农民自愿退出土地的行为，使农业土地能够进一步适度集中或集约化经营，为建立农业现代化体系奠定良好基础。

从新型农村土地资本化作用于“三化”同步发展的机制而言，将涉及三个方面的机制：一是运行机制。如前面第 7 章所述，可以通过土地信托和创设农村土地银行等方式实现农村土地资本化的路径创新。二是政府的管理机制。在改良单一的“土地财政”资本化方式的基础上，政府可以通过土地—户籍—财税的联动机制，以征税的方式对土地资本化过程中的各参与主体进行调节，使土地资本化符合土地利用规划和土地用途管制的各项规定，从而更为严格贯彻最严厉的耕地保护制度并实现土地资源的节约和集约利用。三是土地资本化收益分配的保障机制。通过“涨价归农”和“涨价归公”的双重保障机制，即通过新型土地资本化进程，农村集体经济组织对未转变土地用途的农村土地行使最终所有者的职能，留存一部分土地资本化增值收益，作为本地农村经济发展的留存基金；政府对转变土地用途的农村土地行使委托管理者的职能，留存一部分土地资本化增值收益，作为在户籍制度改革中有效增加新增城镇人口公共福利资金的来源。新型农村土地资本化在促进“三化”同步发展进程中的作用及机制如图 8–1 所示。

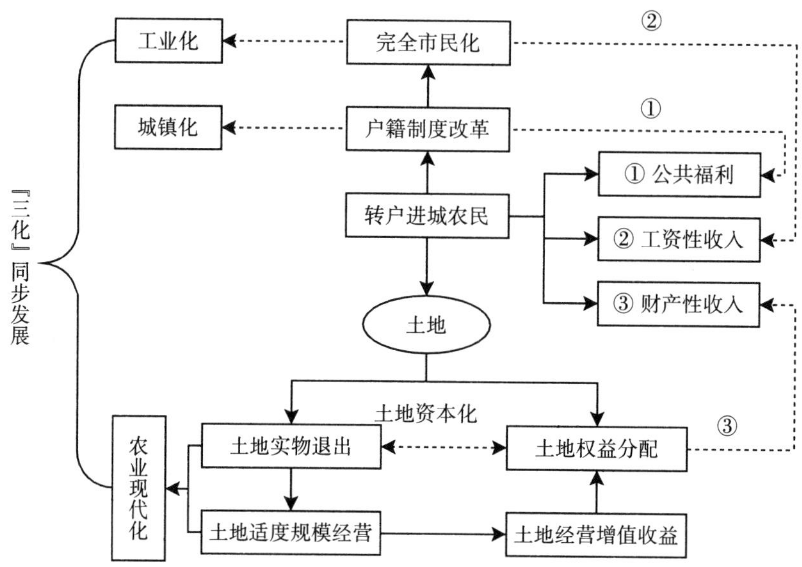

图 8-1　新型农村土地资本化与"三化"同步推进关系示意简图

注：①分摊公共福利支出；②获得工资性收入；③获得财产性收入。

8.2　新型农村土地资本化实施路径的可行性及实施方式

8.2.1　新型农村土地资本化实施路径的可行性分析

前述第 7 章对农村土地资本化的重点路径进行了分析，认为在农民自由、自愿行使土地处分权（退出权）的基础上，建立区域性的土地银行或土地信托是实现农村土地资本化路径由"分散"向"适度集中"转变的重点。农民自由处置土地的程度、农村土地交易市场发育的成熟程度和政府对其行为及角色的转变是决定新型农村土地资本化绩效的三个决定性因素。接下来，我们将具体围绕这三方面，对这种资本化路径的可行性作出具体的分析。

8.2.1.1　农民自由处置土地的程度

从目前实施的农村土地产权制度来看，农民的土地被作为一种集体经济组织内部成员的福利保障权，但其核心权能，即处分权一般被法律所限制。例如《物

权法》、《土地管理法》、《担保法》等并未明确规定农民对土地享有最终的处置权，而是对农民行使土地处置权的范围做出了严格的限制。限制农民自由处置土地的制度安排的设计目的是为了保障农民的基本生存资源不会因处分权实现而被剥夺，从而造成一系列的经济、政治和社会问题。但事实上，在农村经济活动中，农民对土地实施处置的现象并不鲜见。以土地抵押为例，尽管《物权法》第 184 条明确规定农民的宅基地使用权不得抵押，但实际上自 2002 年伊始，江苏省嘉兴市等地开始以农村房屋所有权进行抵押，以获得农业生产投资，这在我国“房随地走，地随房走”的房地产立法环境下，实际上是变相地对宅基地使用权进行了抵押；而后重庆市等地施行的“三权抵押”，即林权抵押、土地承包经营权抵押和房屋所有权抵押，实际上也是对相关法律禁止农村土地抵押融资的条件做出了变通的制度安排。这充分说明，农民对土地权利的认识已经超越了“生存保障”，且对于土地权利作为一种资产能够为自己带来更多的经济利益的需求越来越强烈。事实上，这一制度安排被赋予了过多的政治意义，而忽略了自身的经济意义。为了防止出现两极分化，强制性地将土地和社会保障相联系，例如在亚洲金融危机和 2008 年全球金融危机时，很多进城农民出现“回流”现象，回家务农，因此我们就认为如果进城农民没有了农村土地，就会失去生存的最后一道屏障，进而会引起社会动荡。但实际上，大量的进城农民及其子女已经在城市生活、就业和接受教育，即使是在金融危机这种极端的情况下，他们中的大多数，尤其是“二代”农民工，不是不愿意回到农村务农，而是因为即使回到农村，也已无地可分。这是因为其他农民已经占有了土地，即使闲置、撂荒，也不可能退出土地。这并不是农民不愿意主动处置或退出土地，而是由于现行土地制度并没有赋予农民自愿退出土地的权利，因此，这造成了农村现行土地权利制度的窘境。

从目前农村土地权利制度发展的趋势来看，农民土地权利的进一步物权化和完整化应该是大势所趋。依据有以下三点：一是中央政府已经认识到改革农村土地制度的紧迫性，在中共十八大报告中明确提出：“改革征地制度，提高农民在土地增值收益中的分配比例。”征地制度是农民唯一能够处置土地的途径，但这种处置并不是基于市场自由交易契约基础上的农民自愿处置土地的行为。可以预测的是，在下一步征地制度改革的条件下，作为农村土地所有者的农村集体经济组织和作为农村土地使用者的农户将会被赋予更多的处置性权能，能够更独立、更主动地参与土地用途转变过程中的交易谈判，并能获得更多的土地增值收益。

二是各地方政府支持农民自由处置土地的政策路径越来越清晰。例如天津市、广东省、成都市等地目前正在探索的“农村建设用地直接入市”的做法正在进一步探索和成熟，重庆市实践的农村“三权抵押”机制，尤其是抵押权实现的风险防范和应对机制也在不断地完善，总之，各地推行的“同地同权”的试验正方兴未艾，尽管在目前看来有些“合理不合法”的性质，但这终究是改革源头的积极信号。三是一些地方政府支持农民自愿、自由地行使土地退出权的制度正在积极酝酿。以重庆市为例，在户籍制度改革的背景下，于2010年制定了《户籍制度改革中农民土地退出的办法》等政策文件，尽管目前大规模地推行仍具有很大的难度，但对于全市新增经营性土地使用权的取得，明确规定了必须通过地票交易的方式，这实际上就增加了农民自愿退出闲置宅基地的积极性。以宅基地而不是以承包地作为目标，可能是探索农民自由行使土地退出权的一个重要突破口。

8.2.1.2　*农村土地交易市场发育的成熟程度*

土地资本化需要一个比较足以支撑物质、信息、技术等各种要素自由交易的平台，而这取决于农村土地交易市场的发达程度。从目前的情况看，农村土地市场的发育程度远远滞后于城镇土地市场的发育程度。在城镇已经形成了较为成熟的土地一级交易市场、二级市场和房地产交易市场，但农村的土地交易市场以农民私下流转土地为主，具备较显著的非制度性特征。但可以预测的是，在未来的一段时间内，农村土地交易市场将实现由“非制度性”路径向“制度性”路径转变。这源于以下三个因素：一是需求者依赖正式的制度路径获得农村土地的可能性将越来越大。在用途转变的条件下，需地者（企业及其他社会组织）可以不通过“征地”这唯一的路径获得土地，而是可以与供地方（农村集体经济组织、农户）直接以谈判的方式，自愿约定土地资本化增值收益分配方式，进行联建、入股、委托经营等多种形式的开发；在用途不转变的条件下，需地者（种养大户、家庭农场、专业合作社及龙头企业等）同样可以与供地方（农村集体经济组织、农户）进行约定，以土地银行、信托等方式进行适度规模化经营和土地的集约化利用。例如，2013年中央1号文件明确提出：“坚持依法自愿有偿原则，引导农村土地承包经营权有序流转，鼓励和支持承包土地向专业大户、家庭农场、农民合作社流转，发展多种形式的适度规模经营。”这为新型农业经营主体取得农户分散、闲置或撂荒的土地进行集约化经营提供了有利的政策依据。二是农村土地市场交易的信息平台正进一步制度化。为解决农村土地交易或流转中“信息不对

称”的问题，更好维护交易双方的权益，尤其是农户的权益，各地正在积极探索统一、有形的农村土地交易市场的建设。例如成都市的农村土地产权交易所，对林地、承包地流转的数量、价格、区位、流转方式等信息进行统一发布；对农村建设用地指标和耕地占补平衡指标交易的有关信息进行统一的发布，并组织招标、挂牌、拍卖等。重庆市的农村土地交易所首创全国的“地票”交易，通过在市域范围内积极鼓励农户退出闲置、分散的宅基地，并将之复垦，形成“地票”，专门用于市域范围内国有新增城镇建设用地的出让。这使远郊区农民在处置土地时获得了更多的土地处置收益，增加了农民退出宅基地并积极复垦的积极性。三是农村土地交易立法、中介等市场配套制度建设正不断完善。广东省等经济较发达的地区正不断完善农村土地交易的地方性立法尝试，银行、信用评估、中介及仲裁等机构也正越来越多地介入农村土地交易市场，尽管目前还存在一些问题，但总的来看，随着“同权同市”的城乡一体化土地市场建设进程的加速，其制度性的特征将越来越显著。

8.2.1.3 政府对其行为及角色的转变

政府在新型农村土地资本化培育及发展过程中的作用将直接影响到土地资本化的效率。如前所述，中央政府现在已经意识到“土地征用”和“土地财政”对农村经济发展、农民土地权益保护的弊端，正尝试改变这一单一的土地资本化路径，而地方政府对农村土地流转的制度性引导和鼓励作用也越来越显著。从国外土地资本化的实践经验来看，政府在土地资本化发展初期的培育和引导是至关重要的。如德国、美国的土地金融制度，政府无一例外地扮演了催化剂的角色，在政策扶持、资金供给和市场监督等方面发挥了良好的作用。在新型农村土地资本化进程中，尤其是在农村土地证券化（土地债券、土地基金等）这一较高形态的层次，离不开政府的支持和监管。这必然要求政府实现“运动员”向“裁判员”身份的转变。也就是说，政府将不再以谋取土地资本化中的最大经济利益作为发展本地经济的动力，而是通过税收、金融等政策，将土地资本化中的大部分增值收益留存在农村内部，形成农村经济发展和农民持续增收的动力。这是一个长期的制度建设过程，取决于土地制度、财税制度改革和中央及地方博弈均衡的结果，只要能够在“征地”改革这一核心环节上取得突破性或实质性的进展，政府在土地经济活动中的角色和作用就有望能够得到根本性的改变。

8.2.2 新型农村土地资本化路径的实施方式分析

8.2.2.1 新型农村土地资本化的实施原则

首先，新型农村土地资本化必须以规范、完整的土地管理制度（一是遵循国家层面上的土地立法原则和规定；二是遵循地方性的土地法规、政策），在推进土地资本化前，必须稳步推进并做好地籍调查、土地权属登记、土地数量统计、土地资源分等定级、区域农村土地使用权基准地价评价等基础性的工作。其次，承认并明晰土地资本化的各相关主体享有各自权利的内容及边界，如土地转让（包括转让、出租、以信托等方式退出、出典、入股等）者享有收益权、抵押权和继承权，土地被转让者享有占有权、经营权等。再次，明确交易各方具有承担上缴税费的义务，例如土地转让者需向政府缴纳土地转让税（根据土地利用方式、土地用途是否发生改变等因素，制定区别性的新土地流转税种），土地被转让者需要向政府缴纳土地经营税（根据土地利用用途，制定区别性的新土地税种）。最后，明确土地资本化实物交易市场和证券化交易市场，采取先试点、后推广的方式，坚持群众自愿、典型示范的原则，不搞一刀切。

8.2.2.2 新型农村土地资本化实物交易的实施方式

成立国家培育和推进新型农村土地资本化办公室。可以尝试由国务院牵头，从农业部、国土资源部、城乡建设部等部委抽调工作人员组成。其职能是制定新型农村土地资本化的总体实施规划、实施进度及制定相关政策。可分三步走：第一步，推进国家级新型农村土地资本化的试点工作。在东部、中部或西部省份选择若干个农业经济发展基础较好、农业科技化和机械化程度较高、农地效益较好及自然灾害较少的乡村作为试点。试点单位要在国家给定的土地集中流转规模和具体产出要求的基础上，观测总产量和亩产量变动情况、城乡资本流入农业的情况、劳动力转移情况（农业用途不发生改变）以及耕地保护情况、非农建设用地直接入市情况等（农业用途发生改变），并及时总结经验，为下一步的推广打下基础。第二步，群众自愿和典型示范后的适度推广阶段。在推广过程中，主管部门和当地政府在原则上以中央精神为主，但切忌一刀切、走过场。第三步，进一步完善阶段。根据试点与推广阶段中显现出来的各种问题，及时总结经验和教训，积极开展针对性的研究，因地制宜和因时制宜采取改善性措施，使新型农村土地资本化能够成为真正助推“三化”同步发展的加速器。

8.2.2.3　新型农村土地资本化证券交易的实施方式

首先，依据农民自愿原则，以农民专业合作社、家庭农场联合会等拥有的集中连片土地为组合，按照土地等级发行价格不等的土地证券（土地债券、土地基金、土地信托凭证等）。[①] 这个地价中包含了级差地租Ⅰ和级差地租Ⅱ中国家、集体对土地投资的价值补偿部分，试点乡、村的农民有有限购买权，并根据供求情况按政府定价给一个合理的折扣。在推进成果中，国家推进新型农村土地资本化办公室可抽调专人组成土地证券化指导小组，对选中的乡村试点进行指导。其次，土地证券向当地保险公司投保。为最大化减小证券运行的市场风险和系统性风险，应向保险公司投保。最后，向国内投资者出售土地证券。在坚持公开、公正和竞争性原则的基础上，向国内机构投资者和社会投资者进行销售（为规避风险，建议在初期可面向国有金融机构等机构投资者进行销售，一旦试点比较稳定，则可适度在发达地区面向社会公众销售，不得对境外投资者进行销售）。由于土地证券在市场竞争机制下有了较为灵活、合理的市场价格，一定程度上提高了土地的需求弹性，能够更加合理地促进农村土地规模化经营和集约化利用。因为在这种条件下，土地证券的购买者（投资者）、土地的实际经营者和农户都能在经济利益最大化的作用机制下，形成理性的博弈机制，决定自己是否愿意投资、经营或是退出土地。

除此之外，还需要说明的是，土地证券的流通市场。在土地证券市场的发育阶段，建议以省为独立和分割的单元，在省会城市设立有形的土地证券交易市场，主要服务于本省域范围内分散的农业土地及农业土地经营者，为防止土地市场价格投机等因素的影响，在土地证券化发展初期采取省域范围内封闭发行和流通的方式，如果发行理想且国家能够形成一套防止土地证券市场价格暴涨暴跌的保障机制，可尝试设立国家性、跨区域的土地证券市场。另外，土地证券在流通转让时，必须要附加国家认可的鉴定部门或以省（直辖市、自治区）为单位说明该土地肥沃程度、区位、土地价格等因素的证明材料，以便于投资者做出是否交易的抉择。土地证券可以出售、入股、抵押、转让等，纳入国家证券交易管理的范畴。

---

① 该处不讨论农村建设用地的证券化方式。

8.2.2.4　新型农村土地资本化路径的实施方式示意图

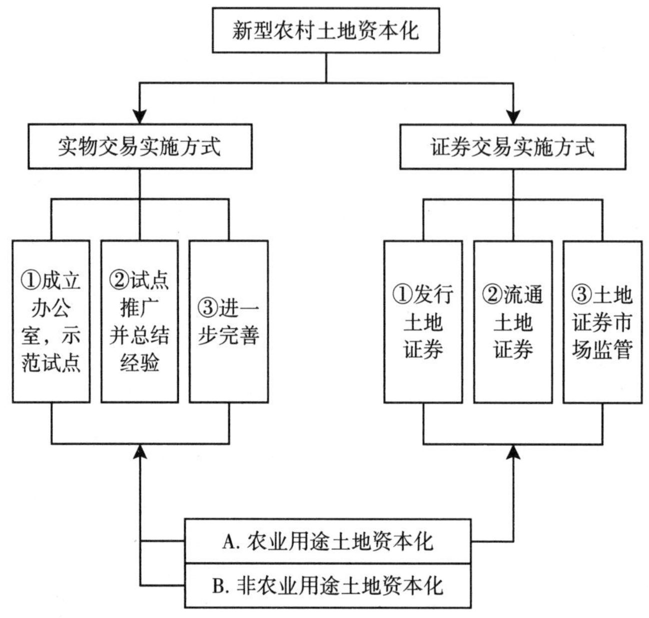

图 8–2　新型农村土地资本化路径的实施方式示意图

8.3　新型农村土地资本化过程中的风险及防范机制

风险防范和风险应对及处置机制是资本化研究领域的重要部分。土地作为国民经济体系中最基础和最重要的资产，在资本化过程中如何建立风险防范和应对机制，不仅是单纯的经济问题，更是关系深远的政治和社会问题。因此，对这一问题进行研究，是必不可少的。从现有的研究进展来看，基于“土地资本化”这一分散的概念，对其风险及其应对机制的研究，是以土地资本化表现出的各种形式为前提的，具有微观性和局限性。而本书研究的主题是尝试将“土地资本化”这一模糊、宽泛的概念纳入连续性的时间范畴分析，在“二分法”的原则下，系统论述“土地财政”资本化（城镇土地资本化的主要形态）向新型农村土地资本化（土地使用权和收益权分离为基础，对农村土地进行适度集中或集约经营的资本化（实物资本化及权益证券化）过程）转变的必然性、路径和保障，以实现土

地资本化对中国经济发展转型的重要作用，促进工业化、城镇化、农业现代化的同步发展。为此，基于该项研究一定的前瞻性和创新性，将分别从农村土地实物资本化和农村土地权益证券化两个方面对该过程中的风险防范进行分析。

8.3.1　农村土地实物资本化过程中的风险及防范机制

农村土地实物资本化是指在坚持自愿、有偿的前提下，农民退出土地的占有和经营权，并通过土地信托、入股、抵押、租赁等方式交付给更有种植意愿和能力的农业经营者，对土地进行适度规模化经营或集约化利用（土地用途不发生改变），或将土地交付企业进行集中开发，同时保留土地收益权，参与对土地资本化增值收益的分配。不管土地用途是否发生改变，都有必要对其过程中的取得、交易和处分环节上可能产生的风险进行积极防范。

8.3.1.1　土地用途不发生转变下的资本化风险及防范机制

（1）取得环节。在土地不发生用途转变的情况下，农业土地交易双方存在的风险主要体现为因信息不对称可能导致的土地资本化契约交易无效的风险。作为供地方（农村集体经济组织和农户）可能因事先不了解需地方（其他农户、家庭农场、企业等）具体的资质、能力、经营状况，而造成土地交付后出现有损于自身利益的风险；而作为需地方而言，也有可能因事先不了解该地块的具体权属情况（地块质量、数量、四至等是否如实，权利归属是否存在争议，权利是否存在瑕疵等）而造成在接受土地后出现有损于自身利益的风险。因此，必须加强土地取得环节的相关制度建设，尽力减少“信息不对称”现象对交易双方可能造成的损失。第一，完善农户土地确权登记。在土地地籍调查的基础上，推进各地农村土地确权登记，登记簿册要载明土地所有权人（哪一级农村集体经济组织所有）及土地使用权人（农户户主姓名和家庭成员）信息、土地基础信息（位置、质量、数量、四至等）以及土地权利信息（权利存续时限、权利性质、权利有无设定负担等），且尽快推进农村土地地籍管理信息化和网络化工作，使需地者能及时、便捷、低成本地了解到相关的土地信息。第二，建立新型农业经营主体综合资质评定和经营能力评级制度。根据需地方（种养大户、家庭农场、专业合作社及龙头企业等）的资金实力、业绩及信用状况，由当地省级农业主管部门评定其从事农业规模化经营或集约利用的资质，另外，根据该企业的盈利能力和综合素质，由专门的市场评估机构对之进行评级。根据需地方的资质评定和业务能力评级制度，供地方能够全方位了解需地方的真实信息，以做出是否交付土地的决策，这能够有效降低交易过程中的“信息不对称”的风险。

（2）交易环节。交易环节中的风险主要体现为因市场价格波动可能导致的土地交易投机风险。如果某一农产品的市场需求旺盛，则对能够生产该产品的土地的需求也随之提高。如果需地方在承接供地方土地后，发觉转手出让比从事实际的农业经营更能取得收益，则很可能转手再次出让。这可能会导致两个后果：一是实力强的农业企业能够获得更多的土地，有可能形成土地的过度集中；二是农业土地的反复转手，有可能扰乱土地交易市场和农产品交易市场的正常市场价格系统，甚至会催生泡沫，这反过来直接会影响到农业本身的实际经营和各权利方的利益。这两种情况都是不利于农业现代化体系稳步发展的消极因素。为防范这种风险，可考虑：第一，建立区域性农业用途土地基准地价体系、市场交易价格体系和交易最高限价体系。在基准地价体系和交易最高限价体系的范围内，供需双方可以自由协商交易价格，但交易价格形成后必须向有关部门（农业管理部门）提交备案。第二，建立区别性农业土地规模上限制度。根据因地制宜原则，针对不同的农业经营主体的实际资质和经营能力评级，对不同档次的农业经营主体所能承接的农业土地进行上限限制，以最大化避免土地过度集中的现象。第三，严格执行土地用途管制及监测制度。在农业实际交易和经营的过程中，政府及有关部门应介入，严厉杜绝某些主体借发展规模农业或设施农业等名义，变相地转变土地用途以谋取更高利益，同时，对土地交易后农业土地的实际经营，政府及有关部门应建立定期监测制度，保证农用地的性质不得发生改变。

（3）处置环节。处置环节的风险主要体现为权利双方契约期满后任意一方无法履行契约规定的义务导致。例如，供地者在约定期满后收回土地（土地出租、信托、典）时发现土地无法恢复原貌，又或是抵押双方约定期满后抵押人无法清偿债务的纠纷或风险。这一风险是农村土地实物资本化过程中最大的风险，应着重从市场交易的保障机制建设上尽最大可能防范这种风险。第一，交易双方就交易标的期满后约定处置协议或实施方案。在权利双方达成交易意向时，同时签署交易标的期满处置协议。以土地出租、信托、存贷、典为例，若供地方要求在期满后要求土地恢复原貌的，但由于需地方已经在土地之上进行了大量改良型的投资（如建筑物、构筑物及农业地下灌溉设施等），出于实际情况很难恢复原貌的，双方应提前形成一致性的处置意见，并制定具体的实施方案，作为交易合同形成

时的附属材料，向当地农业主管部门备案，形成日后防范此类风险的依据。第二，建立抵押物处置风险防范机制。考虑到若承包土地进行抵押时，有可能出现因抵押期满后债务人无法清偿债务而使抵押物进入法定处置机制的风险，而一旦债务人失去此项基本的生活资料，则不利于社会稳定。因此，在抵押双方就农业土地抵押形成一致性合意时，抵押权人（银行、金融机构等）应全面审查和评估抵押人的财产、信用和经营状况，并明确相关的第三方担保，能够确保债务人能够履行到期清偿债务的义务。

8.3.1.2　土地用途发生转变下的资本化风险及防范机制

土地用途发生转变下的资本化，是指在符合土地利用总体规划、城镇发展规划和土地用途管制制度的条件下，交易双方就土地在用途转变后的使用和收益分配达成协议。其主要的风险主要来自于政府行为风险、供地者行为风险和需地者行为风险三个方面，以下将从这三个方面进行风险防范的分析。

（1）政府行为风险。由于农村土地用途转变后的巨大增值收益，地方政府对之有强烈的利益冲动，有可能会利用政策制定者和管理者的身份，在集体建设用地入市后的资本化增值收益分配中渐次提高分配比例，而农民集体及农户可支配的资本化收益的减少，将降低对农民集体直接向市场供地的积极性，同时会影响村域经济发展所必需的内生资本积累进程。为此，必须对这一可能产生的风险进行积极防范。一是明确政府行使“征地权”的范畴。修改《物权法》、《土地管理法》等相关条款，对政府出于公益性目的行使土地征收权重新进行明确定义。进一步明确公益性目的的指向和范畴，并制定细化的实施目录，对不符合公益性目录的农村土地，明确政府不得行使土地征收权，只能由集体土地所有者、集体土地使用者和需要用地的企业、组织和法人自由谈判。二是明确政府在非农建设用地交易过程中的职能和角色。尝试制定《农村非农建设用地交易法》，明确政府不得以行政权力直接干涉非农建设用地的交易过程，例如，利用拆村并居、宅基地换社保等方式对交易过程直接进行干涉，但政府具有在交易过程中的税收权和管理权，即政府可以对交易双方实施征收，以取得部分土地增值收益，同时，对农民集体经济组织申请本集体内部建设用地直接入市具有审批权，对违反土地利用总体规划、城镇规划和土地用途管制制度的非法交易具有否决权和取缔权。

（2）供地方行为风险。供地方的主体主要是农民集体经济组织（土地所有权人）和农户（土地使用权人），此类风险主要表现为：在缺乏透明市场信息与农民集体内部有效的资产监督体制下，集体经济组织的代理人，即村、社干部，可能与用地者私下达成协议，以低于市场价的价格将土地让渡给用地者，这不仅会造成农民集体资产的流失，更会加剧村、组社员与集体经济组织的矛盾，从而可能由经济风险转化为社会风险。因此，为有效防范并化解此类风险，建议明确集体土地所有者代理人的权利和责任边界。可依照现代企业制度改造村委会，村委会主任作为法人代表，对村集体的全部集体建设用地资产承担全部的责任。村委会由全体村民大会选举产生，后者同时选举产生集体建设用地资产管理委员会及监事会，三者之间形成有效的制衡关系。其中，村委会的责任是：对本集体建设用地入市的方式、收益的分配方案和支配方式，有最高的决策权，但其重大事项的决定必须通过召开村民大会，若大多数表决通过方可执行。集体建设用地资产管理委员会的责任是：负责落实土地规划、土地利用方案，并作为村集体代表向当地土地行政管理部门提出集体建设用地入市的申请；监督用地者利用本集体土地的行为，并向全村村民公开年度财务决算及损益情况。监事会的职责是：对村委会的若干决策以及资产管理委员会的日常工作进行全面监督，对其中重大问题和决策，有权提议召开村民大会。在这一民主决策的机制下，能够充分保障农民对集体建设用地资本化运作的知情权和财产权。

（3）需地方行为风险。需地方的行为风险主要来源于在巨大的农村土地用途转用的增值诱惑下，需地方可能大量购入或流转土地，并作为开发用地储备，这对正常的交易市场价格必将形成干扰。此类风险是集体建设土地直接入市面临的最大风险。为此，有必要：①实施规划控制。除符合国家规定的土地利用总体规划、城镇发展规划和村镇规划外，需地方还需符合供地方制订的本集体建设用地入市实施计划。②土地供给总量控制。首先，当地政府应详细制订年度新增建设用地供应计划（分解为国有新增建设用地供应计划和集体新增用地供应计划），需地方需要使用集体建设用地时，必须先向当地土地行政主管部门申请集体新增用地供应指标；其次，经当地主管部门同意并审批后，需地方可以此指标向农村集体经济组织申请交易，交易的数量不得超过所审批指标规定的数量。③土地用途控制。需地方与供地方达成交易协议后，需地方应严格按照合同规定的用途使用土地，不得以任何名义擅自改变土地用途，例如，合同约定需地方以集体土地开设工厂的，不得将土地私自转用为经营性或商业性的房地产开发，若需地方不按合同约定的用途使用土地的，供地方有权收回土地或有权向立法机构提出诉讼。

8.3.2　农村土地证券化过程中的风险及防范机制

农村土地证券化是新型农村土地资本化过程中更高级的表现形态，因土地“实物”与金融市场及金融工具实现了进一步的衍生、渗透、融合，其运行过程中的权益主体及收益分配更具有复杂性，面临的风险也更大。严格意义上的农村土地证券化是指农村土地的价值进一步从使用价值中分离出来，结合金融市场和金融工具创新，使土地价值得以分割为若干个独立的投资单位，使社会资本能够更多地投入到农业生产和扩大再经营的过程，从而解决农业土地因其不可流动性而造成的投融资难题。美国、德国等国发行的农地抵押债券可视为农村土地证券化的典型形态。在我国，由于农地产权制度的先天性缺陷和农地交易市场的滞后发育，农地证券化实施的条件还不成熟。但是，目前国内一些地区在实践农村非农建设用地证券化这一方面正在做积极的尝试。重庆市实践的“地票”交易制度具备了农村建设用地证券化的某些特征，但是否具备推广的价值，还有待于在实践中进一步观察和检验。因农村土地证券化这一研究范畴的创新性和进行实际分析的难度，我们将结合前述研究的相关内容，尝试对在农村土地证券化进程中可能产生风险的范畴进行适度的探讨，并尝试对其风险防范的方向做出适度的预测。

8.3.2.1　农村土地证券化过程中面临的主要风险

（1）市场性风险。农村土地证券化的市场风险可能体现在三个方面：一是市场利率风险。任何一种资产证券化都会面临市场利率变化可能导致的对投资者利益减损的风险。市场利率变化意味着金融产品融资成本（价格）的变化。以发行土地债券为例，如果市场利率下降，则社会的融资总体成本下降，居民更愿意将储蓄投资于股票、房产等收益率高的理财产品，而对于收益率偏低的债券型金融产品的需求将减小；反之，若市场利率上升，则表示社会的融资总体成本提高，而居民将更愿意持有收益率较高的债券型产品。二是欺诈风险。欺诈风险是由于欺诈的发生而使投资者遭受损失的可能性。[①] 如果农村土地证券化的融资交易结

① 孙奉军：《资产证券化效率分析》，上海：上海财经大学出版社，2004 年。

构越简单、清晰，该种风险越容易防范，反之，越复杂，则风险的可能性就越大。三是契约失效风险。契约失效风险是指由于交易过程中的一份重要文件由于据某种法律条款（可能是新修正过的法律条款）或意见书被宣布失效，导致这种基于土地之上发行的全部证券失效，从而对投资者造成损失。例如，农民土地抵押协会（假设由种养大户、家庭农场、专业合作社等新型农业经营主体联合成立）以集中流转的农地向金融机构设定抵押，后者出于分散风险、提前回收现金流等目的，决定以抵押债权为标的，面向公众发行某种农地抵押债券。但如果在契约交易过程中，遇到现行法律制度规定的“农村土地不能设定抵押”这一条款，则整个证券化的交易基础就可能动摇，从而造成使整个交易失效的风险。

（2）制度性风险。农村土地证券化的制度性风险同样也体现于以下三个方面：一是财税制度风险。如果证券化环节中的课税环节过多，则会变相挤压农村土地证券化收益的空间，影响投资者的积极性，反之，则会提高投资者的积极性。二是土地制度风险。如果在证券化过程中，违反了国家或当地政府对土地某种利用用途的管制制度，则该证券化产品可能被宣告流产。以发行某种农业土地信托收益凭证为例，若相关的陈述书、保证书、法律意见书、会计的无保留意见书及其他的法律文书明确记载了该证券化是基于农业土地经营的性质，但事后发现该土地的实际利用人，将全部农业土地或一部分农业土地用于非农业性质的经营，则违反了国家的土地用途管制制度，该证券化的制度安排就存在失效的风险。三是交易的技术性风险。证券化的整个运作和交易过程在很大程度上依赖先进而复杂的计算机系统来监控合同的履行和支持交易的运行。一旦其中一个子系统出现故障，则很容易造成整个交易过程的延误或造成对投资者不能到期按时偿付的风险。

（3）社会性风险。农村土地证券化的社会性风险集中体现为在缺乏有效监管的条件下，金融过度自由化和创新可能导致土地证券化失控的社会风险。2008年全球金融危机源自于美国的次级贷款危机，而次级贷款的标的正是房屋抵押贷款。土地证券化的原理与房屋抵押贷款证券化的基本原理是一致的，而且土地证券化不仅仅可衍生出土地抵押贷款证券化，还可以利用信托、期权等方式或机制设计出更复杂、风险更高的衍生产品。而一旦其中任意一个环节存在无法偿付的风险，则极有可能形成多米诺骨牌效应，不仅仅使得整个土地证券化运作系统面

临失败，还会造成更大的金融风险，因此，这一风险是农村土地证券化面临的最显著的风险，如何尽最大可能减小该种风险，是进行农村土地证券化风险防范的重中之重。

8.3.2.2　农村土地证券化过程中的风险防范及应对机制

针对于以上所述农村土地证券化可能存在的三种风险，有必要从以下几个方面进行防范，当然，这里所说的防范是宏观意义上的，具体的各种风险防范体系和应对机制还有待于在农村土地证券化的实践中进一步摸索和完善。

第一，贯彻最严格的耕地保护制度和土地用途管制制度。因农业土地用途转变可带来巨大利益空间，农村土地证券化应杜绝假借农业土地经营的名义，变相从事非农业性经济活动以谋求更高利益的行为。首先，国家应考虑着手研究并制定《农业产业化经营过程中证券化品种指导名录》和《农村非农建设用地入市过程中证券化品种指导名录》，对确实需要以证券化方式进行融资的农业经营等农村经济活动给予指导性的政策意见；其次，以扶持农业产业化、加速建立现代农业为目的，积极探索农地资本化的产权重组、产品设计及风险防范体系，切实保障经证券化方式融通的资金能够切实服务农业生产经营，加快传统农业向现代农业转变的进程。

第二，建立完备的金融创新激励和监管机制。适度探索金融衍生工具应用于农村土地证券化的可行性，积极探索区域性农村土地银行试点，并允许其联合国有商业银行、国有信托公司、国有保险公司等主体适度开展对农业土地集中抵押贷款、农业土地集中信托等业务的证券化试点（例如发行农业土地抵押贷款证券化产品及农业土地信托证券化产品等），以增强现代农业的外源融资能力，并有效分散农业生产风险，保障现代农业经营收益的持续性和稳定性。同时，加强国内金融衍生产品管理及风险监管制度建设。首先，建立农村土地证券化过程中的证券承销商和受托人资格认定及市场准入制度。不提倡境外机构投资者投资于国内农村土地证券化产品市场。其次，建立原始权利人、土地证券化发行者以及投资者三者内部的利益制衡和风险规避机制。根据农业土地使用者的实际经营能力和市场绩效，证券发行者与土地使用者应首先形成第一层次的利益制衡和风险规避契约，明确双方的权利、义务及第三方担保关系；根据证券发行的信用评级，证券发行者与投资者应形成第二层次的利益制衡和风险规避契约，明确双方承担风险性损失的边界以及投资人是否具有最终追索权等关系。最后，建立农村土地证券化监管制度。监管制度分为两个层面：一是专家及社会化监督。按期对证券化交易结构和相关交易文件进行听证调查，并要求证券化交易过程中的土地使用者（企业）、证券发行者等主体定期向社会公布相关的资产交易及损益信息。二是国家适时建立全面的金融监管制度。对农村土地证券化交易的各个环节，国家有权就产品（资产）交易的结构、品种、期限、收益偿付方式等进行全面监管，确保农村土地证券化的产品创新在一个适度、可控的风险范围内。

第三，探索建立农村土地证券化的风险处置及应对机制。即使在农村土地证券化过程中建立了较为完善的风险防备机制，但发生风险的可能性还是客观存在。一旦农村土地证券化确实产生了较大的风险，则可探索研究建立"最后买单人"的机制建设。从历次世界性经济危机或金融危机发生后各国采取的应对机制来看，政府无疑在很大程度上扮演了"最后买单人"的应急角色。但政府短期救市实属应急的措施，"最后买单人"还应包括更多的既得利益主体。

第四，加速城乡一体化的社会保障制度建设是保障农村土地证券化的最基本要求，即使在证券化中发生风险，土地的原始权益人，即让渡土地使用权的农民，若收益权不能圆满实现，也不会因此而丧失最基本的生存权和发展权。

8.4 结语

本章在前述章节研究的基础上认为，在农民自愿行使土地处置权（退出权）的基础上，积极推进农村土地实物资本化进程和农村土地证券化进程，即"新型农村土地资本化"，是转变"土地资源贴现"为特征的"土地财政资本化"这一外生性土地资本化的现实选择，这对于转变经济发展方式，推动工业化、城镇化和农业现代化同步发展具有积极意义。本章的研究重点在于这种所谓"新型"的农村土地资本化所可能存在的风险和风险防范的机制。不管采取哪种形式的风险防范方式或机制，实施农村土地资本化的一个最基本要求是：保障农民最基本的生存权和发展权不会因土地资本化的风险处置而受到影响，进而即使在经济出现一定波动的情况下，社会的稳定性也不会因此而受到较为显著的影响。这就不仅要求在农村土地资本化实施的过程中建立各利益主体的利益制衡机制、国家对土

地资本化的严格监管机制以及社会化的风险分摊机制，还应该着重完善城乡一体化的社会保障制度建设，使农民在自愿让渡土地经营权和占有权后（保留收益权），即使损失一部分风险性资产收益，也不会因此而影响到自己最基本的生存权和发展权。

第9章 研究结论及研究展望

9.1 研究结论

本书在中国经济转型发展的视角下，对土地资本化在经济增长中的作用和在中国经济转型发展时的路径进行了系统的研究。主要结论是：改革开放以来，通过城镇土地使用权出让的“土地财政效应”，形成了以城市基础设施建设和房地产投资为主的经济增长方式，且这一土地资本化的方式对GDP增长的贡献率约为2%左右，但从目前来看，这种单一的土地资本化方式对经济持续增长的作用将越来越逼近临界值，因此，进行以农村土地资本化为核心的农村土地制度改革将是转变经济发展方式、破解中国经济发展中二元结构不断深化难题的必然选择。主要的子结论有：

（1）土地资本化的实质是土地权利束分离状态下（土地所有权、土地使用权和土地收益权），通过土地资源向土地资本转化的这一过程，各权利人要求对土地增值收益进行再分配等社会经济关系的总和。在土地所有权与土地使用权分离的状态下，体现为国有土地所有权和城镇建设用地使用权的分离以及集体土地所有权和农民土地使用权的分离。通过城镇土地使用权出让等土地资本化方式，土地所有者（地方政府）和土地使用者（企业）成为土地资本化增值收益再分配过程中的最大受益者，分别满足了自身最大化的利益和利润诉求。而在农民集体土地所有权和农民土地使用权分离的状态下，土地逐渐被固化为一种维持农民基本生存的福利和保障，进一步，若在土地“征收”状态下土地所有权主体易位，农民不但丧失了土地这一实物保障，更丧失了未来对土地资本化增值收益要求再分配的权利。因此，将土地使用权权利束中的收益权利进一步分离出来，不但是实现土地资本化运动方式转变的方法，更是使农民能够以财产性质的土地收益权参与中国经济转型发展时期工业化、城镇化和农业现代化发展成果共享和分配的必然选择。

（2）我国土地资本化大致经历了四个时期，即土地资本化的酝酿时期（1979~1989 年）、土地资本化的形成时期（1989~1996 年）、土地资本化的发展时期（1996~2007 年）和土地资本化的转型时期（2007 年至今）。在土地资本化的酝酿时期这一阶段，土地利用方式的变更与中国经济增长呈紧密的相关性。粗放、消耗型的用地方式成为推动中国经济增长的强劲动力，土地不是作为有价的要素参与市场机制，而是作为体制内各级政府重新分配行政资源的产物，以零成本参与了 20 世纪 80 年代中国经济激进的“增量”改革，这是早期土地资源与劳动力、资本相结合的显著特征，同时，这种不可持续的经济增长方式也为在下一阶段以注重土地市场价值为基础而形成的土地资本化埋下了深刻的诱因。在土地资本化的形成时期这一阶段，土地利用方式的变更与城镇化的空间扩展呈紧密的相关性。在地方政府“以地兴企”和“以地生财”的发展思路下，通过成熟运用土地所有权征收和土地使用权出让的手段，截取了土地增值的大部分收益，为城市基础建设和用地扩张积累了大量“资本”，同时，在国家城市住房商品化改革的浪潮下，房地产开发成为拉动地方经济增长的支柱产业。所以，这一时期通过地方政府和房地产开发商共同主导下的土地所有权征收—土地使用权出让这一土地资本化共同博弈模式，工业化和城市化得以加速发展，但在客观上是以耕地面积持续减少为代价的。在土地资本化的发展时期，这一时期是以城镇土地储备制度的建立和完善为标志的。在 1995 年银行金融资本开始从财政体系中独立出之后，地方政府难以通过 20 世纪 80 年代的集中计划财政体制再依靠银行进行投资，唯有使用土地征收的公共权力，赚取土地用途转换的巨大增值收益，才能形成发展本地经济的财政资金来源。在城镇化发展加速的这一时期，对城市的内在品质、区域环境改善的需求使地方政府开始形成“经营城市”的思路，将以前分散、凌乱的“需求引导型”的土地征收和出让方式改变为统一、计划的“供给引导型”的土地征收、储备和出让方式，这进一步提升了城镇土地资本化的效率。在土地资本化的酝酿时期这一阶段（1979~1989 年），国内以“增量”改革为核心的经济增长方式难以支撑中国未来经济的可持续发展，农村土地资本化开始作

为地方在统筹城乡发展理念框架下，探索农村土地使用制度创新的重要内容，这对于中国经济实现转型发展具有极为重要的启蒙意义。

（3）城镇土地资本化对中国自改革开放以来的经济增长具有较为显著的作用，但从长期来看，以城镇土地使用权出让为核心的单一土地资本化方式难以支撑中国经济的可持续发展。通过全国30个省市（1990~2009年）的面板数据分析，得出一般化结论：土地出让金与GDP增长之间存在较显著的相关性；且土地出让金对GDP增长的贡献率约为2%，其中，土地资本化对区域经济增长的贡献程度存在差异。在不同的区域，土地出让金对GDP增长的拉动作用存在差异。在经济较发达的区域，土地出让金与GDP的相关系数较小，而在经济欠发达的区域，土地出让金与GDP的相关系数较大。单一的土地资本化对经济长期增长的作用已逐渐逼近临界值。在1990~2009年这一时期内，土地出让金由1990年基期的10.25亿元增长到2009年末期的6997.42亿元，其绝对值增长了约699倍，但自进入2000年以来，对经济增长的贡献稳定在7%~9%左右。而相关研究认为，土地要素投入对经济增长的作用在长期情况下大约保持在11%左右（毛振强、左玉强，2007；丰雷，2008），因此，继续依靠“土地财政”为主的土地资本化模式来拉动经济增长，在未来较短的时间内会逐渐达到临界值，这种单一的土地资本化模式在长期中是不可持续的。

（4）农村土地资本化是中国经济转型发展时期实现土地资本化运动方式转变的必然选择。农村土地资本化的意义在于：能够优化农村土地再配置效率，实现农业剩余劳动力向城市“充分转移”和土地经营权向农业企业“集中转移”，使工业化、城镇化和农业现代化协调发展，更好地破解城乡经济发展的二元结构难题。进一步，通过对农用地资本化和非农地资本化两方面的案例分析，得出结论：①以农地使用权抵押为核心的农地资本化体系正趋于完善。从贵州省湄潭县的农地抵押金融实践到重庆市的“三权”抵押，农地承包经营权的抵押方式、主体、风险规避机制和抵押物处置方式都在不断完善，且从各地实施的效果来看，并未引起如某些学者担忧的由于农户无力还债而处置土地的社会风险。②以宅基地使用权资本化为核心的农村建设用地流转体系正逐渐形成，且可能是未来农村土地资本化改革的方向和突破口。放开和规范农村建设用地“入市”已经迫在眉睫，但农村建设用地“入市”势必对耕地保护提出新的挑战和考验。在坚持农民“自愿、有偿”的前提下，因地制宜、因时制宜，有计划、分步骤地推进农民退出闲置、分散宅基地等农村建设用地，促进农民集中居住，并切实保障农民退出宅基地等建设用地的资本化权益，同时对现行征地制度进行必要改革，消除地方政府“土地财政”的根源，是建立城乡建设用地使用权“同权、同价、同市”，真正实现城乡统筹发展的切实可行路径。

（5）在实践中推行农村土地资本化的关键环节、重点路径和保障。第一，推行农村土地资本化的关键环节是农民能够自愿地退出土地使用权，并能够以保留的土地收益权参与对土地资本化过程中土地增值利益的再分配，而农民是否愿意退出土地，与农民自身条件、家庭收入、就业结构以及土地使用结构密切相关。第二，推行农村土地资本化的重点路径是实施农村土地金融。在土地使用权和土地收益权分离的基础上，通过金融工具和金融市场的桥梁和中介作用，例如建立起以土地权利抵押和以土地实物信托为核心的农村土地银行，使农民在自愿退出土地使用权以后能够将剥离出来的土地收益权转化为相应的、具有增值效应的货币化收入。第三，推行农村土地资本化的保障是建立农村土地产权制度改革、户籍制度改革和财税制度改革的联动机制。通过土地资本化增值收益的合理再分配，形成农民市民化过程中多元化的社会公共福利成本分摊机制，为农民形成自愿退出闲置、分散的土地使用权的激励机制，进而为实现以农村土地规模化经营和集约化利用的土地资本化提供足够保障。

（6）新型农村土地资本化对转变经济发展方式的作用、实施方式及风险防范。认为在农民自愿行使土地处置权（退出权）的基础上，以土地实物资本化和“适度”土地证券化加速农村内生性资本积累这一新型资本化过程的逐步实现对以“土地资源贴现”为特征的单一“土地财政”资本化的替代，对转变经济发展方式，推动工业化、城镇化和农业现代化同步发展具有积极意义。农民自由处置土地的程度、农村土地交易市场发育的成熟程度和政府行为及角色的转变是影响新型农村土地资本化是否可行的三个重要因素；可以从“实物交易”和“证券交易”两个方面逐步完善新型农村土地资本化的实施机制。新型农村土地资本化的风险主要来自于农村土地实物资本化和农村土地证券化两个方面的风险。第一，农村土地实物资本化的风险防范机制。在农村土地用途不发生转变的条件下，可在取得、交易和处置三个关键环节中逐步建立风险防范机制；在农村土地用途发生转变的条件下，主要从供地方、需地方和政府行为三个层面逐步建立风险防范机制。第二，农村土地证券化的风险防范机制。农村土地证券化的风险主要来自

于市场风险、制度风险和社会风险，应在此过程中建立各利益主体的利益制衡机制、国家对土地资本化的严格监管机制以及社会化的风险分摊机制，同时应该着重完善城乡一体化的社会保障制度建设，以尽力将证券化的风险降低在适度、可控的范围内。

9.2 政策建议

改革开放以来，通过城镇土地使用权制度改革，以土地出让制度为核心的土地资本化对中国经济增长的作用具有较显著的促进作用，但这种单一的土地资本化模式同时导致了中国经济高速增长中资源消耗比重过大、资源使用效率低下、城乡二元结构加深等问题，因此，必须改变现有的土地资本化的方式和路径，以更好促进中国经济增长由“资源粗放利用型”向“资源集约利用型”方式的转变。因此，建议：

首先，从立法上赋予城市土地使用权和农村土地使用权相等的权利内涵。第一，明确城乡土地使用权“同权”。即城市土地建设使用权和农村土地使用权（土地承包经营权和宅基地使用权）具有相同的权利内涵，即具备占有、使用、收益和处分的权能。修改《物权法》第152条、第184条,《土地管理法》第63条等相关法律法规，逐渐建立农村土地有偿使用制度，并允许农村土地在取得集体经济组织同意的情况下，可以自由出让、转让、出租或抵押。第二，明确城乡土地使用权“同价”。建立统一的城乡建设用地使用权基准地价体系。在实施严格的耕地保护和土地用途管制制度前提下，建议出台《城乡土地总体利用规划法》，并对区域内城乡建设用地制定科学、合理的分等定级标准，作为该区域内土地征收价格及土地市场交易价格的基础。第三，明确城乡土地使用权“同市”。在城乡土地使用权“同权”的基础上，按照国家土地所有权和集体土地所有权两种不同的所有权基础设置更加细致的土地权利进入市场的体制和机制，进一步丰富和完善我国现行的不动产登记制度，逐步建立依据土地权利登记为交易原则的城乡土地使用权交易市场。

其次，改变地方政府“土地征收—土地出让—经营城市”的发展思路。第一，明确地方政府行使土地征收权的权利边界。进一步对现行《物权法》、《土地管理法》等相关法律条款中关于政府出于公共利益目的可行使土地征收权重新进行界定，进一步明确所谓“公益目的”的含义和对应的实际内容，对符合“公益目的”目录上的用地需求，可适用于政府可行使土地征收权，对不符合“公益目的”目录上的用地需求，不适用于政府不可行使土地征收权。第二，赋予农民集体土地所有权在特定条件下与国有土地所有权相等的谈判和交易地位。所谓特定目的，是指政府若出于非公益目的而需要改变农村集体土地性质或需要使用农村土地的，应该在双方自愿、平等、自由的原则下，在执行城乡土地基准价格的标准上，协商土地的实际交易价格，且这一价格除应包括对农民集体及农户的补偿外，还应含有一个土地资本化增值收益的潜在价格（土地发展权价值），这个价格至少能够保证农民不因失去土地而使自己的生活情况变得更糟。第三，改变政府在土地一级开发、储备和出让市场的垄断地位。一是农村集体经济组织在一定条件下对本集体经济组织范围内农村建设用地具有统一规划权、储备权和出让权，农村集体经济组织在征得本集体成员一致同意的基础上，可以依据《城乡土地利用规划法》及相应的区域土地利用用途区域性详细规划，对本集体经济组织内部的非农用土地进行统一开发和出让，且出让的土地资本化收益应归本集体全部成员所有；二是在与政府平等协商的基础上，农村集体经济组织可以以委托或信托等方式将本集体的土地交付政府进行统一开发、储备和出让，但农村集体经济组织对土地资本化的增值收益享有收益权。第四，改革现行的地方政府“土地财政依赖路径”，逐步减小土地出让收入在地方政府非税收收入中的比例，建议开征农村土地增值税、农村土地交易税（契税）等税种，以满足地方政府在发展地方经济时的资金积累和需求。

再次，培育和发展农村土地资本化的体制和机制。第一，对于农用土地而言：①落实农村土地承包制度“长久不变”。“长久不变”的含义不是农民长期无偿使用或占有意义这一层面上“静态”的不变，而是指农民如果自愿退出土地使用权的使用或占有权能后，仍旧在土地承包剩余年限内享有土地收益权这一层面上“动态”的不变，即在农民拥有土地承包权长期不变制度中不变的是土地承包权，变化的是土地经营权，且土地收益权能够与土地经营权进一步分离，能够量化为农民在脱离农业生产后足以保障自身可持续发展的股权。②建立以农地抵押为核心的农地金融制度。培育和发展农民自发性的各类农用土地合作组织或农用

土地金融组织，允许农民可以将土地使用权自由入股，并建立城市金融资源与农用土地合作组织连接的桥梁，一是吸收银行贷款以发展农业规模经营，二是通过农用土地证券化的作用或机制，例如发行农业土地经营债券，建立农村土地规模经营向城市资本市场直接融资的通道。③大力发展农用土地信托。在农用土地规模经营中适度引入信托机制，促进农业经营向种养大户和龙头企业集中，并保证自愿退出闲置、分散承包地的农民能够对土地规模经营增值收益享有再分配的权利。第二，对于非农用土地而言，在坚持城乡土地使用权“同权、同价、同市”的原则下，以多种土地资本化方式促进非农用土地集约化利用，并保证农民享有持续的土地资本化增值收益：①建立进城务工农民自愿退出宅基地的激励机制，且政府在制定和完善宅基地退出相关政策时，应注意以下几点：一是应充分考虑到农民的个体特征和偏好，针对具有不同特征的农民群体制定相应的政策，优先构建对农村“空巢老人”等特殊群体的宅基地退出激励机制；二是重点鼓励和支持闲置、空余宅基地的产权主体自愿退出宅基地，同时加强对这些宅基地的整理和复垦，实现农村土地的集约利用；三是建立促进进城农民稳定就业的长效机制，通过加强对进城农民的培训、增加城镇就业岗位和启动对进城农民子女在其父母打工所在城镇入学与教育的补贴计划等，提高进城农民的经济收入并增强其在城镇工作和生活的稳定性；四是为进城农民提供务实的住房保障，在公租房租赁、安置房及商品房购置等方面给予自愿退出宅基地的农民更多的优惠政策支持，实现“退有所居”、“居有所产”，彻底免除他们的后顾之忧。②建立非农用土地资本化的运行和收益再分配机制。进一步完善城乡建设用地增减挂钩项目的实施机制及城乡建设用地指标交易的市场化机制。一是在确保耕地总量动态平衡的前提下，加大对农村建设用地（工矿用地、乡镇企业用地及村民聚居点）的整理和复垦，在满足新增耕地和建设农民新村规划用地的基础上，尝试对剩余指标采取市场化的交易机制，设想按照区域经济发展不平衡的现实情况，在经济欠发达区域积极开展农村建设用地整理及复垦，由人口密度大、经济发展程度高的区域购买年度新增建设用地以外的计划外建设用地指标，以解决本区域因经济发展所需的土地指标“瓶颈”问题；二是通过土地资本化的跨区域增值收益机制，使经济欠发达地区农民能够凭借土地收益权，分享经济较发达地区的经济社会发展成果，实现了发达地区对欠发达地区的反哺，从而扩大了欠发达地区农民内生性的资本积累源泉。

最后，建立土地资本化增值收益“涨价归公”和“涨价归农”的共同调节和保障机制。第一，土地资本化增值收益“涨价归公”是对于国有土地所有权而言的，在国有土地资本化增值收益再分配中，作为土地所有者的政府采用税收和金融手段将一部分国有土地资本化增值收益收归公有（相当于绝对地租的部分），作为政府发展地方经济和调节区域经济发展的工具。例如第 4 章中涉及的土地衡平基金，引导土地“实物投资”向土地“权益投资”转化，并利用资金的跨区域转移功能，引导实现区域发展平衡。第二，土地资本化增值收益“涨价归农”是对于集体土地所有权而言的，在集体土地资本化增值收益再分配中，作为土地所有者的农村集体经济组织将一部分增值收益作为集体未分配权益资本，建立“集体保障型”的农村社会保障资金池，为农民的长期可持续发展提供可靠保障。

9.3 研究展望

关于土地资本化的研究，是当前中国经济转型发展时期较为前沿的命题。它对于如何转变经济发展方式、破解城乡二元结构具有重要的理论和应用价值。本书在前人相关研究的基础上，主要运用权利束剥离理论，对我国土地使用权制度改革以来土地资本化的理论、实践和政策进行了系统的回顾、反思和总结，从土地要素的资本化与促进中国经济发展互动关联的角度进行研究，尝试分析了土地资本化在中国经济增长过程中的作用及贡献；同时，更为重要的是，尝试从一个更广泛的角度，研究土地资本化与中国经济发展方式转型的相关性及实现路径，并提出了相关政策建议。同时，本书还需要进一步完善：①研究在相关实地调研对象的选择上，主要选择的是重庆市域的样本数据，具有一定的区域局限性，从全国范围内选择更多的数据进行更加深入的后续研究，将会得出更为完整、清晰的结论。②农村土地资本化对中国经济发展方式转型的作用机制还有待于进一步深入研究，尤其是农村土地资本化实施路径的可行性以及如何建立农村土地资本化过程中的风险防范和应对机制，应该是后续研究中重要的方向和思路。③对土地资本化体系的宏观建构还有待于在理论和实践发展中进一步修正和完善，同

时，对于土地资本化的二级体系——土地证券化的研究还有待于进一步分析和研究。④对土地资本化过程中各种具体的表现形式的市场微观效率、风险防范机制还有待于在中国“同权、同价、同市”的统一城乡土地使用权市场建设中进一步总结经验教训和深入研究。

参考文献

［1］［德］《马克思恩格斯全集》，北京：人民出版社，1985年。

［2］［德］《马克思恩格斯选集》，北京：人民出版社，1995年。

［3］［英］马歇尔：《经济学原理》，北京：中国社会科学出版社，2007年。

［4］［美］罗伯特·M. 索洛：《经济增长因素分析》，北京：商务印书馆，1999年。

［5］［美］西奥多·W.舒尔茨：《改造传统农业》，北京：商务印书馆，2007年。

［6］［英］大卫·李嘉图：《政治经济学与赋税原理》，北京：商务印书馆，1976年。

［7］［美］伊利等：《土地经济学原理》，北京：商务印书馆，1982年。

［8］蔡昉、王德文：《中国经济增长可持续性与劳动贡献》，《经济研究》，1999年第10期。

［9］张军：《资本形成与技术选择：解释中国经济增长下降的长期因素》，《经济学》（季刊），2002年第1期。

［10］李扬、殷剑峰：《劳动力转移过程中的高储蓄、高投资和中国经济增长》，《经济研究》，2005年第2期。

［11］毛振强、左玉强：《土地投入对中国二三产业发展贡献的定量研究》，《中国土地科学》，2007年第3期。

［12］丰雷、魏丽、蒋妍：《论土地要素对中国经济增长的贡献》，《中国土地科学》，2008年第12期。

［13］武康平、杨万利：《基于新古典理论的土地要素与经济增长的关系》，《系统工程理论与实践》，2009年第8期。

［14］李名峰：《土地要素对中国经济增长贡献研究》，《中国地质大学学报》（社会科学版），2010年第1期。

［15］王文博、陈昌兵、徐海燕：《包含制度因素的中国经济增长模型及实证分析》，《统计研究》，2002 年第 5 期。

［16］黄国华：《人力资本与经济增长：对中国的实证分析》，《经济经纬》，2005 年第 6 期。

［17］汪伟：《资本形成、投资效率与经济增长之间的动态相关性——来自中国 1978~2004 年数据的实证研究》，《财经研究》，2006 年第 2 期。

［18］马承霈、岳琳：《经济增长的要素贡献测算新方法》，《南京经济学院学报》，2001 年第 1 期。

［19］沈坤荣：《1978~1997 年中国经济增长因素的实证分析》，《经济科学》，1999 年第 4 期。

［20］国务院发展研究中心“十五”计划基本思路研究课题组：《中长期内中国经济仍然具有快速增长的潜力》，《管理世界》，2000 年第 5 期。

［21］王小鲁：《中国经济增长的可持续性与制度变革》，《经济研究》，2000 年第 7 期。

［22］张军：《资本形成、工业化与经济增长：中国的转轨特征》，《经济研究》，2002 年第 6 期。

［23］李明月、胡初枝：《土地要素对经济增长贡献的实证分析——以上海市为例》，《软科学》，2005 年第 6 期。

［24］李佳、南灵：《陕西省土地要素对经济增长贡献的研究》，《国土资源与科技管理》，2010 年第 5 期。

［25］薛俊波、王铮、朱建武、吴兵：《中国经济增长的“尾效”分析》，《财经研究》，2004 年第 9 期。

［26］崔云：《中国经济增长中土地资源的“阻力”分析》，《河北经贸大学学报》，2007 年第 6 期。

［27］葛扬、何婷婷：《长三角经济发展中土地资源的增长阻力分析》，《学海》，2010 第 4 期。

［28］葛扬：《马克思土地资本化理论的现代分析》，《南京社会科学》，2007 年第 3 期。

［29］徐强、周伟：《建立“土地银行”促进土地市场化》，《财经研究》，1993 年第 2 期。

[30] 崔新明、贾生华：《试论建立城市土地银行》，《中国土地》，2000 年第 1 期。

[31] 赵传葆：《论我国城市房地产开发模式的转换》，《财经研究》，1993 年第 3 期。

[32] 黄凌翔、卢静：《储备制度变革视野的土地银行体系构建》，《改革》，2009 年第 11 期。

[33] 胡斌：《城市土地储备过程中证券化方式的选择》，《浙江金融》，2003 年第 3 期。

[34] 张宏斌：《试论城市土地证券化及其运作模式》，《杭州师范学院学报》，2000 年第 5 期。

[35] 朱道林：《土地基金何去何从——我国建立土地基金的有关问题探讨》，《中国土地》，2001 年第 10 期。

[36] 明杰、姚宏善：《城市建设资金渠道的创新：城市土地证券化》，《中国房地产金融》，2001 年第 10 期。

[37] 陈霄：《城市土地资产证券化中的"信用增级"问题研究》，《征信》，2010 年第 2 期。

[38] 张德粹：《土地经济学（第二版）》，台北：正中书局，1979 年。

[39] 毕宝德：《土地经济学（第四版）》，北京：中国人民大学出版社，2004 年。

[40] 周诚：《土地经济学原理》，北京：商务印书馆，2003 年。

[41] 袁绪亚、陈静：《土地证券化运作：中国土地金融市场的核心》，《上海经济研究》，1995 年第 5 期。

[42] 黄贤金：《国统区土地资金化的历史考察及本质探析》，《中国农史》，1994 年第 3 期。

[43] 尹云松：《论以农地使用权抵押为特征的农地金融制度》，《中国农村经济》，1995 年第 6 期。

[44] 黄小彪：《农村土地证券化：功能、障碍与对策分析》，《生产力研究》，2005 年第 10 期。

[45] 朱玉林：《农村土地证券化融资研究》，《经济地理》，2006 年第 5 期。

[46] 叶剑平、蒋妍、罗伊·普罗斯特曼等：《2005 年中国农村土地使用权调

查研究——17 省调查结果及政策建议》，《管理世界》，2006 年第 7 期。

［47］罗叶：《论中国特色农村土地产权制度——兼论农民土地承包经营权从物权化向资本化转移》，《当代经济研究》，2009 年第 6 期。

［48］陈霄、鲍家伟：《重庆市农村宅基地抵押问题调查研究》，《经济纵横》，2010 年第 8 期。

［49］姚洋：《集体决策下的诱导性制度变迁——中国农村地权稳定性演化的实证分析》，《中国农村观察》，2000 年第 2 期。

［50］蔡继明：《统筹城乡发展中的土地制度改革》，《西部论坛》，2009 年第 6 期。

［51］项继权：《中国农地制度改革的方向和条件》，《华中师范大学学报》（人文社会科学版），2007 年第 3 期。

［52］罗剑朝、聂强等：《博弈与均衡：农地金融制度绩效分析——贵州省湄潭县农地金融制度个案研究与一般政策结论》，《中国农村观察》，2003 年第 4 期。

［53］吴文杰：《论我国农村土地金融制度的建立与发展》，《农业经济问题》，1997 年第 3 期。

［54］刘志仁、岳意定：《中国农村土地保护的信托机制研究》，北京：经济科学出版社，2008 年。

［55］陈方正：《土地与金融“两极对话”的实践与理论思考》，《中国软科学》，2004 年第 3 期。

［56］奚正刚：《金融创新与房地产》，上海：复旦大学出版社，2006 年。

［57］郭步超：《农村土地证券化与中国农村土地金融体系构建新论》，《生产力研究》，2009 年第 2 期。

［58］冯子标、王建功：《以土地银行主导农地使用权流转》，《当代经济研究》，2009 年第 11 期。

［59］邵传林、霍丽：《农村土地银行的运作机理与政策测度》，《改革》，2009 年第 7 期。

［60］王铁：《建立农村土地银行的战略构想》，《管理世界》，2008 年第 11 期。

［61］陈家泽：《成都探索“土地银行”》，《决策》，2009 年第 9 期。

［62］郭骊：《论建立中国特色土地银行》，《中央财经大学学报》，2010 年第 4 期。

[63] 何芳、温修春:《我国农村土地银行与农户间存地利益博弈分析》,《农业技术经济》，2010 年第 10 期。

[64] 叶剑平：《中国城市土地金融制度建设研究》，《国土资源部研究报告》，2007 年。

[65] 梅哲、陈霄：《重庆市农村土地制度改革调查研究》，《华中师范大学学报》（人文社会科学版），2011 年第 3 期。

[66] 冀县卿、钱忠好：《农地股份合作社农地产权结构创新——基于江苏省渌洋湖土地股份合作社的案例研究》，《农业经济问题》，2010 年第 5 期。

[67] 贺卫、王浣尘：《西方经济学史中地租理论的演变》，《当代经济科学》，2000 年第 2 期。

[68] 土地矿产法律事务中心编:《土地物权常见问题专家解答》，北京：法制出版社，2007 年。

[69] 童筱丹、温铁军:《宏观经济波动与乡村治理危机》,《管理世界》，2008 年第 3 期。

[70] 杨帅、温铁军：《经济波动、财税体制变迁与土地资源资本化——对中国改革开放以来“三次圈地”相关问题的实证分析》,《管理世界》，2010 年第 4 期。

[71] 严金明:《中国土地利用规划：理论、方法和战略》，北京：经济管理出版社，2001 年。

[72] 丁洪建、吴次芳、徐保根：《基于社会燃烧理论的中国土地储备制度产生与发展研究》，《中国土地科学》，2003 年第 4 期。

[73] 王小映：《我国城镇土地收购储备的动因、问题与对策》，《管理世界》，2003 年第 10 期。

[74] 欧阳安蛟:《中国城市土地收购储备制度：理论与实践》，北京：经济管理出版社，2002 年。

[75] 付晓东：《中国城市土地潜力释放的“三级跳”——“政府+土地+金融”模式：不易流动的土地资源与易流动的金融资源的结合》，《中共济南市委党校学报》，2007 年第 1 期。

[76] 冯长春:《中国土地储备制度探讨》,《农业工程学报》，（第 24 卷）增刊 1，2008 年第 8 期。

[77] 周诚:《论我国土地产权构成》,《中国土地科学》，1997 年第 11 卷第 3 期。

[78] 王家福等：《土地法的理论与实践》，北京：人民日报出版社，1991 年。

[79] 孙宪忠：《国有土地使用权财产法论》，北京：中国社会科学出版社，1993 年。

[80] 刘永湘、杨继瑞：《论城市土地的资本化运营》，《经济问题探索》，2003 年第 4 期。

[81] 熊璐瑛、宋志勇：《房地产信托基金及其在我国的发展》，《广州大学学报》（社会科学版），2009 年第 10 期。

[82] 谢经荣：《当前我国土地租税费体系及其历史变化》，《财经问题研究》，1995 年第 12 期。

[83] 蒋省三、刘守英、李青：《土地制度改革与国民经济成长》，《管理世界》2007 年第 9 期。

[84] 辛波、于淑俐：《对土地财政和经济增长相关性的分析》，《农村经济》2010 年第 3 期。

[85] 杜雪君、黄忠华、吴次芳：《中国土地财政与经济增长——基于省级面板数据的分析》，《财贸经济》，2009 年第 1 期。

[86] 陈志勇、陈莉莉：《财税体制变迁、“土地财政”与经济增长》，《财贸经济》，2011 年第 12 期。

[87] 简新华：《中国工业化和城镇化的特殊性分析》，《经济纵横》，2011 年第 7 期。

[88] 李军杰：《土地调控应着力土地利益的再调整——兼论当前土地调控的政策效应》，《中国物价》，2007 年第 10 期。

[89] 龚建平：《费景汉和拉尼斯对刘易斯二元经济模式的批评》，《求索》，2003 年第 3 期。

[90] 张晓山、李周：《中国农村改革 30 年研究》，北京：经济管理出版社，2008 年。

[91] 徐汉明：《中国农民土地持有产权制度研究》，北京：社会科学文献出版社，2004 年。

[92] 张跃进：《农村土地使用权资本化的几个问题》，《江西财经大学学报》，2004 年第 5 期。

[93] 鲍家伟、陈霄：《城乡建设用地增减挂钩的三个平衡》，《经济体制改革》，

2012 年第 1 期。

[94] 北京天则经济研究所主编：《中国制度变迁的案例研究（土地卷）第八集》，北京：中国财政经济出版社，2011 年。

[95] 刘守英：《集体土地资本化与农村城市化——北京市郑各庄村调查》，《北京大学学报》（哲学社会科学版），2008 年第 6 期。

[96] 邓力、黄奇帆：《“地票”的含义及运行程序》，《农民日报》，2009 年 4 月 23 日。

[97] 贺雪峰：《地权的逻辑：中国农村土地制度向何处去》，北京：中国政法大学出版社，2010 年。

[98] 陈霄：《农民宅基地退出意愿的影响因素——基于重庆市“两翼”地区的 1012 户农户的实证分析》，《中国农村观察》，2012 年第 3 期。

[99] 孟祥仲、辛宝海：《明晰使用产权：解决农村宅基地荒废问题的途径选择》，《农村经济》，2006 年第 10 期。

[100] 姜广辉、张凤荣、秦静、张琳、宫攀：《北京山区农村居民点分布变化及其与环境的关系》，《农业工程学报》，2006 年第 11 期。

[101] 于华江、王瑾：《我国农村宅基地管理调查分析——基于陕西、浙江和河南等地农户的问卷调查》，《中国农业大学学报》（社会科学版），2008 年第 6 期。

[102] 袁志刚、解栋栋：《统筹城乡发展：人力资本与土地资本的协调再配置》，《经济学家》，2010 年第 8 期。

[103] 韩康：《启动中国农村宅基地市场化改革》，《国家行政学院学报》，2008 年第 4 期。

[104] 欧阳安蛟、蔡锋铭、陈立定：《农村宅基地退出机制建立探讨》，《中国土地科学》，2009 年第 10 期。

[105] 张秀智、丁锐：《经济欠发达与偏远农村地区宅基地退出机制分析：案例研究》，《中国农村观察》，2009 年第 6 期。

[106] 卢艳霞、胡银根、林继红：《浙江农民宅基地退出模式调研及思考》，《中国土地科学》，2011 年第 1 期。

[107] 吴康明、陈霄：《农民土地退出意愿与关键环节拿捏：重庆例证》，《改革》，2011 年第 10 期。

[108] 王兆林、杨庆媛、张佰林、藏波：《户籍制度改革中农民土地退出意愿

及其影响因素分析》,《中国农村经济》,2011 年第 11 期。

[109] [英] 约翰·伊特韦尔、莫里·米尔盖特、彼得·纽曼编:《新帕尔格雷夫经济学大辞典(第一卷)》,北京:经济科学出版社,1996 年。

[110] 张怡然、邱道持、李艳:《农民工进城落户与宅基地退出影响因素分析——基于重庆市开县 357 份农民工的调查问卷》,《中国软科学》,2011 年第 2 期。

[111] 陈霄、鲍家伟:《农村土地银行创设研究——基于提高重庆市户籍制度改革绩效的视角》,《经济体制改革》,2011 年第 6 期。

[112] 陈霄:《农村土地金融开发的条件、框架与对策——基于重庆改革发展的视角》,《西部论坛》,2012 年第 3 期。

[113] 蔡昉:《城乡收入差距与制度变革的临界点》,《中国社会科学》,2003 年第 5 期。

[114] 陆益龙:《1949 年以后的中国户籍制度:结构与变迁》,《北京大学学报》(哲学社会科学版),2002 年第 2 期。

[115] 刘传江、程建林:《双重"户籍墙"对农民工市民化的影响》,《经济学家》,2009 年第 10 期。

[116] 陶然、徐志刚:《城市化、农地制度与迁移人口社会保障》,《经济研究》,2005 年第 12 期。

[117] 陶然、汪晖:《"刘易斯拐点悖论"与中国户籍—土地—财税制度联动改革》,《国际经济评论》,2011 年第 3 期。

[118] 陶然等:《地区竞争格局演变下的中国转轨:财政激励和发展模式反思》,《经济研究》,2009 年第 7 期。

[119] 周黎安:《中国地方官员的晋升竞标赛模式研究》,《经济研究》,2007 年第 3 期。

[120] 徐现祥等:《地方官员与经济增长——来自中国省长、省委书记交流的证据》,《经济研究》,2007 年第 9 期。

[121] 张良悦等:《土地贴现、资本深化与经济增长》,《财经科学》,2013 年第 3 期。

[122] 北京昌平区郑各庄的城市化,http://www.chinacity.org.cn/cspp/csal/100541.html,2013 年 1 月 22 日。

[123] 杨重光:《城市化过程中土地政策调整与人口户籍变更》,《中国土地科

学》，2000 年第 6 期。

［124］陈霄：《土地资本化与户籍制度改革：基于重庆案例的分析》，《财经科学》，2013 年第 5 期。

［125］陈霄：《"三化"同步推进的重点路径和关键环节研究》，《经济体制改革》，2013 年第 3 期。

［126］陆铭、陈钊：《为什么土地和户籍制度需要联动改革——基于中国城市和区域发展的理论和实证研究》，《学术月刊》，2009 年第 9 期。

［127］魏后凯：《加快户籍制度改革的思路和措施》，《中国发展观察》，2013 年第 3 期。

［128］黄宗智：《中国隐形的农业革命》，北京：法律出版社，2012 年 12 月第 2 版。

［129］孙奉军：《资产证券化效率分析》，上海：上海财经大学出版社，2004 年。

［130］Yao and Cater. Land Tenure，Factor Proportions，and Land Productivity：Theory and Evidence from China. Working Paper，Department of Agricultural and Applied Economics，University of Wisconsin-Madison，1996.

［131］Atwood D. A. Land Registration in Africa：the Impact on Agricultural Production，World Manegement，1990（18）.

［132］Zvi Lerman. Policies and Institutions for Commercialization of Subsistence Farms in Transition Counrty. Journal of Asian Economics，2004（15）.

［133］Julie Ann Gustanski. The Ethics-Economics-Policies Paradigm：The Foundation for an Integrated Land Trust Conversation Decision-Support Model. Urban Ecosystems，1993（3）.

［134］Simonson，Simon. Financial Reform in Japan Institution Deregulation Entering Critical Phase. East Asian Executive Reports，1991（15）.

［135］Basset，Ellen M. Thinkering of Land Tenure：the Community Land Trust Experiment in Voi Kenya. Habitat International，2005（29）.

［136］Nichols D. A. Land and Economic Growth. American Economic Review，1970，60（3）.

［137］Nordhaus W. D. Lethal Model2：The Limits to Growth Revisited. Brookings Papers on Economic Activity, 1991.

[138] Wiedemer J. P. Real Estate Finance. New Jeresy: Prentice-Hall, Inc., 1991.

[139] Coase, Ronald H. The New Institutional Economics. Journal of Institutional and Theoretical Economics, 1984 (140).

[140] Simon, Herbert A. Models of Bounded Rationality, Volume 1: Economic Analysis and Public Policy. Press of Massachusetts Institute of Technology, 1982.

[141] Richard T. Ely. The Principle of Land Economics. New York, 1924.

[142] Mashall. The Principle of Economics. London, 1938.

[143] Lewis W. A. Economic Development with Unlimited Supply of Labor. The Manchester School of Economic and Social Studies, 1954.

[144] Coase, Ronald H. The Problem of Social Cost. Journal of Law and Economics, 1960, 3 (10).

[145] Demsetz H. Toward a Theory of Property Right. American Economic Review, 1967, 57 (5).

[146] Benham, Alexandra, Lee Benham. Property Rights in Transition Economies: A Commentary on What Economists Know, in Transforming Post-Communist Political Economies, Joan M. Nelson, Charles Tilly, Lee Walker, eds. Washington DC: National Academy Press, 1997.

[147] Rakesh Mohan, Hubhagato Dasgupta. The 21th Century: Asia Becomes Urban. Economic and Political Weekly, 2005 (15).

[148] Kung J. K. Egalitarianism, Subsistence Provision and Work Incentives in China's Agricultural Collectives. World Development, 1994, 22 (2).

[149] Liu Shouying, Carter Michael, Yao Yang. Dimensions and Diversity of Property Rights in China: Dilemmas on the Road to Further Reform. World Development, 1998, 26 (10).

[150] Wan G. H., Cheng E. J. Effects of Land Fragmentation and Returns to Scale in the Chinese Farming Sector. Applied Economics.

[151] Nicholes D. A. Land and Economic Growth. American Economic Reviews, 1970, 60 (3): 332-340.

[152] Yao Y. Job Access and Wage Equity in Eastern China's Rural Industry. Journal of Development Economics, 1999.

[153] Nguyen, Tin, Cheng, Engjiang, Findlay. Christopher Land Fragmentation and Farm Productivity in China in the 1990s. China Economic Review, 1996, 7 (2).

[154] Fleisher B. M., Yunhua Liu. Economies of Scale, p Lot Size, Human Cap Ital and Productivity in Chinese Agriculture. Quarterly Review of Economics and Finance, 1992, 32 (3).

[155] Buck, John L. Land Utilization in China. University of Chicago Press, Chicago, 1938.

[156] Gibson J., J. Huang, Rozelle. Why is Income Inequality so Slow in China: Compared to other Countries? The Effects of Household Survey Method, Economics Letters, 2001 (71): 329-333.

[157] Whalley J., Shuming Zhang. Inequality Change in China and (Hukou) Labour Mobility Restrictions. NBER Working Paper10683, NBER, 2004.

[158] Lichtenberg Erik, Ding. Local Officials as Land Developers: Urban Spatial Expansion in China. Journal of Urban Economics, 2009 (66): 57-64.

后　记

本书是我主持的第一项国家社会科学基金项目的最终成果。该项目从申报到最后出版共计 5 年，耗费了我大量的精力和心血，深感从事学术之路的艰辛！在本书付梓之际，感到前所未有的解脱与轻松，也感到一份沉甸甸的责任。本书写作的这几年，国际经济形势日益复杂，国内改革开放已进入“啃硬骨头”的攻坚期。区域差距、城乡差距与国民收入差距在经济发展中进一步拉大，我认为这其中既有市场失灵的因素，又有政府失灵的因素，如果归结为一点，就是在目前制度下形成的资源配置机制已引导经济社会发展逐渐远离帕累托最优状态。这种现象发人深思，如果这个问题得不到认真解决，“中等收入陷阱”将很可能在我国成为现实。

我主要从事的是土地资源经济方面的研究，其中，研究产权、制度与经济发展的关系是我的兴趣所在。我很欣慰自己能够一直保持这种关注与激情，不会因为工作和环境的因素而改变，我的导师谢经荣先生曾经对我说过：“人在一段时间内认真做好一件事就足够了”，随着年龄和阅历的增长，我越来越体会到这句话的意义，要做好一件事很难，尤其是保持一颗平静的心把自己坚持的事情一直做下去真的很难。从事经济学相关研究是一件顶天立地的苦差事，既要从纷繁芜杂的经济社会现象中解构出带有一定普适性质的规律，又要善于对一个具体的问题进行剖析并提出有针对性的解决方案，要达到这种境界需要持之以恒的知识积累、思维锻炼、源于实践的经历和对实践本身的关注。

对于本书，我是感到惶恐不安的。不安的主要原因是我怀疑我的理论阐释能力是否能够足以驾驭本书讨论的主题。本书出版可理解为我对这一主题的一种探讨，但还远未达到以真知灼见还原事物本来面目的地步。因此，本书所做的一切努力只是管窥之见，希望更多的通识之士纠正讹谬，将这一领域的研究不断深入！

陈　霄

2015年9月30日于重庆

图书在版编目（CIP）数据

土地资本化在中国经济发展中的作用及转型研究/陈霄著. —北京：经济管理出版社，2015.8
ISBN 978-7-5096-3798-2

Ⅰ. ①土… Ⅱ. ①陈… Ⅲ. ①土地资本—关系—中国经济—经济发展—研究 Ⅳ. ①F321.1

中国版本图书馆 CIP 数据核字（2015）第 111132 号

组稿编辑：宋　娜
责任编辑：宋　娜
责任印制：黄章平
责任校对：超　凡

出版发行：经济管理出版社
（北京市海淀区北蜂窝 8 号中雅大厦 A 座 11 层　100038）
网　　址：www. E-mp. com. cn
电　　话：（010）51915602
印　　刷：三河市延风印装有限公司
经　　销：新华书店
开　　本：720mm×1000mm/16
印　　张：14.25
字　　数：236 千字
版　　次：2015 年 9 月第 1 版　　2015 年 9 月第 1 次印刷
书　　号：ISBN 978-7-5096-3798-2
定　　价：88.00 元